高等职业教育理实一体化规划教材·电子商务专业

网络营销

覃海宁　黄毅英　主　编

潘　頫　黄柳萍　张秋仙　副主编

王永琦　主　审

電子工業出版社

Publishing House of Electronics Industry

北京·BEIJING

内 容 简 介

本书在对网络营销实践经验进行归纳总结的基础上建立了系统的网络营销理论和方法体系。

本书共 7 章，通过网络营销理论基础、网络市场调研与策划、网站策划与建设、网络推广、网络广告、网络客服及网络营销策划与实践等内容，以基础知识结合实际的应用，介绍了网络营销的知识及案例。遵循“工学结合、任务导向”的教育理念，通过对任务的分析与实践，体现教、学、做一体化的学习理念。让读者快速掌握网络营销的技术和方法。

本书可作为高等职业院校、高等专科学校在校学生相关课程的教材或参考书，也可作为网络营销的自学参考书。

图书在版编目（CIP）数据

网络营销／覃海宁，黄毅英主编．—北京：电子工业出版社，2013.9
（高等职业教育理实一体化规划教材·电子商务专业）
ISBN 978-7-121-21358-8

Ⅰ．①网… Ⅱ．①覃… ②黄… Ⅲ．①网络营销－高等职业教育－教材 Ⅳ．①F713.36

中国版本图书馆 CIP 数据核字（2013）第 206130 号

策划编辑：徐建军（xujj@phei.com.cn）
责任编辑：徐建军　　特约编辑：俞凌娣　赵海红
印　　刷：北京市李史山胶印厂
装　　订：北京市李史山胶印厂
出版发行：电子工业出版社
　　　　　北京市海淀区万寿路 173 信箱　邮编 100036
开　　本：787×1 092　1/16　印张：13.5　字数：345.6 千字
印　　次：2013 年 9 月第 1 次印刷
印　　数：3 000 册　定价：30.00 元

凡所购买电子工业出版社图书有缺损问题，请向购买书店调换。若书店售缺，请与本社发行部联系，联系及邮购电话：（010）88254888。

质量投诉请发邮件至 zlts@phei.com.cn，盗版侵权举报请发邮件至 dbqq@phei.com.cn。

服务热线：（010）88258888。

前 言

电子商务的发展日新月异，对网络营销提出了更新、更高、更全面的要求，特别是近几年涌现出了许多新思维、新思想、新技术，为了使广大学生能适应网络营销相关岗位的需要，我们组织编写了本书。

本着适应企业开展电子商务、进军网络市场的需求，适应学生的认知情感特点，适应学生今天学会学习、明天对口就业、将来可持续发展的内在需要的原则，本书按照专业对应工作岗位及岗位群实施典型工作任务分析，在工作任务及其工作过程的背景下，按照“认知营销”—“营销环境”—“营销活动”的过程，将网络营销学习领域中的能力目标和学习内容进行转换。在学习内容框架内构成“小型”的主题学习情境，每一学习情境通过实际工作任务的项目实施形式，制定相应的学习内容，实现能力目标。采用基于任务驱动、注重实践的模式，以能力培养为主线，形成项目实训内容体系。

本书在编写的过程中，深入农产品营销企业进行调研考察，与广西桂特商贸有限公司（广西特产网）、南宁市供销社等农产品营销单位共同制定教材内容目录，并得到了广西特产网黄光强、陆江等企业人士提供的参考意见及相关的素材资料支持，在此一并表示感谢。

本书由广西经贸职业技术学院的王永琦、覃海宁、黄毅英等老师与广西特产网黄光强、陆江等企业人员共同编写。全书共 7 章，其中，覃海宁、黄毅英担任主编，并编写大纲及确定整体写作风格；由潘颍、黄柳萍和张秋仙担任副主编，由王永琦主审。第 1 章由黄毅英编写；第 2 章由潘颍编写；第 3 章由曹群锋编写；第 4 章由刘始添编写；第 5 章由黄柳萍编写；第 6 章由覃海宁、张秋仙编写；第 7 章由王永琦、黄光强、陆江编写。在编写的过程中，参考了部分网络资源及同类书籍，在此一并表示感谢。

为了方便教师教学，本书配有电子教学课件，请有此需要的教师登录华信教育资源网（www.hxedu.com.cn）免费注册后进行下载，或者登录本课程网站 http://kc.gxjmxy.com/jxx_wlyx/ 下载相关资源如有问题可在网站留言板留言或发邮件到 hxedu@phei.com.cn。

由于水平和时间所限，疏漏和错误之处在所难免，敬请广大读者批评指正。

编　者

目 录

第1章

网络营销理论基础

学习目标

- 了解网络营销的基本含义、网络营销的职能及其相互关系
- 熟悉网络营销内容体系
- 能够识别网络营销环境

任务1 网络营销的背景分析

【教学活动1】

阅读以下案例，思考：

（1）广西特产网的特产营销方式与传统的特产营销有何不同？

（2）网络营销需要具备哪些条件？

（3）网络经营的特点是什么？

（4）“网络营销”的定义、特点和产生条件是什么？

特产网络营销

随着经济的发展和人们生活水平的不断提高，异地旅游已成为时尚休闲之一，而购物，特别是购买特产，又是旅游中最不可缺的环节之一。但是旅游购物，一来给行程带来负担，二来不了解当地情况，易上当受骗。所以，现在人们改为在网上购买了。如，想买广西的特产或者东盟特产，只要登录www.gx123.com，你想要的，都可以买得到。

www.gx123.com（广西特产网）是广西最大的特产行业门户网站，网站汇总了广西各地名优特产，同时也收录了全国各地、东盟各国的名优特产。网站还提供免费的功能强大的第三方信息发布平台，旨在利用先进的互联网技术，帮助广西各地的企业和个人利用网站发布各种供求信息。网站辟有特产中心、最新资讯、招商信息、行业动态、特产文化、广西各地、健身宝典、供求信息、企业联盟等专业频道，信息量超大，实时商业信息丰富，是目前国内特产行业网站最优秀的代表网站之一。同时具有专业的营销团队和技术团队在运营和维护网站，由广西南宁桂特商贸有限公司作为广西特产网的实体代表，开展各种商贸活动，为业内最优秀的特色产品零售平台、产品信息发布平台、加盟连锁平台、团购批发平台、大宗贸易平台、代理采购平台、产业资源信息平台、民俗文化传播平台、农副产品开发咨询服务平台。将在线服务和离线服务进行无缝对接，让电子商务离我们不再遥远，人们只需通过轻点鼠标或拨个电话，想要的服务顷刻即能实现。

广西特产网一直专注于特产的营销，并通过网站快速扩大了广西特产的销售半径，越来越多的人通过广西特产网了解了广西特产、了解了广西，越来越多的特产生产企业或个人通过广西特产网获得了长足的发展，企业在创造了可观经济效益的同时也创造了可观的社会效益。许多媒体对广西特产网进行了深度的采访和报道，CCTV—7《致富经》栏目、GXTV资讯频道《广西经济信息联播》栏目多次到现场进行新闻采访和播报，《广西日报》《中华合作时报》《南国早报》《南宁晚报》《求是》《赢在东盟》《中国食品报》《当代生活报》《西部开发报》也先后采访和报道过该网站，并在社会上引起了广泛关注。

——案例摘自网络

1.1.1 网络营销的概念

“网络营销”目前没有一个完善的、被公认的定义，而且在不同时期从不同的角度对网络营销的认识也有一定的差异，这种状况主要是因为网络营销环境在不断发展变化，各种网络营销模式不断出现，并且网络营销涉及多个学科的知识，不同研究人员具有不同的知识背景，因此在对网络营销的研究方法和研究内容方面有一定差异。

从网络营销的内容和表现形式来看，人们对网络营销同样有不同的认识。有些人将网络营销等同于在网上销售产品，有些则把域名注册、网站建设这些基础网络服务内容认为是网络营销，也有些人只将网站推广认为是网络营销。应该说，这些观点都从某些方面反映出网络营销的部分内容，但并没有完整地表达出网络营销的全部内涵，也无法体现出网络营销的实质。

凡是以互联网为主要手段开展的营销活动，都可称为网络营销（有时也称为网上营销、互联网营销等，港台地区则多称为网路行销），但实际上并不是每一种手段都合乎网络营销的基本准则，也不是任何一种方法都能发挥网络营销的作用。本书以企业实际经营为背景，以网络营销实践应用经验为基础，系统地研究网络营销的理论和方法，其目的在于网络营销的实用化，让互联网在企业经营中真正发挥其应有的作用。因此，真正意义上的网络营销，应该具有其内在的规律性，可以为营销实践提供指导，可以产生实实在在的效果，并且具有可操作性。

为了明确网络营销的基本含义，这里将网络营销定义如下：网络营销是企业整体营销战略的一个组成部分，是为实现企业总体经营目标所进行的，以互联网为基本手段营造网上经营环境的各种活动。

下面对网络营销定义中涉及的一些问题给予必要的说明。

1. 网络营销不是孤立存在的

网络营销是企业整体营销战略的一个组成部分，网络营销活动不可能脱离一般营销环境而独立存在。在很多情况下，网络营销理论是传统营销理论在互联网环境中的应用和发展。对于不同的企业，网络营销所处的地位有所不同。以经营网络服务产品为主的网络公司，更加注重网络营销策略，而在传统的工商企业中，网络营销通常只是处于辅助地位。由此也可以看出，网络营销与传统市场营销策略之间并没有冲突，但由于网络营销依赖互联网应用环境而具有自身的特点，因而有相对独立的理论和方法体系。在企业营销实践中，往往是传统营销和网络营销并存的。

2. 网络营销不等于网上销售

网络营销是为最终实现产品销售、提升品牌形象的目的而进行的活动。网上销售是网络营销发展到一定阶段产生的结果，但并不是唯一结果，因此网络营销本身并不等于网上销售。这可以从三个方面来说明：

（1）很多情况下，网络营销活动不一定是实现网上直接销售的目的，但是可能促进网下销售的增加，并且增加顾客的忠诚度。

（2）网络营销的效果表现在多个方面，例如提升企业的品牌价值、加强与客户之间的沟通、拓展对外信息发布的渠道、改善顾客服务等。

（3）从网络营销的内容来看，网上销售也只是其中的一部分，并且不是必须具备的内容。许多企业网站根本不具备网上销售产品的条件，网站主要是作为企业发布产品信息的一个渠道，通过一定的网站推广手段，实现产品宣传的目的。

3. 网络营销不等于电子商务

网络营销和电子商务是一对紧密相关又具有明显区别的概念，两者很容易造成混淆。比如，企业建一个普通网站就认为是开展电子商务，或者将网上销售商品称为网络营销等，这些都是不确切的说法。电子商务的内涵很广，其核心是电子化交易，电子商务强调的是交易方式和交易过程的各个环节。网络营销的定义已经表明，网络营销是企业整体营销战略的一个组成部分。由此可见，无论传统企业还是基于互联网开展业务的企业，也无论是否具有电子化交易的发生，都需要网络营销。但网络营销本身并不是一个完整的商业交易过程，而是为了促成交易提供支持，因此是电子商务中的一个重要环节，尤其在交易发生之前，网络营销发挥着主要的信息传递作用。网络营销和电子商务的这种关系也表明，发生在电子交易过程中的网上支付和交易之后的商品配送等问题并不是网络营销所能包含的内容。同样，电子商务体系中所涉及的安全、法律等问题也不适合全部包括在网络营销中。

4. 网络营销不应被称为“虚拟营销”

“在互联网上，没有人知道你是一条狗”，这是一句广泛流传的话，最早出现在 1993 年的美国著名杂志《纽约人》的一幅漫画（作者：彼得·斯坦纳）中，以此来说明互联网的虚拟性。一些文章中喜欢用“虚拟营销”来描述网络营销，其实这是不合适的。因为，所有的网络营销手段都是实实在在的，而且比传统营销方法更容易跟踪了解消费者的行为。比如，一方面借助于网站访问统计软件，可以确切知道网站的访问者来自什么地方，在多长的时间内浏览了哪些网页，企业可以知道客户来自什么 IP，也可以知道企业发出的电子邮件有多少客户打开，有多少客户点击了其中的链接，还可以确切知道下订单的客户的详细资料，利用专用的顾客服务工具，甚至可以同访问者进行实时交流，所以每个客户都是实实在在的；另一方面，尽管传统的商场中顾客熙熙攘攘，但商店的经营者却对顾客一无所知，即使如此，他也并不会将客户当作“狗”，因为经营者了解客户的整体统计特征，顾客是实实在在的，并不会因为不知道每个顾客的详细信息而将顾客看作“狗”。因此，站在网络营销的角度来看，“互联网上根本没有‘狗’”。

5. 网络营销是对网上经营环境的营造

开展网络营销需要一定的网络环境，如网络服务环境、上网客户数量、合作伙伴、供应商、销售商、相关行业的网络环境等。网络营销环境为企业开展网络营销活动提供了潜在客户，以及向客户传递营销信息、建立顾客关系、进行网上市场调研等各种营销活动的手段和渠道。企业的网络营销活动也是整个网络环境的组成部分，开展网络营销的过程，就是与这些环境因素建立关系的过程。这些关系发展好了，网络营销才能取得成效。例如，网站推广常用的搜索引擎营销和网站链接策略的实施，也就是和搜索引擎服务商以及合作伙伴之间建立良好关系的过程，网站访问量的增长以及网上销售得以实现都是对网上经营环境营造的结果。因此，网络营销是对企业网上经营环境的营造过程，也就是综合利用各种网络营销手段、方法和条件并协调其间的相互关系，从而更加有效地实现企业的营销目标。

有必要说明的是，网络营销的内涵和手段都在不断地发展演变，关于网络营销的定义和理解也只能适用于某一特定的时期。随着时间的推移，这种定义可能显得不够全面，或者不能够反映新时期的实际状况。因此，不要把网络营销理解为僵化的概念，也不必将本书中所介绍的网络营销方法作为固定的模式照搬，而是需要根据网络营销环境的发展，在具体实践中根据本企业当时的状况灵活运用。

1.1.2　网络营销的定义和特点

1993 年出现了基于互联网的搜索引擎、1994 年第一起利用互联网赚钱的“律师事件”以及网络广告出现等事件标志着网络营销的诞生。我国的网络营销自从 20 世纪 90 年代中期以来，已经经历了三个发展阶段，即 1997 年之前的传说阶段、1997—2000 年间的萌芽阶段、2001—2003 年的应用阶段。2004 年之后的中国网络营销不仅发展迅速而且表现出新的阶段特征。目前我国网络营销面临的问题主要表现在四个方面：网络营销理论研究薄弱、企业网络营销效果不明显、网络营销专业服务水平较低、网络营销环境有待进一步规范。

网络营销是企业整体营销战略的一个组成部分，是为实现企业总体经营目标所进行的，以互联网为基本手段营造网上经营环境的各种活动。因此，网络营销活动不可能脱离一般营销环境而独立存在；网络营销也不等于网上销售和电子商务，尽管这些概念之间密切相关；从网络营销的角度来看，网络营销被称为“虚拟营销”也是不合适的；网络营销是对企业网上经营环境的搭建过程，也就是综合利用各种网络营销手段、方法和条件并协调其间的相互关系，从而更加有效地实现企业的营销目标。

一个完整的网络营销信息传递系统包括信息源、信息传播载体和传播渠道、信息接收渠道、信息接收者、噪声和屏障等基本要素。与一般信息传递系统不同的是，网络营销中的信息传递是双向的，即网络营销的交互性，其实质在于企业更容易向客户传递信息，同时客户也可以更方便地获取有效的信息。网络营销信息传递的一般原则包括：使网络营销有效的基础是提供详尽的信息源，建立有效的信息传播渠道，为促成信息的双向传递创造条件。

网络营销的外部环境和内部条件构成了网络营销的基本环境。网络营销的外部环境为开展网络营销提供了潜在客户，以及向客户传递营销信息的各种手段和渠道，而内部环境为有效地营造网上经营环境奠定了基础。网络营销的开展需要内部环境与外部环境的相互作用和相互协调，内外环境相协调包含两个方面的含义：对于外部环境的适应和选择；对于内部环境的创造和利用。

1.1.3　网络营销的职能

网络营销的基本职能表现在八个方面：网络品牌、网站推广、信息发布、销售促进、网上销售、顾客服务、顾客关系、网上调研。网络营销的职能比较简洁地概括了网络营销的核心内容，有助于改变对网络营销的片面认识，同时也明确了企业网络营销工作的基本任务。网络营销的职能是通过各种网络营销方法来实现的，同一个职能可能需要多种网络营销方法的共同作用，而同一种网络营销方法也可能适用于多个网络营销职能。

在传统的市场营销中，产品、价格、销售渠道和促销被称为市场营销组合（简称 4P），也是整个市场营销学的基本框架。那么，网络营销的理论基础是什么，网络营销的内容体系又是如何构建的呢？

在互联网环境中，一些学者认为 4C 是网络营销的理论基础，4C 即顾客的欲望和需求（Consumer's wants and needs）、满足欲望和需求的成本（Cost to satisfy wants and needs）、方便购买（Convenience to buy），以及与消费者的沟通（Communication）。表面看来，4C 的确反映了网络营销的一些特征，并且对一些网络营销策略具有一定的指导作用。但是深入分析可以发现，虽然 4C 对于网络营销思想具有一定的意义，但是这些并非属于网络营销的专有特征，对传统的市场营销同样是适用的，并且 4C 体系本身并不完整，其严密性、系统性和可操作性等方面显然无法与 4P 相提并论。网络营销是从实践应用中经过归纳总结逐步形成的一门学科，实践性强是其基本特征，如果脱离了可操作性来研究网络营销，将无法体现网络营销的实际价值。因此，4C 很难成为完整的网络营销理论体系。事实上，到目前为止，没有任何一个现有的理论可以作为完整的网络营销理论基础，也不可能凭空想象出一个可以解释网络营销一般规律的理论体系。为了深入研究网络营销的内在规律，就需要从网络营销的发生、发展的实践出发来逐步认识其本质，将网络营销实践经过归纳总结上升到理论的高度。

由于互联网应用发展速度非常快，不断有新的网络营销模式出现，如何能够比较全面地反映网络营销实践的发展，并对企业网络营销实践活动具有指导作用，就成为构建网络营销体系的基本出发点。从实践应用的角度来看，网络营销比较注重操作方法和技巧，这样容易给人造成一种感觉，即很难把握网络营销的精髓，网络营销似乎只是一些操作方法的罗列，而不是一个完整的网上经营体系。由此产生的直接结果是网络营销缺乏系统性，并且难以用全面的观点去评价网络营销的效果，甚至难以确立网络营销在企业营销战略中的地位，互联网在企业经营中的价值也不能充分发挥出来。

为理解网络营销的基本框架，本书用网络营销的职能来说明网络营销的组成，同时也说明了网络营销所包含的基本内容。

（1）网络品牌。网络营销的重要任务之一就是在互联网上建立并推广企业的品牌，以及让企业的网下品牌在网上得以延伸和拓展。网络营销为企业利用互联网建立品牌形象提供了有利的条件，无论是大型企业还是中小企业都可以用适合自己企业的方式展现品牌形象。网络品牌建设是以企业网站建设为基础，通过一系列的推广措施，得到顾客和公众对企业的认知和认可。网络品牌价值是网络营销效果的表现形式之一，通过网络品牌的价值转化实现持久的顾客忠诚和更多的直接收益。

（2）网站推广。获得必要的访问量是网络营销取得成效的基础，尤其对于中小企业，由于经营资源的限制，发布新闻、投放广告、开展大规模促销活动等宣传机会比较少。因此通过互联网手段进行网站推广的意义显得更为重要，这也是中小企业对于网络营销更为热衷的主要原因。即使对于大型企业，网站推广也是非常必要的，事实上许多大型企业虽然有较高的知名度，但网站访问量也不高。因此，网站推广是网络营销最基本的职能之一，是网络营销的基础工作。

（3）信息发布。网络营销的基本思想就是通过各种互联网手段，将企业营销信息以高效的手段向目标客户、合作伙伴、公众等群体传递，因此信息发布就成为网络营销的基本职能之一。

互联网为企业发布信息创造了优越的条件，不仅可以将信息发布在企业网站上，还可以利用各种网络营销工具和网络服务商的信息发布渠道向更大的范围传播信息。

（4）销售促进。市场营销的基本目的是为最终增加销售提供支持，网络营销也不例外，各种网络营销方法大都直接或间接具有促进销售的效果，同时还有许多针对性的网上促销手段。这些促销方法并不限于对网上销售的支持，事实上，网络营销对于促进网下销售同样很有价值。

（5）网上销售。网上销售是企业销售渠道在网上的延伸。一个具备网上交易功能的企业网站本身就是一个网上交易场所，网上销售渠道建设并不限于企业网站本身，还包括建立在专业电子商务平台上的网上商店，以及与其他电子商务网站不同形式的合作等。因此网上销售并不仅仅是大型企业才能开展，不同规模的企业都可以拥有适合自己需要的在线销售渠道。

（6）顾客服务。互联网提供了更加方便的在线顾客服务手段，从形式最简单的FAQ（常见问题解答），到电子邮件、邮件列表，以及在线论坛和各种即时信息服务等。在线顾客服务具有成本低、效率高的优点，在提高顾客服务水平、降低顾客服务费用方面具有显著作用，同时也直接影响到网络营销的效果，因此在线顾客服务成为网络营销的基本组成内容。

（7）顾客关系。顾客关系对于开发顾客的长期价值具有至关重要的作用，以顾客关系为核心的营销方式成为企业创造和保持竞争优势的重要策略。网络营销为建立顾客关系、提高顾客满意和顾客忠诚提供了更为有效的手段，通过网络营销的交互性和良好的顾客服务手段，增进顾客关系成为网络营销取得长期效果的必要条件。

（8）网上调研。网上市场调研具有调查周期短、成本低的特点。网上调研不仅为制定网络营销策略提供支持，也是整个市场研究活动的辅助手段之一。合理利用网上市场调研手段对于市场营销策略具有重要价值。网上市场调研与网络营销的其他职能具有同等地位，既可以依靠其他职能的支持而展开，同时也可以独立进行，网上调研的结果反过来又可以为其他职能更好地发挥提供支持。

网络营销的各个职能之间并非相互独立的，而是相互联系、相互促进的，网络营销的最终效果是各项职能共同作用的结果。为了直观描述网络营销八项职能之间的关系，可以从其作用和效果方面来做出大致的区分：网站推广、信息发布、顾客服务、顾客关系和网上调研这五项职能属于基础，主要表现为网络营销资源的投入和建立，而网络品牌、销售促进、网上销售这三项职能则表现为网络营销的效果（包括直接效果和间接效果）。图1.1描述了网络营销八项职能之间的关系。

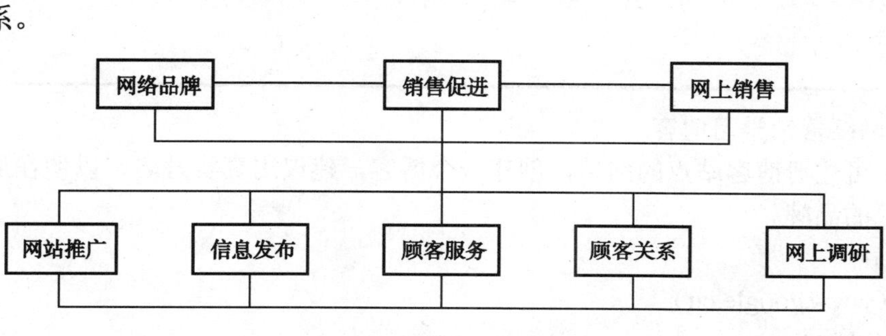

图1.1　网络营销职能关系图

网络营销的职能是通过各种网络营销方法来实现的，同一个职能可能需要多种网络营销方法的共同作用，而同一种网络营销方法也可能适用于多个网络营销职能。因此完全将网络营销职能与方法之间建立一一对应的关系是不合适的。

【教学活动 2】

1．搜索以下关键字，阅读相关文章

（1）贺建武与浏阳烟花

（2）袁宜全：通过百度搜索让客户找到自己

（3）小米官方网站

思考：

（1）什么是网络营销？

（2）网络营销有哪些功能？

（3）中小企业开展网络营销的基本内容有哪些？

2．企业对网络营销人才的要求

（1）推荐网站：

百度（www.baidu.com）

谷歌（www.google.cn）

前程无忧人才网（www.51job.com）

中华英才网（www.chinahr.com）

（2）分析网络营销人才需求并填写表 1.1。

表 1.1　网络营销人才需求情况调查表

时间：　年　月　日

序号	需求企业名称	企业主营业务	需求岗位名称	岗位职责描述	岗位能力要求
1					
2					
3					
4					
5					
总结归纳：					

3．建立网络营销学习博客

选择一个可注册博客站点的网站，创建一个博客，建议用真实姓名，以便在后续的课程中优化建立自己的品牌。

参考网站：

Google（www.google.cn）

新浪网（blog.sina.com.cn）

网易（www.blog.163.com）

博客网（www.bokee.com）

任务 2　网络营销的理论框架

【教学活动 3】

阅读以下案例，思考：

网络营销相对于传统营销的优势有哪些？

《失恋 33 天》微博营销的成功之道

一部投资几百万的小成本都市爱情电影，能和一部好莱坞大导演作品较量，取得了票房奇迹——上线四周累计票房收入 3 亿 4400 万。《失恋 33 天》的成功宣传得归功于“微博营销”。

一、《失恋 33 天》是怎么营销的

1. 传统媒介——情感入手，失恋物语流行

负责此片宣传的负责人早期利用传统媒介网络视频进行宣传。切入点从情感入手，在全国几大城市寻找失恋青年，请他们说说失恋的事。并将其拍成“失恋物语”上传视频网站。虽然“失恋物语”在视频网站上的点击率不错，但并没有得到大规模的影响。在传统营销手段遭遇瓶颈时，开始尝试新的网络营销模式。

2. 网络互动平台——微博营销，形成滚雪球效应

《失恋 33 天》打造了官方微博粉丝量近 10 万，同时还打造了很多“失恋 33 天”的微博号码，像“失恋 33 天经典语录”、“失恋 33 天心语”等微博号粉丝数都在 10 万之上，这样就形成了一个庞大的微博矩阵，由这个矩阵加上话题再加上各大排名靠前的草根微博转播和推荐。所形成的力量在微博上无疑是巨大的。

从宣传至 2011 年 12 月 9 日，微博上关于“失恋 33 天”的搜索结果已经超过 800 万，同时“王小贱”的搜索结果也超过 150 万。

二、微博营销成为网络营销的新宠儿

在微博没有火的时候，企业常借助于论坛、博客、QQ、社交网站进行社会化营销。而如今企业纷纷涉足微博营销，原因在于微博与其他网络社交平台相比有它的优势。因为微博上的普通人原本就不是为宣传服务的，如果他们能转发并评论对某件事物的感受，更容易被大众接受，如果很多关注的人都说好自己自然动心，这些因素让微博在人们心中的可信度和公正性大大提高了。所以这种成本极低又直达目标人群、潜移默化地深入人心的方式就是营销的最高境界。

当然微博营销也绝不只是建立官方微博，进行网络互动，号召名人在自己的微博上宣传一下这么简单，微博营销说到底也只是一种传播手段，在各种技巧和策略之外，最重要的还是产品质量。如果产品不行，就算投入大量费用进行微博营销，在网络上打通各种关系让名人帮忙说好话，做各种秀也无济于事。对于《失恋 33 天》来说，营销能左右的或许只是前几日的票房，如今，票房仍在噌噌地上涨，起码大家不认为这是一部烂片。

不管是什么方式的营销，电影本身的质量、观众的认可度还是最根本的，而营销只是助力，不能本末倒置。

三、企业可以借势大事件，实时营销自己

《失恋 33 天》在新浪微博上的巨大效果不由得引起了一些企业和品牌的重视，这些企业也快速行动，借《失恋 33 天》的东风，抓住了实时营销的机会。如“街旁”在此次营销中，有

机地将《失恋 33 天》营销话题热点和它的 LBS 朋务结合起来，在自身微博的#圈地总动员#版块中发布了利用电影中取景的地点制作成地点册，并和电影《失恋 33 天》官方微博联动，吸引 1200+次转发，短链点击次数也超过 6000+次，借此次的实时营销获得了很好的效果。

——案例摘自网络

1.2.1 传统营销的理论基础

传统营销是一种交易营销，强调将尽可能多的产品和服务提供给更广泛的顾客。从营销手法来说，传统营销指的是没有借助互联网技术进行的营销；从理论范畴上来讲，传统营销的理论思想是没有受过互联网技术冲击的。经过长期的发展，已经形成比较扎实的理论和实践基础，消费者已经习惯这种固定的模式，并在消费过程中有很强的交流性，可以看到现实的产品并体验购物的乐趣。传统营销有以下 3 个特点。

1. 信息传播不对称

传统营销活动中买方拥有不完全信息，信息商品的非物质性，以及经验性，使得客户难以判断信息商品的真正价值，体现出明显的差异性。

2. 沟通方式单向性

传统营销活动中，营销者主要依赖各种各样的传播媒介，如广告、展览、产品目录等向消费者提供单向的信息传递，再以各种形式的调查研究方法来了解顾客的需求。这种过程大多数情况下都是分离的、异动的、“时滞”的，不易实现同步营销。

3. 具有强迫性

传统营销传播方式中的电视、广播、报纸、户外路牌、路灯等广告信息传播都具有一定的强迫性，作为消费者，无论你是否了解还是购买，各种类广告仍然会迎面而来。

1.2.2 网络营销的优势

网络营销就是借助互联网、计算机技术通信和数字交互式媒体的功能来实现营销目标的一种促销方式。与传统的营销方式相比，网络营销具有以下 5 个方面的优势。

1. 网络营销成本较传统营销成本低

首先，与传统营销方式相比，网络营销的初始投入少，建置企业网站不需要花费大额的投资。在互联网上设立一个虚拟商店，其成本主要包括注册域名、租赁虚拟主机、制作网页、硬软件费用以及往后的维持费用。这比起普通店铺昂贵的店面租金、装潢费用、水电费、营业税及人事费用等要低廉许多。如果与网络服务商合作或者向网络服务商租赁虚拟店铺则成本更为低廉。其次，人工成本低。虚拟商店省却了店面营业人员和管理人员，节省大量市场开发与业务销售及客户服务成本，缩短销售体系的距离。最后，降低存货成本。网店属于无存货商店，并且可以在接到顾客订单后，再向制造厂家订货，无须将商品陈列出来，以供顾客选择。这样一来，店家不会因为存货而增加经营成本，因而在售价上，能增强虚拟商店对一般商店的竞争力。

2. 网络营销效率高

传统购物方式中，消费者购买商品需要花费大量的时间用于选择、购买和付款结算，这一过程少则几分钟，多则数小时，再加上往返路程时间，耗费了消费者较多的时间和精力。现代社会的生活节奏日益加快，人们闲暇时间越来越少，而网络营销可以节省消费者的时间和精力，提高购物效率。

3. 缩减环节

在传统商业模式中，企业和商家不得不拿出很大一部分资金用于开拓分销渠道，让出很大一部分利润给分销商，客户也不得不承担高昂的最终价格。网上交易则打破了这一局限性，它使厂家和消费者直接联系，绕过了传统商业模式中的中介商，从而使售价更为合理。

4. 更便捷

去商场买东西需要出门，需要交通工具，还会赶上刮风下雨。而网上购物，无论大小，配送公司都会给你送到家中，提供便利。此外，网络商店对残疾人士特别有用，只要上了网，也能和其他人一样去商店购物了。

5. 网络营销更具个性化

互联网更便于商家收集客户的信息资料，从而更能够发现、满足客户的需求，通过信息提供与交互式沟通，可以实现一对一的个性化服务，促销更具有针对性，更易与消费者建立长期良好的关系。企业通过网络来收集顾客的意见，并让顾客参与产品的设计、开发、生产，为每个顾客提供独特化、个性化的产品或服务，实现一对一营销，真正做到以顾客需求为中心。企业可以通过在自己的网站上提供电子邮件信箱、自由讨论区等了解顾客需求信息和具体要求，并对常见问题进行网上咨询和解答，从而更好地为顾客提供服务。

1.2.3 网络营销的环境

【教学活动 4】

为某企业分析其开展网络营销活动的组织要求、环境机会、威胁以及网络虚拟市场的竞争环境。

1. 网络营销环境

网络营销环境是指网络营销活动所面临的各种外部条件的总和。包括直接环境和间接环境。

直接环境是指互联网所形成的环境，是企业开展网络营销活动的直接环境。直接环境包括：计算机网络、网络营运商、各类上网终端。间接环境包括：企业网络营销所面临的现实的营销环境。

企业间接环境又可分为企业内部微观环境、企业外部微观环境和宏观环境三个层次。

（1）企业内部微观环境：指对企业网络营销活动产生影响而营销部门又无法直接控制或改变的各种企业内部条件因素的总称。内容包括：企业发展战略对网络营销的重视程度；网络营销所需资源的保障能力；企业其他部门的配合能力等内容。

（2）企业外部微观环境：指外部直接影响企业行动者与力量。

（3）网络营销宏观环境：内容包括：政治法律环境；社会文化环境；经济环境；人口环境；科技环境；自然地理环境等。

2. 网上消费者分析

（1）网民的性别分布：男性占 58.3%，女性占 41.7%。

数据来源：中国互联网络信息中心（CNNIC）

（2）网民的年龄分布：

18 岁以下	18～24 岁	25～30 岁	31～35 岁	36～40 岁	41～50 岁	51～60 岁	60 岁以上
17.2%	35.2%	19.7%	10.4%	8.2%	6.2%	2.2%	0.9%

（3）网民的婚姻状况：未婚占 57.8%，已婚占 42.2%。

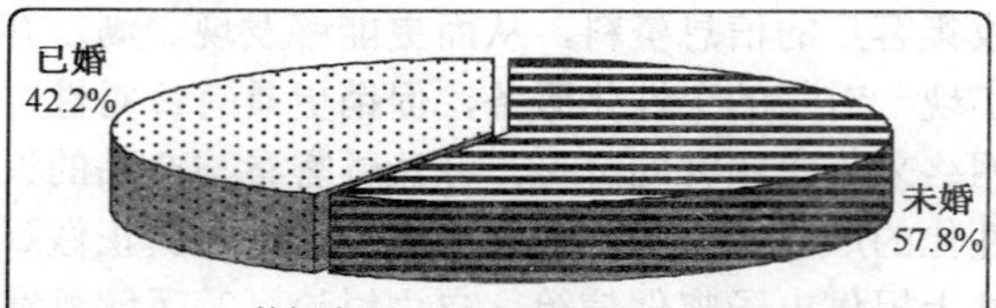

数据来源：中国互联网络信息中心（CNNIC）

（4）网民的文化程度分布：

高中（中专）以下	高中（中专）	大专	本科	硕士	博士
17.1%	31.1%	23.3%	25.8%	2.3%	0.4%

（5）网民认为当前互联网的重要性：

	非常重要	比较重要	一般	不太重要	很不重要
学习	41.1%	34.2%	15.2%	6.7%	2.8%
工作	45.8%	24.9%	14.0%	9.9%	5.4%
生活	29.8%	35.3%	19.2%	6.9%	8.8%
娱乐	29.3%	30.0%	26.8%	8.0%	5.9%

3. 网络使用基本情况分析及对策

（1）男性消费者市场在逐步上升。

（2）中青年消费者市场占主体。

（3）具有较高文化水准的职业层结构。
（4）低收入阶层市场。
（5）不愿意面对售货员的顾客市场。

1.2.4　按目标顾客需求特征分类的网站设计策略

1. 直接信息需求者

（1）站点中包括这些信息从索引到单项信息不同详细层次的页面。
（2）在尽可能多的相关的搜索引擎上登记，使浏览者易于寻找。
（3）提供浏览者所需但与产品和服务不是直接相关的信息。
（4）利用其他媒介推销网页。

2. 间接信息需求者

经常对网站内容进行更新。

3. 免费品寻觅者

提供一些额外价值让利给这类顾客。

4. 娱乐追求者

（1）推销、教育和娱乐于一体。
（2）充分利用网络的多媒体特性，提高娱乐的享受程度。
（3）创作系列故事，采用类似“连载”的方法吸引他们反复访问。

5. 购买者

网站上应有详细的产品介绍，保证订货支付的方便、安全，最好设有导购系统为顾客出主意。

1.2.5　网络消费者客户特性分析

1. 网络消费者的需求动机

生理的需求；安全的需求；社交的需求；尊重的需求；自我实现的需求。

2. 现代虚拟社会中消费者的新需求

（1）兴趣。
内在动机：探索的内在驱动力；成功的内在驱动力。
（2）聚集。
网络不受时间和空间的限制；具有平等民主的氛围。

（3）交流。

网络利于交流与信息交换，这也促进了网络虚拟市场的形成。

3. 网络个人客户购买动机

（1）感情动机——冲动性和不稳定性。
（2）理智动机——客观、周密、理性。
（3）信任动机。

1.2.6 网络消费者的购买决策过程分析

1. 网络消费者购买过程中所受影响因素

（1）网页界面设计的影响。
（2）商品陈列的影响。
（3）商品特性的影响。
（4）商品价格的影响。
（5）购物渠道的影响。
（6）安全性与服务。

2. 网络消费者的购买过程

（1）唤起需求——视觉和听觉。文字的表述、图片的设计、声音的配置。
（2）收集信息——网络广告和检索系统。
（3）比较选择。
（4）购买决策——理智、受外界影响小。
（5）购物评价。

3. 网络购物形成条件

（1）能聚集相当数量的人，即通常所说的人气。
（2）能有效地促进人与人之间的沟通，即通常所说的交流。
（3）能聚集大量的信息，即通常所说的能量。

1.2.7 竞争对手情况研究

【资料】

赵某是网络营销专业毕业的大学生，被招聘到某汽车集团公司电子商务部工作。该公司生产家用轿车，在国内外轿车市场上有一定的影响力。但由于家用轿车市场的竞争愈演愈烈，该公司现有的市场地位面临严峻挑战。公司决定尽快推出环保、节能、中高档价位的新车型，以提高市场竞争力。为了确保新车型的鲜明特色和充分竞争力，需要调研竞争对手的同类车型开发和产销情况。为了提高调研的效率，公司准备采用网络调研的方式。电子商务部经理便把这项任务交给了赵某，并要求赵某在10天内提出调研报告。

要求：假如你是赵某，请联系本企业的实际情况，并参照“从互联网中获取竞争者信息的调查方法”中的要点，提出通过网络对竞争对手进行调查的主要思路。

1．选取关键词和搜索引擎。

确定查询用的关键词：网上开展业务的性质；一般的浏览者在网上查这类资料时常用的关键词。关键词以5～10个为宜。

审查每一条检索结果，分析它对站点的描述。

浏览前10名或前20名的站点。

2．查询竞争对手网址。

（1）把自己放在消费者的位置上去浏览竞争对手的全部信息。

（2）对其图形设计、栏目的设置和文字的表达进行研究。

（3）考察其开展业务的地理区域，从客户清单中判断其实力和业务的好坏。

（4）留心站点主页的文字表示，看是否有语法和单词等比较低级的错误。

（5）图形设计是否过于复杂。

（6）每页间的链接是否方便浏览，有没有死链接，是否有调不出来的图形。

（7）注意其图形下载的时间长短，记录其传输速度。

（8）查看在其站点上是否有别人的图标广告，其精华在哪里。

（9）全面考察竞争对手在网络搜索引擎、新闻组中的宣传力度。

（10）考察竞争对手是长期工作。

3．了解主要竞争对手，核检主要竞争对手信息。

4．通过贸易组织和行业协会了解信息。

5．从个人主页上搜索信息。

6．网上调查对手的客户。

7．加入新闻组、阅读邮件列表。

8．搜索企业信息栏目。

9．搜索和研究新闻标题。

10．以个人名义进行信息检索和信息研究的个人化。

11．分包信息调研。

12．长期进行在线研究。

13．加入论坛，通过聊天、发帖子等办法得到信息。

任务3　网络营销的内容框架

【教学活动5】

搜索关键字，阅读相关案例：

1．Bodyshop英国护肤品牌

2．凡客诚品的网络营销

3．通用汽车公司的网络营销

思考：

1．网络营销包含哪些内容？

2．成功的网络营销手段有哪些？

1.3.1 市场营销的内容

1. 市场营销的通俗定义

（1）市场营销就是商品或服务从生产者手中移交到消费者手中的一种过程。

（2）市场营销是企业或其他组织以满足消费者需要为中心进行的一系列营销活动。

（3）市场营销学是系统地研究市场营销活动的规律的一门学科。

可以从几个方面理解市场营销的含义：

第一，市场营销分为宏观和微观两个层次。宏观市场营销反映社会的经济活动，其目的是满足社会需要，实现社会目标。微观市场营销是一种企业的经济活动过程，它是根据目标顾客的要求，生产适销对路的产品，从生产者流转到目标顾客，其目的在于满足目标顾客的需要，实现企业的目标。

第二，市场营销活动的核心是交换，但其范围不仅限于商品交换的流通过程，而且包括产前和产后的活动。产品的市场营销活动往往比产品的流通过程要长。现代社会的交易范围很广泛，已突破了时间和空间的壁垒，形成了普遍联系的市场体系。

第三，市场营销与推销、销售的含义不同。市场营销包括市场研究、产品开发、定价、促销、服务等一系列经营活动。而推销、销售仅是企业营销活动的一个环节或部分，是市场营销的职能之一，不是最重要的职能。

2. 市场的定义

（1）狭义的定义：市场是商品交换的场所。如：圩市、菜市、超市。

（2）广义的定义：市场是指某种商品的现实购买者和潜在购买者的总和。

（3）现代市场的含义不仅包括买卖双方现实的和潜在的交换活动，其主要是买方的活动，即认为市场是由具有现实需求和潜在需求的消费者群所组成，是指某种商品的现实购买者和潜在购买者的总和。当人们提出“中国是个很大的市场”这一说法时，并不是指地理区域的大小，而是说中国的市场容量很大，包括现实的需求和潜在的需求。

1.3.2 网络营销的内容

网络营销策略是企业根据自身所在市场中所处的地位不同而采取的一些网络营销组合，它包括网页策略、产品策略、价格策略、促销策略、渠道策略和顾客服务策略。这里着重讲解网络营销策略在中小企业中的运用。

网络营销在国内企业中的应用正逐步走向深入，但是相比国际优秀企业，国内的应用才刚刚起步。中国网络营销网是首家网络营销资讯门户，提供了丰富的信息资源。从“中国网络营销网”提供的相关资料表明，随着网络经济对于传统经济的不断渗透，国内企业，特别是广大中小企业如果不能有效地利用低成本高效率的网络营销手段，便已处于竞争劣势。

网络营销策略的几点基本策略：

网络营销的重要任务之一就是在互联网上建立并推广企业的品牌，知名企业的网下品牌可以在网上得以延伸，一般企业则可以通过互联网快速树立品牌形象，并提升企业整体形象。网络品牌建设是以企业网站建设为基础，通过一系列的推广措施，达到顾客和公众对企业的认知和认可。在一定程度上来说，网络品牌的价值甚至高于通过网络获得的直接收益。

1. 网页策略

中小企业可以选择比较有优势的地址建立自己的网站，建立后应有专人进行维护，并注意宣传，在这一点上节省了原来传统市场营销的很多广告费用，而且搜索引擎的大量使用有助于提高被搜索概率，比广告效果要好。

2. 产品策略

中小企业要使用网络营销方法必须明确自己的产品或者服务项目，明确哪些是网络消费者选择的产品。定为目标群体，因为产品网络销售所需成本远低于其他销售渠道的所需成本，因此，中小企业如果产品选择得当，可以通过网络营销获得更大的利润。

3. 价格策略

价格策略也是最为复杂的问题之一。网络营销价格策略是成本与价格的直接对话，由于信息的开放性，消费者很容易掌握同行业各个竞争者的价格，如何引导消费者做出购买决策是关键。中小企业者如果想在价格上营销成功，应注重强调自己产品的性能价格比以及自身产品的特点。除此之外，由于竞争者的冲击，网络营销的价格策略应该适时调整，中小企业营销的目的不同，可根据时间不同制定价格。例如，在自身品牌推广阶段可以以低价来吸引消费者，牺牲利润抢占市场。品牌积累到一定阶段后，建立自动价格调整系统，降低成本，根据变动成本市场供需状况以及竞争对手的报价来适时调整。

4. 促销策略

销售促进。营销的基本目的是为增加销售提供帮助，网络营销也不例外，大部分网络营销方法都与直接或间接促进销售有关，但促进销售并不限于促进网上销售，事实上，网络营销在很多情况下对于促进网下销售十分有价值。以网络广告为代表，通过网络广告的效应可以于更多人员到达不了的地方挖掘潜在消费者，可以通过网络的丰富资源与非竞争对手达成合作的联盟，以此拓宽产品的消费层面。网络促销还可以避免现实中促销的千篇一律。

5. 渠道策略

网络营销的渠道应该是本着让消费者方便的原则设置。为了在网络中吸引消费者关注本公司的产品，可以根据本公司的产品联合其他中小企业的相关产品为自己企业的产品进行外延，相关产品的同时出现会更加吸引消费者的关注。为了促进消费者购买，应该及时在网站发布促销信息、新产品信息、公司动态，为了方便购买还要提供多种支付模式，让消费者有更多的选择，在公司网站建设时候应该设立网络店铺，加大销售的可能。

6. 顾客服务策略

随着互联网的普及，面对日趋激烈的网络营销市场竞争，越来越多的企业在营销中开始关注人的因素，最大限度地满足顾客需求。顾客服务是指企业通过营销渠道，为满足顾客的需求，提供的包括售前、售中、售后等一系列服务。

7. 发展前景

策划行业是一个全新的有着广阔发展前景的行业。投资少，风险小，利润高是营销策划行业的真实写照，营销策划行业利润普遍可以达到50%～300%。

综上所述，网络营销的产生为传统营销模式注入了一股新鲜血液，特别是对于中小企业营销者开辟了一种新的营销思路。一种如何在创业初始阶段占领市场、推广品牌、营销产品、获得利润的模式。网络营销的兴起使得更多的中小企业面对大企业的挤压能够在节省开支的情况下不被打倒，以一种新颖的方式将自身营销出去，避开了资金不足、品牌弱势的弊端，使公司不断壮大。

1.3.3 网络与传统企业

1. 在企业宣传方面将传统媒体与网络媒体结合起来

（1）在传统沟通媒体上提供有关网站情况。把相关互联网信息印到所有说明书、商品目录和各种广告、产品包装上；企业每项沟通媒体的内容必须包括公司地址、主页地址、自动回复电子邮件地址。

（2）在顾客支持媒体上提供企业网站建设情况。将互联网战略和传统战略集成起来，会大大提高互联网的访问量，这有助于降低支持成本，同时提高支持水平。

（3）在网站提供有形证明，建立客户信任感。企业要用一些技巧来建立公司的信誉并提高网站的销售量。

（4）在网站提供传统媒体宣传材料。传统媒体的宣传有助于企业扩大知名度，网站应随时跟踪传统媒体对企业的正面宣传，并及时反映在网站中。

2. 与传统市场调研相结合，在网上进行市场营销

调研市场信息，从中发现消费者需求动向，从而为企业细分市场提供依据，是企业开展市场营销的重要内容。一般企业开展网上市场调研活动有两种方式：

（1）借助ISP或专业网络市场研究公司的网站进行调研。这对于那些市场名气不大，网站不太引人注意的企业是一种有效的选择。企业特定调研内容及调研方式放入选定的网站，就可以实时在委托商的网站获取调研数据及进展信息，而不仅是获得最终调研报告。这与传统委托调研方式截然不同。

（2）企业在自己的网站进行市场调研。就知名企业而言，其网站的常客多是一些对该企业有兴趣或与企业有一定关系的访问者，他们对该企业有一定了解，这将有利于为访问者提供更准确有效的信息，也为调研过程的及时双向交流提供了便利。

3. 传统营销渠道与网络分销渠道相结合

电子商务尽管在迅猛发展，但对于传统营销而言，其份额仍然是很小的。企业传统分销渠道的双向沟通功能的确为加强企业与其分销商的联系提供了有力的平台。企业通过互联网络构筑虚拟专用网络将分销渠道融入其中，可以及时了解分销过程的商品流程和最终销售状况，这将为企业及时调整产品结构、补充脱销商品、分析市场特征、实时调整市场策略等提供帮助。从而为企业降低库存、采用实时生产方式创造条件。而对于传统分销渠道而言，网络分销也开辟了及时获取畅销商品信息处理滞销商品的巨大空间，从而加速销售周转。

4. 利用网上营销集成对传统营销关系进行整合

互联网络是一种新的市场环境，并在企业组织、运作及管理观念上产生重大影响。一些企业已经迅速融入这一环境，依靠网络与原料商、制造商、消费者建立密切联系，并通过网络收集传递信息，从而根据消费需求，充分利用网络伙伴的生产能力，实现产品设计、制造及销售服务的全过程。这种模式称为网上营销集成。网上营销集成是对互联网络的综合应用，是互联网络对传统商业关系的整合。它使企业真正确立了市场营销的核心地位。企业的使命不是制造产品而是根据消费者的需求，组合现有的外部资源，高效地输出能满足这种需求的品牌产品，并提供服务保障。在这种模式下，各种类型的企业通过网络紧密联系，相互融合，并充分发挥各自优势，形成伙伴关系。

1.3.4 网络营销对企业经营的影响

互联网在商业与营销上的应用发展快速，网络营销可以扩大企业的视野，重新界定市场的范围，拉近消费者的距离，直到取代人力沟通与单向媒体的促销方式，改变市场的竞争形态。它已对传统的企业经营方式带来了冲击与影响。其主要影响归纳如下。

1. 传统营销风貌的改变

传统营销以大量人力与宣传投入争夺市场的做法，在网络时代将成为无法负荷的奢侈。如今，人员营销、市场调查、广告促销、经销代理等传统营销手法，将与网络营销相结合，并充分运用网上的各项同类资源，形成以最低成本投入，获得最大市场量的新型营销模式。它将依赖网络作为顾客联系与产品促销的渠道，因此企业网址（URL）也会成为企业对外的重要联络代号。

2. 企业组织的重整

互联网络相继带动企业内网的蓬勃发展，形成内外部沟通与管理，均需要依赖网络作为主要的渠道与信息源。带来的影响包括：业务人员与直销人员的减少、组织层级的减少与扁平化、经销代理与分店门市数量的减少、渠道的缩短、虚拟经销商、虚拟门市、虚拟部门等企业内外部虚拟组织的盛行。这些影响与变化，都将促使企业对于组织再造工程的迫切需要。尤其内网的兴起，改变企业内部作业方式以及员工学习成长的方式，个人工作者的独立性与专业性将进一步提升。因此个人工作室、在家上班、弹性上班、委托外包、分享业务资源等，使得企业组织发生变化。

3. 竞争形态的转变

由于网络的自由开放特性，互联网络时代的市场竞争是透明的，人人都能掌握同业与竞争对手的产品信息与营销行为。因此胜负的关键在于如何适时获取、分析、运用这些自网络上获得的信息，来制定具优势的竞争策略。此外策略联盟也是网络时代的主要竞争形态，如何运用网络来组成合作联盟，并以联盟所形成的资源规模创造竞争优势，将是未来企业经营的重要手段。

4. 顾客关系的再造

网络营销的企业竞争是一种以顾客为焦点的竞争形态，争取顾客、留住顾客、扩大顾客群、亲密顾客关系、分析顾客需求、归类顾客的特性。网络时代的目标市场、顾客形态、产品种类与以往会有很大的差异。因此如何跨越地域、文化、时空差距，再造顾客关系，将会需要许多创新的营销作为。

5. 跨国经营的必要性

在过去分工经营时期，企业只需专注在本企业与本地市场，国外市场则委由代理商或贸易商经营即可。但互联网络跨越时空连贯全球的功能，已使得全球营销的成本远远低于地区营销，因此企业将进入跨国经营的时代。网络时代的企业，要熟悉跨国市场顾客的特性、争取信任与满足他们的需求。

【教学活动 6】

浏览以下网站或更多的网站：

新浪网

广西特产网

淘宝网

中国中小企业在线

了解门户网站、商贸网站的区别与功能。

第2章

网络市场调研与策划

学习目标

- 了解网络市场调研的作用
- 学会使用网络引擎搜索商业信息
- 会设计调查问卷
- 能使用 SPSS 软件做简单的问卷分析
- 会撰写网络调研报告

任务 1　确立调研对象

2.1.1　什么是网络市场调研

网络市场调研是指在互联网上针对特定营销环境进行简单调查设计、收集资料并进行分析的活动。网络市场调查有两种方式，一种是利用互联网直接进行问卷调查等方式收集一手资料，就是网络直接调查；另一种方式，是利用互联网的媒体功能，从互联网收集二手资料，一般称为网络间接调查。

2.1.2　网络市场调研的特点

网络市场调研具有以下特点：

（1）无时空的限制。

（2）高效率。

（3）组织简单、费用低廉。

（4）更加准确的统计。

（5）时效性强。

（6）更加方便。

（7）更好的保密效果。

（8）调查结果受制于调查对象。

（9）调查对象群体受到限制。

2.1.3　网络市场调研的目的

1. 市场需求调查

主要目的在于掌握市场需求量、市场规模、市场占有率，以及如何运用有效的经营策略和手段，其具体内容包括：

（1）现有市场对某种产品的需求量和销售量。

（2）市场潜在需求量有多大，也就是某种产品在市场上可能达到的最大需求量有多少。

（3）不同的市场对某种产品的需求情况，以及各个市场的饱和点及潜在能力。

（4）本企业的产品在整个市场的占有率，以及在分市场的占有率。

（5）分析研究市场的进入策略和时间策略，从中选择和掌握最有利的市场机会。

（6）分析研究国内外市场的变化动态及未来的发展趋势，便于企业制定长期规划等。

2. 消费者购买行为的调查

（1）消费者的家庭、地区、经济等基本情况。
（2）社会的政治、经济、文化教育等发展情况，对消费者的需求将会产生什么影响。
（3）不同地区和不同民族的消费者，他们的生活习惯和生活方式有何不同，有哪些不同需要。
（4）了解消费者的购买动机，包括理智动机、感情动机和偏爱动机。
（5）了解消费者喜欢在何时、何地购买，他们购买的习惯和方式，以及他们的反应和要求。
（6）了解消费者对某种产品的使用次数，每次购买的单位数量及对该产品的态度。
（7）调查某新产品进入市场，哪些消费者最先购买。
（8）对潜在的消费者的调查和发现等。

3. 营销因素调查

（1）产品调查。
（2）价格调查。
（3）分销渠道调查。
（4）广告策略调查。
（5）促销策略调查。

【教学活动 1】

海尔在美国成功的奥秘

1999 年 4 月 30 日，海尔投资 3000 万美元的海尔生产中心在美国南卡罗来纳州中部的小镇坎姆登（Camden）举行了奠基仪式。海尔从此开始了在美国制造冰箱的历史。海尔成为中国第一家在美国制造和销售产品的公司。

从海尔最初向美国出口冰箱到在美国投资生产线，几年的时间里，海尔冰箱已成功地在美国市场建立了自己的品牌。2003 年，美国的零售巨人沃尔玛连锁店开始销售海尔的两种小型电冰箱和两种小型冷柜，并同海尔签订了再购买 100000 台冰箱的协定。海尔在美国最受欢迎的产品是学生宿舍和办公场所使用的小型电冰箱。目前这类产品的市场占有率是该型号冰箱的 25%，在赢得新的连锁店客户之后可望增至 40%。海尔在卧式冷柜方面也取得成功。该产品在美国同类型号中的市场占有率占 1/3。海尔的窗式空调机也具有广阔的市场，该产品已占美国市场的 3%，2002 年的销售量有望翻番。

美国市场是非常成熟的市场，是世界上最难进入的市场。许多亚洲公司都在这个市场上栽了跟斗。台湾的 Acer，过去 10 多年花了 10 多亿美元在美国推销其品牌，但终因亏损严重而退出了美国市场。由于进入美国市场的艰难，我国国内公司目前主要通过接单生产或 OEM 的方式进入美国市场。比如科龙，其在香港和东南亚的销售打的是它自己的品牌，但在美国和欧洲的销售都是 OEM 的方式，即它出口到美国的产品都以美国公司的品牌销售。比如目前在沃尔玛连锁店销售的 Magic Chef 牌冰箱就是科龙设计和制造的。

下棋找高手

在海尔首席执行官张瑞敏眼中，海尔国际化就像是一盘棋，而要提高棋艺，最好的办法就是找高手下棋，张瑞敏选择的高手是欧洲和美国。

海尔决定用自己的品牌进军欧美市场，他们的榜样是日本的索尼。20 世纪 60 年代，索尼在国际市场上还默默无闻，他们每一个新产品上市时，首先投放到欧美地区，打出影响后再到日本和其他国家销售，索尼由此成为一个世界性名牌。

美国家电市场名牌荟萃，竞争激烈，几乎是所有世界名牌的竞技场。而且在美国本土，家用电器也早已是处于成熟期的产品。通用（GE）、惠尔浦（Whirlpool）和 Maytag 这三大美国电器生产商虎视眈眈，自然不会坐视不理，一场商业激战在所难免。那么，海尔靠什么来同这些美国著名企业叫板呢？

于是，对美国市场进行了具有深度和广度的调研。

1. 需求潜力

1998 年、1999 年中国出口美国的冰箱分别为 4718 万美元、6081 万美元，其中海尔冰箱分别占 1700 多万美元、3100 多万美元。据统计，在美国建一个冰箱厂的盈亏平衡点是 28 万台，海尔现在的冰箱出口已经远远超过这个数字。

数据显示，2001 年在美国 180 升以下小冰箱市场中，海尔已占到超过 30%的市场份额，但海尔大规格冰箱因远隔重洋而无法大批量进军美国市场，项目见效后，海尔冰箱在美国市场的产品结构将更加合理，市场占有率将进一步提高。

2. 消费者的需求结构

目前，在美国 200 升以上的大型冰箱被通用、惠尔浦等企业所垄断；160 升以下的冰箱销量较少，通用等厂商认为这是一个需求量不大的产品，没有投入多少精力去开发市场。然而，海尔发现美国的家庭人口正在减少，小型冰箱将会越来越受欢迎，独身者和留学生就很喜欢小型冰箱。

根据以上调查分析，海尔决定在美国市场开发从 60 升到 160 升的各种类型的小型冰箱，该来冰箱的需求潜力很大。

3. 市场营销方案

（1）产品。

产品设计采用当地化战略。当地化战略最重视的是当地特殊的消费需求，因此强调针对当地市场的特殊需求设计和营销产品。这种战略的最大优势是提供的产品特别考虑了不同地方的需求差异。比如电冰箱，每个国家都有不同的气候带、电压状况及消费习惯，所以对冰箱的设计要求也是各有所爱。海尔在美国市场上的竞争目前采用的基本上是当地化战略。它在洛杉矶建立了“海尔设计中心”，在纽约建立了“海尔美国贸易公司”、在南卡罗来纳建立“海尔生产中心”，在美国形成了设计、生产、销售三位一体的经营格局。这样做的主要目的是为了更好地了解美国市场，更快地针对市场变化作出反应。海尔在美国销售的许多产品都不是海尔原有的产品，而是专门针对美国市场设计和生产的。比如出口到美国的“大统帅”BCD-275 海尔冰箱，就是根据海尔海外信息站反馈的信息，针对美国人对冰箱外观、制冷能力、使用习惯等区域化特征而专门设计、开发与制造的。

海尔当地化战略成功实施的一个例子是海尔酒柜。这是一种具有华丽的外观，采用磨砂玻璃门、曲线造型、柔和的内部灯光、滑动式镀铬食品架的产品。该产品的第一个型号售价 400 美元上下，自投放市场以来，深受消费者喜爱。在纽约的 P.C.Richard&Son 百货商店的大厅出入口处，和洛杉矶最著名的零售商店 Best Buy 商场展出，反应都不错。海尔希望在投资产品第 2 年销售 10 万台这种产品；在 2004 年下半年，有 12 个品种投放市场；到 2005 年销售额达到 10

亿美元。从在美国的队伍构思和设计该产品直到该产品投放市场，相隔不到一年的时间。

为特定人群创造的产品被称为定制产品，海尔开拓欧美市场的另一个先锋就是定制产品。美国商业周刊上曾刊登了一篇题为《海尔能将惠尔浦和通用公司挤出去吗？》的文章，提醒美国公司关注海尔的发展，文章认为有着上百年历史的名牌产品应该小心中国海尔产品的发展战略，因为老牌子已经不再是美国年轻人的首选，他们很愿意尝试一些新品牌，海尔正在通过这一手段占领美国市场。

海尔并不满足于在缝隙中求生存，在美国家电巨头占主导地位的大冰箱等产品上，海尔也正在与通用等品牌一试高低。

海尔不仅提供高质量的产品，而且使产品与当地消费者的需求紧密结合，超前满足当地消费者的需求。海尔超级节能无氟冰箱就是一个典型的例证，它既解决了国际社会对于环保的要求，又考虑到消费者的切身利益，在开发无氟冰箱的同时实现了节能50%的目标，不但发明了一项世界领先的成果，还取得了巨大的市场效果。海尔超级节能无氟冰箱达到德国A级能耗标准，德国消费者凡购买海尔超级节能无氟冰箱可得到政府补贴。在美国，海尔产品达到美国2003年的能耗标准。

一个产品能否被市场接受，最核心的环节在于设计。海尔国际化战略的第一步就是设计本土化。20世纪90年代初，海尔首席执行官张瑞敏在考察孟加拉国市场的时候，发现一直雄霸当地市场的美国家电产品的市场销售额持续下降，主要原因是产品型号单一、样式陈旧，得不到当地消费者的认同。他意识到海尔必须选择一个最适应当地消费者习惯的产品作为切入点，在此基础上再以本土化设计的方式，将其他海尔产品源源不断地引入当地市场。

现在海尔已经专门为海外市场设计了几百种产品。这些产品的大多数都融合了海尔海外设计中心的智慧。从1997年开始，海尔在世界各地寻求可以合作的家电产品设计工作室，由海尔控股，双方以利益共享的合资方式组建设计中心。目前这样的海尔设计中心在全球共有18个，广泛分布在美国、英国、法国、日本等国家，同时还配备有几百名本土的专业设计师。海尔分布全球的设计师们每天都在设法满足一个个富有挑战性的消费需求，随着海尔产品市场拓展到100多个国家，海尔在设计本土化实践中已经锤炼出一种融合多元文化内涵的设计能力，这种能力成为海尔企业核心竞争力的重要内容。

（2）价格。

很明显，目前海尔在美国市场占得先机是因为其低廉的价格。因为劳动力成本这一项是美国企业所难望其项背的。在美国沃尔玛连锁店里，海尔“2.7立方英尺冰箱”的零售价格仅为115美元，而14.3立方英尺冰箱则为350美元，这要比惠尔浦同类产品价格低了整整50美元。这对于那些斤斤计较的人来说，是一笔大数目。

在国外设厂的目的一是使产品更加本土化；二是进一步降低产品的成本，使价格更具竞争力。

1999年4月30日，海尔集团在美国南卡罗来纳州的生产基地奠基，生产基地位于南卡州首府附近的汉姆顿市。生产基地占地44.5万平方米，计划分六期建设。首期项目是建筑面积为2.7万平方米的电冰箱厂，该项目已于2000年3月建成投产，设计年产能力为50万台，在美国冰箱企业中排名第六。在美国设厂可以有效规避国际贸易中的非关税壁垒，如运费——美国曾将亚洲运往美国的集装箱运费提高50%不等。此外将来还会遇到技术壁垒等“入世”也无法解决的难题。因此海尔认为“进入”成本是进一步拓展美国市场亟待解决的关键所在。

（3）促销。

打出品牌的一个主要手段就是广告。过去海尔在美国市场上的宣传比较低调，除了在几个主要机场的手推车上打上“Haier”商标外，基本没有什么广告宣传。但近年来海尔加强了其品牌战略。海尔在美国将采用一些新的广告媒体，包括广告牌、汽车站和电视。将海尔最新的DVD同麦克尔·乔丹的影片宣传联系在一起的电视广告已经在电视上播放。走在洛杉矶、纽约、华盛顿的大街上，也可以看到巨大的广告：1—888—76HAIER，这是海尔在美国推出的免费服务电话。海尔美国贸易公司的售后服务中心开通的免费热线电话服务已覆盖全美。海尔美国总裁麦克尔·杰梅尔称：“现在我们还不能和那些最著名的品牌竞争，他们的广告都是登在电视黄金时间和著名杂志上面。但是海尔有自己的打算，我们现在用的是一些实用的手段，用我们的实际行动，同样能够逐渐提高海尔的知名度。比如2002年3月，我们花了1450万美元，在纽约曼哈顿的格林威治银行大楼租下了一套办公楼，作为海尔公司欧美总部。”

另外，海尔还在康登地区花了4000万美元，雇用了230名员工专门为格雷格连锁店生产冰箱系列。这一系列的行动受到了美国媒体的关注，一些媒体报道称，海尔在美国无形中做了广告，给竞争对手造成了不小的压力。《美国之音》报道“海尔在美国大展拳脚”；《麦肯锡季刊》2003年第三期推出记者吴一冰对海尔首席执行官张瑞敏的专访——《中国电冰箱巨头》。

结语

对于美国的家电企业来说，海尔的出现绝对是“狼来了”。海尔电器（尤其是电冰箱）在美国的销售量非常惊人，并已在沃尔玛、劳氏以及Best Buy等大型超市站稳了脚跟，海尔还在轻便型电冰箱销售排行榜占据了老大的位置，超过美国三大家电生产商通用、惠尔浦和Maytag。

2003年10月，随着第一台本土制造的海尔洗衣机在约旦下线，海尔集团的第十三个海外工厂正式投产，至此海尔已在全球建立了13个工厂，18个贸易中心，产品出口近100个国家。至2003年，海尔的全球销售收入已由1998年刚刚开始明确国际化战略时的191亿人民币上升到720亿人民币，成为中国第一品牌，海尔在全球白色家电市场竞争力也升至世界第五位，海尔的国际化经营取得了辉煌的业绩。美国南卡州新一届的商务部部长费思在参观海尔集团时这样说，“海尔是一个成功的案例，是中国企业在美国投资建厂经营最成功的范例。”2003年10月的美国《福布斯》杂志评价海尔为“海尔是中国在海外最有影响力的品牌”。

任务2　收集网络商务信息

2.2.1　中英文搜索引擎工具介绍

1. 常用英文搜索引擎工具

AltaVista（http://www.altavista.com）是全球知名的网上搜寻引擎公司之一，同时提供搜寻引擎后台技术支持等相关产品，是一个以网页全文检索为主、同时提供分类目录的搜索引擎。其搜索界面如图2.1所示。

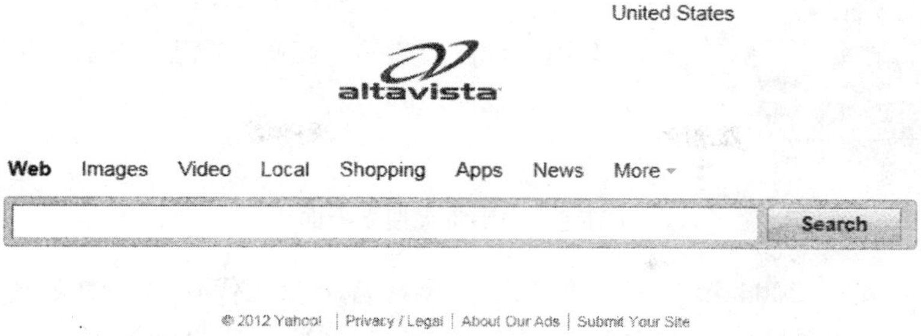

图 2.1　AltaVista 搜索界面

Excite（http://www.excite.com）也是一个客户喜爱的搜索引擎。在 Excite 中查找商务信息，可以采用关键词检索，也可以通过分类目录检索，分类目录中与市场营销密切相关的类目有商业、投资、汽车、计算机等。它的专题检索栏目有黄页、人物、地图、服市行情等。其搜索界面如图 2.2 所示。

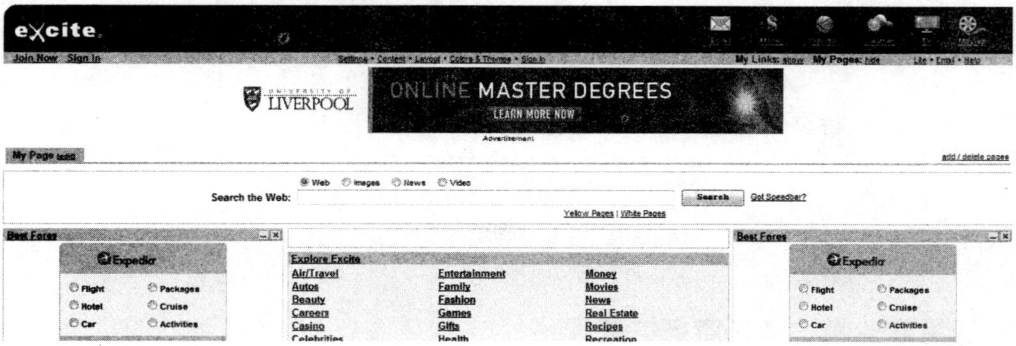

图 2.2　Excite 搜索界面

2. 常用中文搜索引擎工具

百度是目前全球最大的中文搜索引擎，也是常用的网络搜索工具之一。其搜索界面如图 2.3 所示。

图 2.3　百度搜索界面

Yahoo（http://cn.yahoo.com/）是一个深受中国人喜爱的搜索引擎。Yahoo 以分类目录查询著称，也可进行关键词查询。Yahoo 分类目录中与市场调查有关的类目有商业和经济、计算机与互联网、政府、区域等，其搜索界面如图 2.4 所示。

图 2.4　中国雅虎搜索界面

搜狗是搜狐公司于 2004 年 8 月 3 日推出的全球首个第三代互动式中文搜索引擎，域名为 www.sogou.com。搜狗以搜索技术为核心，致力于中文互联网信息的深度挖掘。其搜索界面如图 2.5 所示。

图 2.5　搜狗搜索界面

2.2.2　利用商业网站查找商务信息

互联网上有大量的商业网站，集中了大量的商务信息，而且大部分是供客户免费使用的。其中与网络市场调研有关的网站，如商业门户网站、专业资源网站、专业调查网站、传统商业媒体转型的网站、电子商务网站、工商企业网站等，市场调研人员通过它们可获得许多有价值的商务信息。

1. 利用商业门户网站收集商务信息

环球资源（http://www.globalsources.com）是 BTOB 服务提供商，为买卖双方提供增值服务。它提供的服务是基于买家的需求而设，买家只需说明感兴趣的产品类目，一旦供应商有相应信息上网，系统自动以电子邮件通知买家上网查看。其强大的搜索引擎分三大类：产品搜索、供应商搜索、全球搜索。搜索界面如图 2.6 所示。

阿里巴巴是全球著名的 BTOB 系列网站（http://www.alibaba.com/），阿里巴巴可供检索的市场信息包括：商业机会、产品展示和公司库，如图 2.7 所示。注册会员还可选择订阅“商情特快”，获得各种免费信息。“商业机会”就是买、卖、合作、服务等即时商贸信息，可免费查询 202 个国家和地区的各种商业机会，也可以免费发布企业自己的供求合作信息。“产品展示”，是注册会员陈列产品信息的大展台，可按类别查找感兴趣的产品信息，也可免费创建自己的私人“样品房”，向广大网络客户宣传推广自己的各种产品。“公司库”，一个收录并展示公司网页的信息库，可按类别查询合作伙伴，会员也可将自己公司的信息免费添加到“公司库”。

图 2.6　环球资源界面

图 2.7　阿里巴巴界面

2. 利用专业调查网站收集商务信息

如果已知专业调查网站和相关调查频道的资源分布，则可免费查阅各个行业、各种产品已完成的市场调查报告，了解专业调查机构的市场研究方法和服务项目，参与在线调查、学习和了解有关调查项目和问卷的设计思路，免费获得在线调查表设计的支持，等等。如图 2.8～图 2.10 所示。

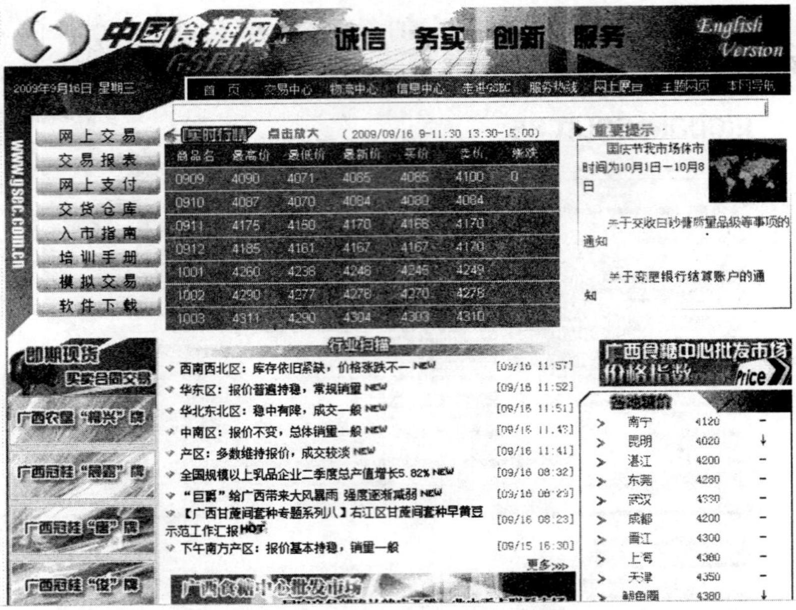

图 2.8　通过专业网站查询价格行情

图 2.9　订阅免费网络杂志收集信息

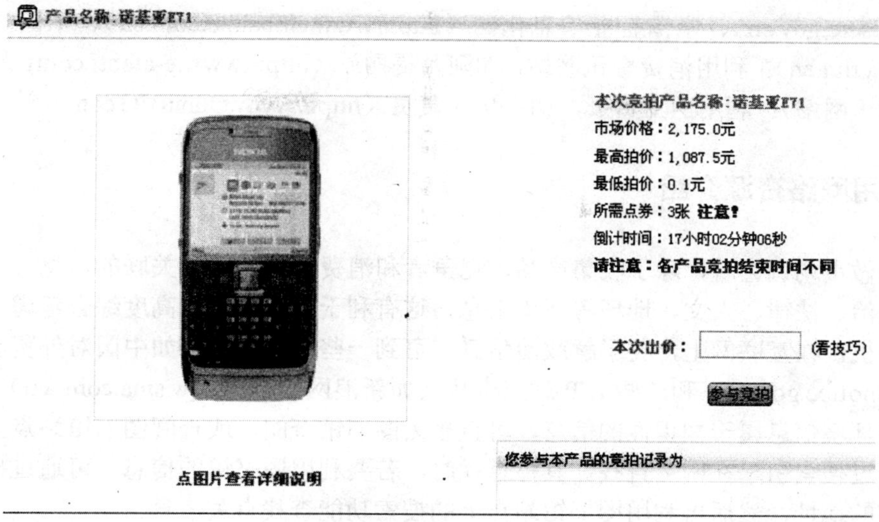

图 2.10　网上竞拍信息

第一调查网（http://www.1diaocha.com/Survey）是一个专业的调查网站，致力于为个人提供趣味性的、有报酬的网络调查项目。会员参加品牌点评、话题 PK、体验赚钱等多种活动，还能赚取积分兑换奖品。重点操作商业调查可快速赚钱。其界面如图 2.11 所示。

图 2.11　第一调查网界面

3. 利用相关网站收集商务信息

网络商务信息的收集还可利用一些政府机关网站，如国家和地方统计局、国家经贸委网站

(http://www.setc.gov.cn)、中国企业信息化网(http://www.chinabbe.com.cn)、中国技术创新网(http://www.ctiin.cn);利用消费资讯网站,如阿凡提网站(http://www.e-afanti.com,国内首家消费者权益资讯网站);利用网上黄页,如中华大黄页(http://www.chinaBIG.com)等。

2.2.3 常用网络资源介绍

企业在做市场调查时,除了收集产品、竞争者和消费者这些紧密关联的信息外,还必须了解当地的政治、法律、人文、地理等环境信息,这有利于企业从全局高度综合考虑市场变化,寻求市场商机:在互联网上,要了解政治信息,可到一些政府网站(如中国对外贸易与合作部 http://www.moftec.gov.cn)和一些 ICP 站点查找(如新浪网 http://www.sina.com .cn);法律、人文和地理等环境信息属于知识性的信息,可直接去图书馆查阅,或查阅图书馆站点上的电子资源或直接通过搜索引擎在网上查找。具体查找时,若要利用图书馆的信息,可通过搜索引擎先找出图书馆的地址,然后再利用图书馆站点上的搜索功能查找有关信息。

以下是一些常用的相关网站:

(1)中国企业网(http://www.china-enterprise.com)
(2)太平洋商业网(http://www.pacificnet.com)
(3)中华工商网(http://www.datachina.com.cn)
(4)中国出口商(http://www.exporters-china.com)
(5)中国出口商品网(http://www.chinaproducts.com)
(6)中贸网(http://www.ChinaE.com)
(7)国家外经贸部网站(http://www.moftec.gov.cn)
(8)中国市场(http://www.chinamarket.com)
(9)贸易资源网(http://www.tradesoources.com)
(10)面向全球贸易商的商务网站(http://www.China-B2B.com)
(11)西北风(http://www.b2bizichina.com)
(12)中国粮油贸易网(http://www.cctn.net.cn)
(13)金桥网(http://www/iLastMile.com)
(14)中国资讯网(http://www/chinainfibank.com)
(15)慧聪商务网(http://www.sinobnet.com)
(16)中国国际资讯网(http://www.itdn.com)
(17)21 世纪中国全球贸易网(http://21w.com)
(18)实华开国际贸易网络(http://www.sparkice.com)
(19)中国易货网(http://www.chinabartering.com)
(20)智胜信息网络平台(http://itkey.com)
(21)中运网(http://www.2188.com)
(22)拉拉手网站(http://www.lalasho.com)
(23)中国商务网(http://www.Chinabusness.net.cn)
(24)中国商务网在线(http://www.BuniessOnline.com)

（25）中国制造商（http://www.made-in-china.com）
（26）中联商务网（http://www.cnuol.com）
（27）商祺网（http://www.ShineChina.com）
（28）诣瞰采购网（http://www.ecanatata.com）
（29）精品购物指南（http://www.sg.com.cn）
（30）中国商易经（http://www.china317.com）
（31）亚商在线（http://www.asiaec.com）
（32）万维投资网（http://www.eVentures.com）
（33）中国项目网（http://www.sinoprojects.com）

【教学活动 2】

学习使用 Baidu 搜索引擎搜索相关信息。

1. 基本搜索

Baidu 查询简捷方便，仅需输入查询内容后按 Enter 键即可获得相关的资料。

Baidu 严谨认真，对查询要求“一字不差”。例如，对“贵宾饭店”的搜索和“贵宾酒店”的搜索，会出现不同的结果。因此在搜索时，可以使用不同的关键词。

（1）检索框。

该框中，仅需要输入查询内容并按 Enter 键，即可得到相关资料。还可以用双引号进行专用语搜索，如图 2.12 所示。

图 2.12 Baidu 搜索引擎页面的检索框

（2）“百度一下”搜索按钮。

在检索框中输入检索内容，单击该按钮，便开始查询。

（3）分类搜索。

当搜索的内容是 MP3、视频等分类信息时，先单击检索框上方的分类选项，然后再搜索，可以快速搜索到所需内容。

2. 空格的使用

在 Baidu 查询时，可以在两个关键字中间添加一个空格。Baidu 提供符合全部查询条件的网页。

例如，想了解羊奶生产企业，即在搜索框中输入“羊奶 企业”，如图 2.13 所示。

然后，单击“百度一下”按钮。

图 2.13 Baidu 搜索“羊奶 企业”信息示例

3. 高级搜索

（1）专用语查询。

只要在专用词语上加上双引号，就可以准确地进行查询。这一方法在查找名言警句或专有名词时显得格外有用。

此外，一些标点和符号如“-”、“/”、“+”、“=”、“、”、“,”、“’”也可以作为短语连接符。例如，尽管没有加引号，mother-in-law 仍作为专用语处理。

（2）忽略词语。

通常，Baidu 忽略 http 和 com 等字符，以及数字和单词，此类字词过于频繁出现于大部分网页，不仅无助于查询，而且大大降低搜索速度。

用“+”可以将这些字词加于搜索项，但“+”之前必须留一空格。

例如，要查询关于 Star Wars，Episode I（星球大战，第一部分）的资料输入，如图 2.14 所示。

图 2.14 Baidu 搜索“Episode I”信息示例

又如要查找 OS/2 的网页，其输入如图 2.15 所示。

图 2.15 Baidu 搜索“OS/2”信息示例

（3）减除无关资料。

有时候，排除一些关键词比增加关键词更有利于缩小查询范围。Baidu 支持此项“-”功能，用于有目的地删除某些无关的网页，但减号之前必须留一些空格。

例如，要搜寻关于辣椒，但不含指天椒的资料，可使用如图 2.16 所示输入。

图 2.16　Baidu 搜索不包含指天椒的其他“辣椒”信息示例

活动考核：

通过 Baidu 搜索“网络营销”资料，总结如何有效利用搜索引擎获得有用的信息。

任务 3　设计网络调查问卷

2.3.1　调查问卷设计原则

1. 目的性原则

即询问的问题与调查主题密切相关，重点突出。

2. 可接受性原则

即被调查者回复哪一项，是否人性化，问卷设计是否容易让被调查者所接受。涉及个人隐私问题不应出现在调查问题中，以免引起被调查者的反感。

3. 简明性原则

即询问的内容要简单扼要，使被调查者易读懂，而回复内容简短省时。调研人员应在每个问题后设置两个按钮（Yes 和 No)，让被调查者直观地表达他们的观点。

2.3.2　在线调查问卷表设计的步骤

在线调查问卷表设计步骤如表 2.1 所示。

表 2.1　在线调查表设计步骤

事前准备	调查目的的确认与明确化	调查问卷目的的确认
		原有资料、信息的分析，设定假说
		汇总、分析方法的确定
调查问卷的设计	决定调查项目和提问项目	决定调查项目
		决定提问项目

续表

调查问卷的设计	设定问题项目的制作	提问形式、回答形式的推敲
		设定问题方案内容的推敲
		措辞用字的检查
		决定问答项目
	提问的顺序	
	进行预备测试	
事后的检查	调查问卷的完成	根据预备测试进行修正、印刷、校对，调查问卷的完成

【教学活动 3】

某隐形眼镜厂商，希望进驻大学生隐形眼镜市场，现想了解隐形眼镜在大学生中的使用情况，以期对这一市场的发展前景做出初步预测。

1. 事前准备

明确调研目的是了解隐形眼镜在大学生中的使用情况，并确定了通过问卷调查实现以上目的。

2. 调查问卷的设计

通过反复推敲，初步形成问卷调查的内容。

3. 修正、校对已经设计好的问卷，并形成最终版本

隐形眼镜在大学生中的市场前景调查书

首先感谢各位同学的协助。本调查的目的在于了解隐形眼镜在大学生中的使用情况，以期对这一市场的发展前景做出初步预测。耽误您宝贵的时间，向您致谢！

请您就以下问题在您认为合适的地方打“✓”。

1. 请问您现在戴哪一种眼镜？

□框架眼镜　□隐形眼镜　□未配眼镜

2. 假若您已经近视尚未配眼镜，您准备：

□配框架眼镜　□配隐形眼镜　□不配镜

3. 您选择框架眼镜是因为：

□价格适中　□方便　□一般近视者都戴　□其他

4. 您未配隐形眼镜是因为：

□价格过高　□怕伤眼睛　□未听说过　□其他

5. 戴眼镜给体育运动带来了一些不便，对此您持何种态度？

□无所谓　□无可奈何，不戴不行　□运动时少戴　□换成隐形眼镜

6. 长期戴框架眼镜，会使眼睛不同程度的变形，对此您持何种态度？

□无所谓　□无可奈何　□尽量少戴　□换成隐形眼镜

7. 您现有的眼镜价格大约是多少？

□框架眼镜价格 □隐形眼镜价格 □未配

8. 如果您想买隐形眼镜，请问您最高能接受以下哪一种价格？

□80 元左右（普通型） □100 元左右（精品型） □200 元左右（高端型）

9. 您购买眼镜的经济需求，家里是否会予以满足？

□是 □否 □其他

10. 请您将所知道的隐形眼镜的品牌写下来：

（1） （2） （3）

（4） （5） （6）

活动考核：

请你选择某具体问题，并设计该问题的调查问卷。

任务 4 网络市场分析

2.4.1 识别竞争优势

对于网络营销企业来说，必须在充满了竞争的网络市场找到自身的优势所在，这个步骤往往是通过找到自身与竞争对手间的差异性来完成的。这些差异性体现在四个方面，网络营销企业需要从以上的差异中，选择出企业的优势，这些优势可以使企业更准确地找到定位切入点，增强在网络市场的竞争力。

2.4.2 选择合适的竞争优势

网络营销企业可以通过找到自身与竞争对手间的差异来获取竞争优势，但此时往往可以列出多种竞争优势，企业需要从若干个潜在的竞争优势中选择其中几个竞争优势，建立起市场定位战略。选择竞争优势时的“合适”主要是指该优势最能使企业在目标市场中发挥出全部能量，获得最大的利益和发展空间。

对于同一企业来说，最适合的竞争优势也会随着企业的发展而不断变化，企业应该及时把握现阶段的竞争优势，调整市场定位。阿里巴巴网现今的市场定位是为中国中小型企业提供贸易服务，这里的贸易服务包括国内贸易和国际贸易，其中定位重点放在国际贸易。这与阿里巴巴早期的市场定位有区别，发展初期阿里巴巴将定位重点放在国内贸易，因为那个时期阿里巴巴的最大竞争优势体现在所能向客户提供的服务和贸易理念上，商务资源对于当时的阿里巴巴来说还比较缺乏。经过了一定时期的累积性发展，如今的阿里巴巴已经融汇了大量的商家，其中以中小型企业居多，这成为了如今阿里巴巴的最大优势，分析国内国际贸易需求，国内的中小型企业希望加入国际贸易的洪流，而国外企业希望能了解和接触到更多的中国企业，因此，阿里巴巴利用手中巨大的商务资源接轨国际市场，形成了新的具备极强竞争力的市场定位。

2.4.3 市场定位的传播和送达

选择好市场定位，必须采取适当的切实步骤把理想的市场定位传达给目标消费者，企业所有的市场营销组合都必须支持这一市场定位战略。对于网络营销企业，可以采用传统和网络相结合的方式传递市场定位，以保证其市场定位深入人心。如：知名饮品“王老吉”，其市场定位为具备清火功能的功能性饮料，摒弃了不被大多数中国人接受的“凉茶”概念，以一句“怕上火，喝王老吉”的广告词作为宣传口号，通过电视广告、广播、杂志、网络广告等媒体宣传，使此定位深入人心。在国人渐渐接受并喜欢上此类产品后，其后的同类竞争产品便开始以“凉茶”来定位，这就要求企业除了选择传统宣传理念进入市场，将“老字号”、传统、正宗等作为诉求重点进行宣传，也取得了较好的效果。因此我们看到，同类产品在进行市场定位时，不一定只有一种定位标准，应按照当时的市场情况进行最准确恰当的定位。

网络营销企业的市场定位除了产品、服务对象，还要通过网站设计、特色服务等来将定位有效传递给目标对象，这一步是企业定位中的关键环节，也是企业定位策略是否得以最大化实施的前提。

【教学活动 4】

使用 SPSS 软件对调查问卷进行统计，通过结果进行市场分析。

活动实施：

关于问卷一致性检验（重测信度检验问题操作步骤），其中信度是指测量结果一致性、一贯性和稳定性。

对于量表可采用 Alpha 系数来检验量表的内在信度，即一组题目在测量某一概念的一致性。

对于一般问卷，特别是分类变量形式的题目。如，

问题：您每周锻炼多少次？

①不锻炼　②每周 1～2 次　③每周 3～4 次　④每周 5 次以上

对这类问卷进行信度分析，主要是分析多次调查同一群体，所选结果的一致性程度，即重测信度，也称外部信度。所采用的方法主要是分析两次测量选项频率分布是否一致，如果两次测量选项百分比分布一致，说明信度较高。如果用定量指标来反映的话，可采用 Kappa 一致性系数。

1. 数据录入

（1）对同一题目两次调查结果录入两列，即两个变量，如图 2.17 所示。

	第一次调查结果	第二次调查结果	变量
1	1.00	1.00	
2	2.00	2.00	
3	3.00	3.00	
4	2.00	1.00	
5	3.00	3.00	
6	2.00	2.00	
7	4.00	3.00	
8	3.00	4.00	
9	5.00	5.00	
10	3.00	2.00	

图 2.17　SPSS 调查结果显示图

（2）对录入的数据进行交叉列联表分析。

执行 SPSS 菜单：（分析）Analyze→（描述统计）descriptive statistic→（交叉表）Crosstab…命令，打开如图 2.18 所示对话框。

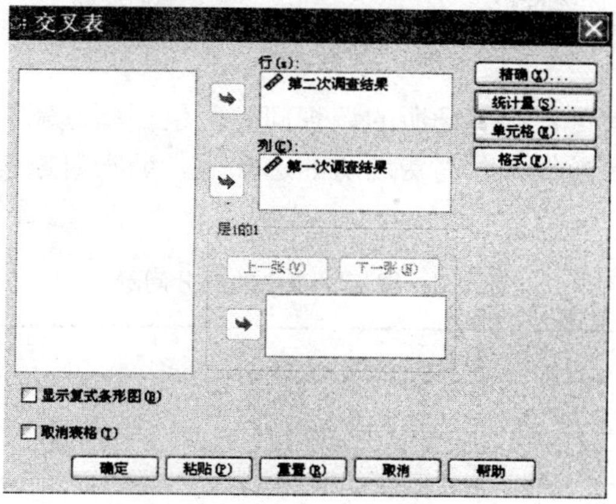

图 2.18 SPSS 交叉表操作界面

单击“统计量”按钮，在弹出界面中选择卡方检验，选中 Kappa 复选框，如图 2.19 所示。

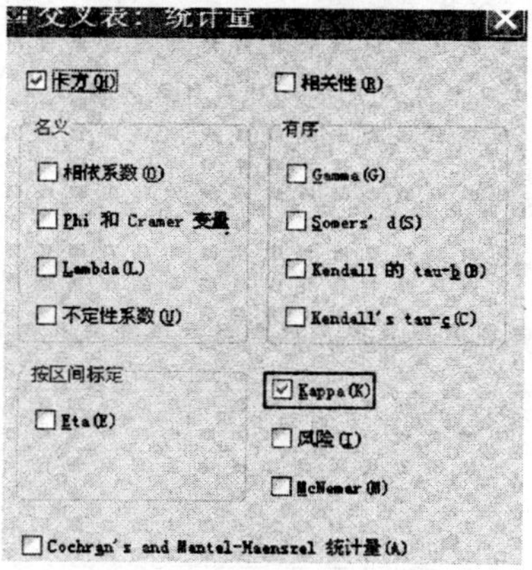

图 2.19 SPSS 交叉表统计量操作界面

返回到主界面，单击单元格，选择行百分比、列百分比等。返回主界面。单击“确定”按钮得到如表 2.2 所示结果（选最后一个结果表）。

表 2.2 问卷信度分析结果表

Symmetric Measures

		Value	Asymp. Std. Errora	Approx. Tb	Approx. Sig.
Measure of Agreement	Kappa	.580	.143	4.482	.000
N of Valid Cases		20			

这里的 Kappa 系数值为 0.580，也就是说这个调查题目的信度为 0.580。

注意：Kappa 取值于 0～+1 之间。绝对值越大，信度越高。一般认为：Kappa≥0.75 信度较高；0.4≤Kappa<0.75 信度一般；Kappa<0.4 信度较差。

2. 数据分析

（1）确定问卷内容。

企业设计了一份关于消费者购买场所的调查问卷，包括单选题和多选题一共 10 道题目，内容涉及消费者年龄、消费者收入、消费场所的选择等，调查对象包括青年人和中老年人，如表 2.3 所示。

表 2.3 调查问卷中的部分问题

2. 您的年龄？
A. 中老年人　B. 年轻人
4. 您的收入水平？
A. 3000 元以下　B. 3000 元以上
7. 请按次序选择您经常购买物品的场所：
A. 超市　B. 大型商场　C. 专卖店　D. 网上购物　E. 不固定

（2）定义变量。

对数据的定义我们采用多项选择的二分法（Multiple dichotomy method），即将所有因素都设成一个变量，每个变量只有“1”和“0”两个水平值，代表“是”和“否”。例如在本文中，年龄 1 表示中老年人，0 表示年轻人；收入水平 1 表示低于 3000 元，0 表示高于 3000 元；购买场所 1 表示“经常”，0 表示“不经常”。表 2.4 是对 50 份调查问卷部分结果的二分法记录表。

表 2.4 消费者购物场所调查问卷二分表（前 20 组数据）

编号	年龄	收入水平	超市	大型商场	专卖店	批发市场	网上购物	不固定
1	1	1	1	0	0	1	0	0
2	0	1	0	1	1	0	1	0
3	1	0	1	0	1	0	0	1
4	0	0	1	1	0	0	1	1
5	1	0	0	0	1	0	1	1
6	1	0	0	0	1	0	0	0
7	0	1	0	0	0	0	0	1
8	0	1	0	0	0	0	1	1
9	0	1	0	0	0	0	1	1
10	1	0	1	0	0	1	1	1
11	1	0	1	1	0	0	1	1
12	1	1	0	1	1	0	1	1

续表

编号	年龄	收入水平	超市	大型商场	专卖店	批发市场	网上购物	不固定
13	0	0	0	1	0	1	1	1
14	0	1	0	1	1	0	0	0
15	1	1	1	1	1	1	0	0
16	0	0	0	1	0	0	1	0
17	1	0	1	0	0	1	0	0
18	1	1	1	1	1	1	0	0
19	0	0	0	0	1	1	1	1
20	0	0	1	1	1	1	0	1

（3）定义多重数据集。

选择分析（Analyze）→多重响应（Multiple Response）→定义变量集（Define Sets）命令，打开定义多重反应数据集（Define Multiple ResponseSets）对话框，选择“超市”、“大型商场”、“专卖店”、“批发市场”、“网上购物”、“不固定”6个变量作为进入变量集的选择变量，定义为“$购物”。

（4）多重反应频数分析。

依次单击分析（Analyze）→多重响应（Multiple Response）→频数（Frequencies）命令，得到多项选择题的频数分布 Multiple Response Frequencies（多重反应频数分析）对话框，将 Multiple Response Sets:框中的备选变量，选入 Table（s）for:进行分析，得到表2.5所示结果。

表2.5 购买场所多重反应分析频数表

		Responses		Percent of Cases
		N	Percent	Percent
$购物	超市	24	16.3%	48.0%
	大型商场	19	12.9%	38.0%
	专卖店	26	17.7%	52.0%
	批发市场	24	16.3%	48.0%
	网上购物	31	21.1%	62.0%
	不固定	23	15.7%	46.0%
Total		147	100%	294.0%

从表2.5可以看出，在给定的50份调查问卷中，选择在不同场所购物的有147次，其中选择经常在网上购物的人数最多，达到31人，可见网上购物已逐渐成为主流，因此经营者应重点发展网络市场，挖掘更多的潜在客户。而选择经常在专卖店购物的人数也很多，这是因为最近几年专卖店市场在我国发展迅速，消费者对其认可度较高，因此可以推断，专卖店市场前景也比较广阔，经营者可在这一市场领域维持已有客户。

活动考核：

使用SPSS软件分析收集的问卷。

任务5　撰写调查报告

2.5.1　市场调查报告结构

不管市场调查报告的格式或外观如何，每个调查报告都应该有一些特定的议题。即报告本身在结构安排和写作手法上必须能够及时、准确和简洁地把信息传递给决策者。一方面，在撰写报告时必须考虑到企业的中高层决策者工作的繁忙性，这就要求所撰写的报告应该尽量的简洁，避免使用晦涩的文字；另一方面，要恰当地安排汇报资料的结构。市场调查报告的结构一般是由题目、目录、摘要、正文、结论和建议、附件等几个部分组成的。报告的结构不是固定不变的，不同的调查项目、不同的调研者或调查公司、不同的客户以及调查项目自身性质的不同，都可能会有不同的结构和风格的调查报告。

1. 题目

题目包括市场调查标题、报告日期、委托方、调查方等。一般应打印在扉页上。如“雅斯莉化妆品消费者调查报告”。标题是画龙点睛之笔，好的标题，一名既立境界全出。标题必须准确揭示报告的主题思想，做到题文相符。标题要简单明了，高度概括，具有较强的吸引力。

写标题的形式一般有以下三种。

（1）直叙式标题。

直叙式标题是反映调查意向或指出调查地点、调查项目的标题。例如《北京市中高档商品房需求的调查》等。这种标题的特点是简明、客观。

（2）表明观点式标题。

表明观点式标题是直接阐明作者的观点、看法，或对事物作出判断、评价的标题。例如《对当前的需求不旺不容忽视》《高档羊绒大衣在北京市场畅销》等标题。这种标题既表明了作者的态度，又揭示了主题，具有很强的吸引力。

（3）提出问题式标题。

提出问题式标题是以设问、反问等形式，突出问题的焦点和尖锐性，吸引读者阅读、思考。例如《消费者愿意到网上购物吗》《北京市房地产二级市场为什么成交寥寥无几》等。

标题按其形式又可以分为单行标题和双行标题。单行标题是用一句话概括调查报告的主题或要回答的问题。一般是由调查对象及内容加上“调查报告”或“调查”组成。例如《“中关村电子一条街”调查报告》《海尔洗衣机在国内外市场地位的调查》《关于上海市家用电脑销售情况的调查》等。双标题由主题加副题组成。一般用主题概括调查报告的主题或要回答的问题，用副题标明调查对象及其内容。例如《保护未成年人要从规范成年人入手——关于中小学生出入电子游戏厅的调查》、《北京人的梦中家园——对北京居民住宅择向的调查报告》等。

【资料】 雅斯莉化妆品消费者调查报告

CMR 市场调查咨询有限公司

地址：中国上海四川北路××号

邮编：××××××

电话：021-××××

传真：021-××××

雅斯莉化妆品消费者调查报告

项目经理×××

××××年××月××日

2. 目录

提交调查报告时，如果涉及的内容很多，页数很多，为了便于读者阅读，把各项内容用目录或索引形式标记出来。这使读者对报告的整体框架有一个具体的了解。目录包括各章节的标题，包括题目、大标题、小标题、附件及各部分所在的页码等。具体内容如下：

（1）章节标题和副标题及页码。

（2）表格目录——标题及页码。

（3）图形目录——标题及页码。

（4）附录——标题及页码。

3. 摘要

摘要是市场调查报告中的内容提要。摘要包括的内容主要有为什么要调研；如何开展调研；有什么发现；其意义是什么；如果可能，应在管理上采取什么措施等。摘要不仅为报告的其余部分规定了切实的方向，同时也给管理者在评审调研的结果与建议时提供了一个大致的参考框架。

摘要是报告中十分重要的一部分，写作时需要注意以下几个问题：一是摘要只给出最重要的内容，一般不要超过 2～3 页；二是每段要有个小标题或关键词，每段内容应当非常简练，不要超过三四句话；三是摘要应当能够引起读者的兴趣和好奇心去进一步阅读报告的其余部分。摘要由以下几个部分组成：

（1）调查目的。

即为什么要开展调研？想要通过调研得到些什么？

（2）调查对象和调查内容。

如调查时间、地点、对象、范围、调查要点及要解答的问题等。

（3）调查研究的方法。

如问卷设计、数据处理是由谁完成的，问卷结构，有效问卷有多少，抽样的基本情况，研究方法的选择等。

以上概要与方案设计应基本一致。

4. 正文

正文是市场调查报告的主要部分。对于某些市场研究人员，比如产品经理、营销经理或其他人员，除了要知道调查报告的结论和建议以外，需要了解更多的调研信息。比如考查结果的逻辑性，在调查过程中有没有遗漏，关键的调研结果是如何得出的，等等。这些人员会详细地研究调查报告的主体部分，即正文。这就要求正文部分必须正确阐明全部有关论据，包括问题的提出到引起的结论、论证的全部过程、分析研究问题的方法等。正文包括开头部分和论述部分。

（1）开头部分。

开头部分的撰写一般有以下几种形式：

① 开门见山，揭示主题。

文章开始就先交代调查的目的或动机，揭示主题。例如，“我公司受北京电视机厂的委托，对消费者进行一项有关电视机市场需求状况的调查，预测未来消费者对电视机的需求量和需求的种类，使北京市电视机厂能根据市场需求及时调整其产量及种类，确定今后的发展方向。”

② 结论先行，逐步论证。

先将调查的结论写出来，然后逐步论证。许多大型的调查报告均采用这种形式。特点是观点明确，使人一目了然。例如，“我们通过对天府可乐在北京市的消费情况和购买意向的调查认为它在北京不具有市场竞争力，原因主要从以下几方面阐述：”。

③ 交代情况，逐步分析。

先交代背景情况、调查数据，然后逐步分析，得出结论。例如，“本次关于非常可乐的消费情况的调查主要集中在北京、上海、重庆、天津，调查对象集中于中青年……”。

④ 提出问题，引入正题。

用这种方式提出人们所关注的问题，引导读者进入正题。CCTV 的调查很多分析报告都是采用的这种形式。

（2）论述部分。

论述部分必须准确阐明全部有关论据，根据预测所得的结论，建议有关部门采取相应措施，以便解决问题。论述部分主要包括基本情况部分和分析部分。

① 基本情况部分。

对调查数据资料及背景做客观的介绍说明、提出问题、肯定事物的一面。

② 分析部分。

包括原因分析；利弊分析；预测分析。

5. 结论和建议

结论和建议应当采用简明扼要的语言。好的结语，可使读者明确题旨，加深认识，启发读者思考和联想。结论一般有以下几个方面：

（1）概括全文。经过层层剖析后，综合说明调查报告的主要观点，深化文章的主题。

（2）形成结论。在对真实资料进行深入细致的科学分析的基础上，得出报告的结论。

（3）提出看法和建议。通过分析，形成对事物的看法，在此基础上，提出建议和可行性方案。

（4）展望未来、说明意义。通过调查分析展望未来前景。

6. 附件

附件是指调查报告中正文包含不了或没有提及，但与正文有关必须附加说明的部分。它是正文报告的补充或更详尽的说明。包括内容如下：

（1）调查问卷。

（2）技术细节说明，比如对一种统计工具的详细阐释。

其他必要的附件，比如调查所在地的地图等。

2.5.2 市场调查报告的撰写步骤

撰写市场调研报告，一般应遵循以下几个步骤。

第一步：确定选题方向。

第二步：文献检索。

第三步：确定题目。

第四步：制订调研计划及选题主要内容。

第五步：进行调研。

第六步：撰写报告。

2.5.3 市场调查报告的写作技巧

1. 叙述的技巧

市场调查的叙述，主要用于开头部分，叙述事情的来龙去脉，表明调查的目的和根据，以及过程和结果。此外，在主体部分还要叙述调查得来的情况。市场调查报告常用的叙述技巧有概括叙述、按时间顺序叙述、叙述主体的省略。

（1）概括叙述。

叙述有概括叙述和详细叙述之分。市场调查报告主要用概括叙述，将调查过程和情况概略地陈述，不需要对事件的细枝末节详加铺陈。这是一种“浓缩型”的快节奏叙述，文字简约，一带而过，给人以整体、全面的认识，以适合市场调查报告快速及时地反映市场变化的需要。

（2）按时间顺序叙述。

是指在交代调查的目的、对象、经过时，往往用按时间顺序叙述方法，次序井然，前后连贯。如开头部分叙述事情的前因后果，主体部分叙述市场的历史及现状，体现为按时间顺序叙述。

（3）叙述主体的省略。

市场调查报告的叙述主体是写报告的单位，叙述中用第一人称“我们”。为行文简便，叙述主体一般在开头部分中出现后，在后面的各部分即可省略，并不会因此而令人误解。

2. 说明的技巧

市场调查报告常用的说明技巧有数字说明、分类说明、对比说明、举例说明等。

（1）数字说明。

市场运作离不开数字，反映市场发展变化情况的市场调查报告，要运用大量数据，以增强调查报告的精确性和可信度。

（2）分类说明。

市场调查中所获材料杂乱无章，根据主旨表达的需要，可将材料按一定标准分为几类，分别说明。例如，将调查来的基本情况，按问题性质归纳成几类，或按不同层次分为几类。每类前冠以小标题，按提要句的形式表述。

（3）对比说明。

市场调查报告中有关情况、数字说明，往往采用对比形式，以便全面深入地反映市场变化情况。对比要清楚事物的可比性，在同标准的前提下，做切合实际的比较。

（4）举例说明。

为说明市场发展变化情况，举出具体、典型事例，这也是常用的方法。市场调查中，会遇到大量事例，应从中选取有代表性的例子。

3. 议论的技巧

市场调查报告常用的议论技巧有归纳论证和局部论证。

（1）归纳论证。

市场调查报告是在占有大量材料之后，作分析研究，得出结论，从而形成论证过程。这一过程，主要运用议论方式，所得结论是从具体事实中归纳出来的。

（2）局部论证。

市场调查报告不同于议论文，不可能形成全篇论证，只是在情况分析、对未来预测中做局部论证。如对市场情况从几个方面做分析，每一方面形成一个论证过程，用数据、情况等作论据去证明其结论，形成局部论证。

4. 语言运用的技巧

语言运用的技巧包括用词方面和句式方面的技巧。

（1）用词方面。

市场调查报告中数量词用得较多，因为市场调查离不开数字，很多问题要用数字说明。可以说，数量词在市场调查报告中以其特有的优势，越来越显示出其重要作用。市场调查报告中介词用得也很多，主要用于交代调查目的、对象、根据等方面，如用“为”、“对”、“根据”、“从”、“在”等介词。此外，还多用专业词，以反映市场发展变化，如“商品流通”、“经营机制”、“市场竞争”等词。为使语言表达准确，撰写者还需熟悉市场有关专业术语。

（2）句式方面。

市场调查报告多用陈述句，陈述调查过程、调查到的市场情况，表示肯定或否定判断。祈使句多用在提议部分，表示某种期望，但提议并非皆用祈使句，也可用陈述句。

2.5.4　撰写调查报告应注意的问题

撰写一份好的调查报告不是件易事，调查报告本身不仅显示着调查的质量，也反映了作者本身的知识水平和文字素养。在撰写调查报告时，主要注意以下几个方面的问题。

1. 考虑谁是读者

报告应当是为特定的读者撰写的，他（们）可能是领导、管理部门的决策者，也可能是一般的客户。不但要考虑这些读者的技术水平、对调查项目的兴趣，还应当考虑他们可能在什么环境下阅读报告，以及他们会如何使用这个报告。有时候，撰写者必须适应有几种不同技术水平和对项目有不同兴趣的读者，为此可将报告分成几个不同的部分或干脆完全针对对象分别地撰写整个报告。

2. 力求简明扼要，删除一切不必要的词句

调研报告中常见的一个错误是“报告越长，质量越高”。经过了对某个项目几个月的辛苦工作之后，有的调研者已经全身心地投入，他试图告诉读者他所知道的与此相关的一切。因此，所有的过程、证明、结论都纳入到报告当中，导致的结果是“信息超载”的噪声。事实上，如果报告组织得不好，有关方甚至连看也不看。总之，调查的价值不是用重量来衡量的，而是以质量、简洁与有效的计算来度量。调查报告应该是精练的，任何不必要的东西都应省略。不过，也不能为了达到简洁而牺牲了完整性。

3. 行文流畅，易读易懂

报告应当是易读易懂的。报告中的材料要组织得有逻辑性，使读者能够很容易理解报告各部分内容的内在联系。使用简短的、直接的、清楚的句子把事情说清楚，比用“正确的”但含糊难懂的词语来表达要好得多。为了检查报告是否易读易懂，最好请两三个不熟悉该项目的人来阅读报告并提出意见，直到修改到满意再呈交给客户。

4. 内容客观、资料的解释要充分和相对准确

调查报告的突出特点是用事实说话，应以客观的态度来撰写报告。在文体上最好用第三人称或非人称代词，如“作者发现……”、“笔者认为……”、“据了解……”、“资料表明……”等语句。行文时，应以向读者报告的语气撰写，不要表现出力图说服读者同意某种观点或看法。读者关心的是调查的结果和发现，而不是你个人的主观看法。同时，报告应当准确地给出项目的研究方法、调研结果的结论，不能有任何迎合客户或管理决策部门期望的倾向。

在进行资料的解释时，注意解释的充分性和相对准确性。解释充分是指利用图、表说明时，要对图表进行简要、准确的解释；解释相对准确是指在进行数据的解释时尽量不要引起误导。例如在一个相对小的样本中，把引用的统计数字保留到两位小数以上常会造成虚假的准确性。“有65.32%的被调查者偏好我们的产品。”这种陈述会让人觉得65%这个数是非常精确的。另外，还应注意的是，对于名义量表和顺序量表不能进行四则运算，对等距量表只能进行加减、不能进行乘除，只有比率量表才能进行加减和乘除。

5. 报告中引用他人的资料，应加以详细注释

这一点是大多数人常忽视的问题之一。通过注释，指出资料的来源，以供读者查证，同时也是对他人研究成果的尊重。注释应详细准确，如被引用资料的作者姓名、书刊名称、所属页码、出版单位和时间等都应予以列明。

6. 打印成文，字迹清楚、外观美观

最后呈交的报告应当是专业化的，应使用质量好的纸张，打印和装订都要符合规范。印刷格式应有变化，字体的大小、空白位置的应用等对报告的外观及可读性都会有很大的影响。同时报告的外观也是十分重要的。干净整齐、组织得好的有专业味道的报告一定比那些匆匆忙忙赶出来的报告更可信、更有价值。撰写者一定要清楚不整洁的外观或一点小失误和遗漏都会严重地影响阅读者的信任感。

7. 切忌将分析工作简单化

在进行数据的分析过程中，一定要尽量从各个层面来考虑问题，也就是透过现象看本质。从下例中可以看出，在分析数据时，对数据的层面考虑得不同，得出的结论是有显著差异的。

例如：某汽车企业要对三种广告设计进行试验，以判定哪一种广告对提高汽车的销售量最有效。在不同时间里分别在不同的 4 个城市进行了市场试验，结果如表 2.6 所示。

表 2.6 广告与销售量之间的关系表

广 告	跟广告有关的销售量
A	2431
B	2064
C	1976

从表 2.6 所示的数据表明，广告 A 是最有效的。但这种分析是否充分呢？如果从另一个角度看，把参加试验的 4 个城市分别列出来，变成表 2.7。

表 2.7 不同城市广告与销售量之间的关系表

城市 / 广告	1	2	3	4	总计
A	508	976	489	458	2431
B	481	613	528	442	2064
C	516	560	464	436	1976

对表 2.7 分析结果是三种广告的效果差不多，广告 A 的销售量增加是由于第 2 个城市的不正常的需求引起的。

数据的分析应包括三个层次：说明、推论和讨论。即说明样本的整体情况、推论到总体并

对结论做因果性分析。

① 说明：说明是根据调查所得统计结果来叙述事物的状况，事物的发展趋势以及变量之间的关系等。例如，各种收入家庭的彩色电视机拥有情况，如表2.8所示。

表2.8　拥有彩色电视机的比例（%）

家庭人均月收入（元） 是否有彩电	1000以下	1000～2000	2000以上
有	30	50	80
无	70	50	20
总计	100	100	100

根据表2.8可做如下说明：

调查对象中有一半左右的家庭拥有彩色电视机（事实描述）；随着家庭收入的增多，彩色电视机的拥有率也随之提高（趋势描述）；家庭收入的高低对电视机的购买有很大程度的影响（因果关系描述）。

② 推论：大多数的市场调查所得数据结果都是关于部分调查对象（即样本）的资料，但研究的目的往往是要了解总体的情形，因此，研究者必须根据调查的数据结果来估计总体的情况，这就是推论。推论主要是考虑样本的代表性，代表性强，由样本推断总体的误差就小。

要进行推论时，以表2.8中的数据为例，可以得出如下结论：即总体调查对象中，拥有彩色电视机的家庭占50%～56%，得出这一结论犯错误的概率不超过5%。

③ 讨论：讨论主要是对调查结果产生的原因做分析，讨论可以根据理论原理或事实材料对所得的结论进行解释，也可以引用其他研究资料做解释，还可以根据研究者经验或主观的设想做解释。

8. 提出的建议应该是积极的、正面的

调查报告的结论和建议部分说明调查获得了哪些重要结论，根据调查的结论建议应该采取什么措施。结论的提出方式可用简洁而明晰的语言对调查前所提出的问题作明确的答复，同时简要引用有关背景资料和调查结果加以解释和论证。

建议是针对调查获得的结论提出可以采取哪些措施、方案或具体行动步骤。如：媒体策略如何改变；广告主题应是什么；与竞争者抗衡的具体方法；价格、包装、促销策略等。

需要指出的是，大多数建议应当是积极的，要说明采取哪些具体的措施或者要处理哪些已经存在的问题。尽量用积极的、肯定的建议，少用否定的建议。肯定的建议如“用加大广告投入”、“将广告理性诉求为重点转变成感性诉求为主”等建议。否定建议如“应立即停止某一广告的刊播”，使用否定建议只叫人不做什么，并没有叫人做什么，所以应尽量避免使用。

【教学活动5】

南宁市白酒市场调研报告

导　　言

近几年来，在食品行业中，白酒年销量额的递增比例是最高的，以每年30%的速度增长。

2005年白酒年产值达到1000多个亿，而表现在市场的销售则为2000个亿左右，白酒整体市场容量和需求持续看涨。在此背景下，其中尤以高端白酒成长最快，销售额最高。2012年全国白酒产量达115.3亿升，同比增长18.55%。白酒行业产品结构升级及高端化趋势明显，而受国际形势影响的程度不明显，虽然增速有所放缓，但依然保持了良好的发展态势。作为酒文化传承的大国，中国人自古就有饮酒的习惯。鉴于酒在人们日常生活中的重要性，本报告将以白酒为例，对白酒市场进行相关分析。

调查方法

本次市场分析采用问卷调查的方式，随机抽取南宁市152人进行调查。分析方法主要采用兰查斯特模型、U&A模型、回归分析、聚类分析、品牌引力—产品引力模型、G模型和市场竞争分析方法等一些常用的研究方法。

（1）兰查斯特模型：

（2）U&A模型：根据消费者的使用习惯和消费态度，能够为消费市场中的竞争者确定目标市场和市场定位，发现市场机会，制定营销策略，评估营销计划等。

（3）品牌引力—产品引力模型分析：可以反映消费市场中竞争者的广告组合力度、促销力度、定价是否合理以及消费者对产品的满意度等。

（4）G模型分析能够用来确定商场发展战略的方向。

实际发放问卷152份，回收有效问卷146份，有效回收率为96%；取置信度为95%；忽略前几个阶段的抽样误差，最后阶段的实际抽样误差为6.84%；统计分析使用SPSS软件。

调 查 结 果

一、市场分析

（一）市场容量

针对回收的问卷，使用SPSS软件做频数分析，得出南宁市白酒市场容量，如表2.9所示。

表2.9 南宁市白酒市场容量分析表

Statistics		喜欢的白酒规格（mL）	通常购买瓶数（瓶）	通常购买白酒价格（元）	平均多少天购买一次（天）
N	Valid	152	152	152	150
	Missing	0	0	0	2
Mean		500	1.3	150	47.5

市场总容量=701.58（南宁市人口总量）×500×1.3×150（47.5÷365）=8901896.92万毫升

说明：南宁市市场容量大，需求旺盛。

（二）市场形势分析

白酒市场品牌众多，市场竞争异常激烈，而充沛的市场需求量又促使白酒生产商加大投入，以满足消费者需求，扩大市场占有率，同时提高品牌产品的质量与各项服务以吸引更多的潜在消费者。

二、市场竞争态势分析

（一）兰查斯特模型分析

这种分析主要是可以根据竞争者在消费市场所占的比例，为其提供和制定相应的战略决策，来达到一定的平衡目的。

使用 SPSS 软件对回收数据做兰查斯特模型分析，结果如表 2.10 所示。

表 2.10　问卷数据的兰查斯特模型分析结果

品牌名	品牌引力	产品引力	品牌知名度	市场占有率	市场占有率百分比
诗仙太白	71.50%	80%	70%	0.4004	42.40%
江津老白干	9.10%	100%	55%	0.05005	5%
永川高粱	0	0	40%	0	0
允丰正	33.30%	0	15%	0	0
合川阳曲	33.30%	0	15%	0	0
茅台	58.80%	90%	85%	0.54994	54.99%
五粮液	76.50%	88.50%	85%	0.45034625	45.03%
泸州老窖	23.10%	33.30%	65%	0.04999995	4.99%
郎酒	0	0	35%	0	0
习酒	100%	0	5%	0	0
金六福	57.10%	12.50%	70%	0.0499625	4.99%
五粮春	50%	0	30%	0	0
沱牌	25%	0	20%	0	0
国窖 1573	70%	80%	50%	0.45805	45.8%
全兴大曲	0	0	0	0	0
小角楼	0	0	0	0	0
剑南春	100%	0	20%	0	0
红星二锅头	33.30%	0	15%	0	0

（二）消费习惯（U&A 分析）

根据消费者的使用习惯和消费态度，能够为消费市场中的竞争者确定目标市场和市场定位，发现市场机会，评估制定营销策略，评估营销计划等。

1．认知度分析

对选取的几个白酒品牌，在销售时做导购提示前后结果做 SPSS 的认知度分析，结果如表 2.11 所示。

表 2.11　品牌知名度认知度分析表

	品牌知名度							
	诗仙太白	江津老白干	茅台	五粮液	金六福	五粮春	小角楼	均值
提示前	80%	80%	80%	20%	80%	20%	20%	
100%知名度	21.1%	21.1%	21.1%	5%	21.1%	5%	5%	20%
提示后	100%	100%	100%	60%	80%	60%	80%	
100%知名度	17.2%	17.2%	17.2%	10.3%	13.8%	10.3%	13.8%	20%

说明：消费者都有自己所熟知的几个品牌，而且呈现出这种状态：消费者对中高端品牌比较熟悉，而低端品牌的认知度较低。

2．购买使用分析

（1）最近 12 个月购买品牌（见表 2.12）。

表 2.12　最近 12 个月购买白酒品牌频数分析表

		Frequency	Percent	Valid Percent	Cumulative Percent
Valid	金六福	7	5.0	5.0	5.0
	江津老白干	7	5.0	5.0	10.0
	郎酒	7	5.0	5.0	15.0
	习酒	7	5.0	5.0	20.0
	诗仙太白	2	10.0	10.0	30.0
	剑南春	7	5.0	5.0	35.0
	永川高粱	2	10.0	10.0	45.0
	五粮液	7	5.0	5.0	50.0
	茅台	38	25.0	25.0	75.0
	泸州老窖	31	20.0	20.0	95.0
	金六福	7	5.0	5.0	100.0
	Total	122	100.0	100.0	

（3）品牌忠诚度分析。

引入数学模型中的引力分析模型，有如下公式：

品牌引力=曾经使用 A 品牌÷知道 A 品牌的人数

=A 的曾经使用率÷提示后 A 的知名度

=过去 6 个月 A 的使用率÷提示后 A 的知名度

产品引力=常用 A 品牌的人数÷过去 6 个月 A 的使用率

知名度=知道 A 品牌的人数÷样本数

市场占有率=知名度×品牌引力×产品引力

常用率=经常购买的人数÷样本数

表 2.13　白酒品牌品牌忠诚度分析表

品牌	知名度（人数）		知名度（比率%）		常用率（%）	过去 6 个月		品牌引力	产品引力	市场占有率
	提示前	提示后	提示前	提示后		使用人数	使用率（%）			
诗仙太白	4	5	80	100	60	5	100	1	0.6	60
江津老白干	4	5	80	100	20	3	60	0.6	0.33	19.8
茅台	4	5	80	100	0	0	0	0	0	0

续表

品牌	知名度（人数）		知名度（比率%）		常用率	过去6个月		品牌引力	产品引力	市场占有率
	提示前	提示后	提示前	提示后	（%）	使用人数	使用率（%）			
五粮液	1	3	20	60	0	0	0	0	0	0
金六福	4	4	80	80	20	4	80	1	0.25	20
五粮春	1	3	20	60	0	0	0	0	0	0
小角楼	1	4	20	80	0	1	20	0.25	0	0
红星二锅头	2	4	40	80	0	1	20	0.25	0	

分析：诗仙太白、江津老白干、茅台拥有好的促销、定价策略，而其他品牌白酒在这方面欠佳；以及诗仙太白、江津老白干、茅台、金六福产品质量值得顾客信赖，所以诗仙太白、茅台、江津老白干等拥有品牌知名度和市场占有率。

（4）动机分析（见表2.14）。

表2.14　消费者考虑购买白酒的因素分析

		Frequency	Percent	Valid Percent	Cumulative Percent
Valid	产地	7	5.0	5.0	5.0
	品牌	15	10.0	10.0	15.0
	口感	15	10.0	10.0	25.0
	香型	15	10.0	10.0	35.0
	传统风格	7	5.0	5.0	40.0
	包装	15	10.0	10.0	55.0
	容量	7	5.0	5.0	60.0
	价格	15	10.0	10.0	70.0
	度数	15	10.0	10.0	80.0
	渠道	7	5.0	5.0	85.0
	质量	21	15.0	15.0	100.0
	Total	146	100.0	100.0	

分析：消费者在购买白酒时主要受品牌、口感、香型、包装/档次、价格、度数等因素的影响。

（5）消费者特征分析（见表2.15）。

表2.15　受访者饮白酒的频数分析

性别	频数	Percent	Valid Percent	Cumulative Percent
男	82	70.0	70.0	70.0
女	64	30.0	30.0	30.0
Total	146	100.0	100.0	

分析：本次受访者男性比例略高，分析数据也表明饮用白酒者主要还是男性，这也与实际情况相符。

（6）品牌渗透分析（见表 2.16）。

品牌采用指数=（3 个月使用率÷6 个月使用率）×100%（比例越高，渗透率越高）

表 2.16　主要品牌白酒的品牌渗透分析表

	诗仙太白	江津老白干	茅台	五粮液	金六福	五粮春	小角楼	红星二锅头
最近 3 个月市场占有率%	27.8%	0.5%	6%	5.2%	22.2%	0%	22.2%	16.6%
最近 6 个月市场占有率%	35.7%	21.4%	5.2%	4.8%	28.6%	0.1%	7%	7%
品牌渗透率	77.9%	2.3%	115.4%	108.3%	77.6%	0%	317.1%	237.1%

从表 2.16 可以看出，诗仙太白和金六福的占有率变化不大，其品牌基本被人们认同；江津老白干最近 6 个月的市场占有率明显高于最近 3 个月的市场占有率，说明有些顾客被流失掉，因此要提高知名度；茅台、五粮液、小角楼和红星二锅头最近 3 个月的市场占有率明显高于最近 6 个月的市场占有率，说明这几个品牌采取了措施，使得市场占有率提高；而五粮春市场占有率明显偏低，所以要加大宣传力度。

三、缺陷分析

先来看表 2.17 的评分。

表 2.17　主要白酒品牌部分指标评分表

指标 / 品牌	购买方便	广告吸引人	品牌知名度高	厂家形象好	分量足	包装规格多	口感好，香型好	质量好	适合本地口味	绿色健康	价格合理	新品多
诗仙太白	4	4	4	3	3	3	3	4	3	2	2	2
江津老白干	4	2	3	2	2	2	3	3	3	1	2	1
红星二锅头	4	2	2	3	3	3	1	2	3	1	3	1
习酒	2	2	3	3	3	2	1	1	3	2	2	1
郎酒	2	4	2	3	3	3	0	2	2	3	1	2
剑南春	3	3	4	4	2	2	3	2	2	1	1	1

行分析：诗仙太白的质量分数最高，说明其质量好，另外广告和品牌知名度的分数其次，表明在广告策略上该品牌很重视。

列分析：就购买方便这个指标，分数由高到低依次为诗仙太白—江津老白干—红星二锅头—剑南春—习酒—郎酒，这也表明了上述品牌在渠道建设上反映出的问题，诗仙太白、江津老白干和红星二锅头的渠道建设相对更成熟，而习酒和郎酒则排在最后，应当在这个方面加强建设。

四、结论

（1）白酒市场容量需求大，市场还远未饱和。

（2）白酒市场竞争异常激烈，很多品牌的市场占有率非常接近，很少有品牌能独占鳌头。

（3）女性市场还有待加深投入，以争取获得拓宽市场需求。

（4）白酒市场细分还不够明确，应加以改进和完善。

（5）加强各白酒品牌的质量管理以及完善产品促销和市场价格定位是提升产品吸引力和品牌吸引力的关键措施。

第3章

网站策划与建设

学习目标

网站策划是网站平台建设成败的关键内容之一，网站策划与建设的最终目的就是为网络营销服务。本项目向学生介绍如何进行营销网站的规划与管理，让学生掌握如何在网站建设前对市场进行分析、确定网站的目的和功能，并根据需要对网站建设中的内容、费用、维护等做出规划，包括了解网站功能设计、内容编辑，撰写网站功能需求分析报告，整理相关技术资料和文字资料等。

- 掌握网站策划书的撰写要点
- 了解营销网站的规划与管理
- 掌握市场分析、确定网站目的和功能的方法能对网站建设中的内容、费用、维护做规划

任务 1　网站策划

网站策划人员通常是公司的一员，所以，他的工作不是一开始就要去解决网站设计的问题，而是首先要完成市场策划分析，回答好 3 个问题：相关行业的市场是怎样的？市场有什么样的特点？是否能够在互联网上开展公司业务？

这 3 个问题是紧密相连的。首先，要了解这个行业的市场特点是什么，主要客户群是什么，是否适合在互联网开展公司业务及如何开展的问题；如果已经有相关公司利用互联网开展了业务，还需要了解其网络销售情况，等等。其次，分析主要竞争对手的网站建设情况。通常，网站的功能会有很多，需要对其认真分析，提取出与网络营销息息相关的内容。最后，根据公司的自身条件和特点，形成一份市场策划分析报告书，包括如何利用网站提升公司的独特竞争力，网站的建设费用、建设周期等情况。

3.1.1　网站策划书撰写要点

网站策划书是网站策划人员在网站建设前期根据客户的不同情况进行市场分析，对网站建设和运营进行有计划的指导和阶段性总结所形成的书面报告。

根据每个网站的情况不同，网站策划书也是不同的，但是最终都不能离开主框架。因此，在网站建设前期，要进行市场分析，并总结，形成书面报告，对网站建设和运营进行有计划的指导和阶段性总结都有很好的效果。网站策划书一般可以按照下面的思路来进行整理：

（1）前期调研分析。

（2）网站目的及功能定位。

（3）网站技术解决方案。

（4）网站内容规划。

（5）网页设计。

（6）网站维护。

（7）网站测试。

（8）网站发布与推广。

（9）网站建设日程表。

（10）费用明细。

（11）网站设计阶段。

（12）功能需求分析设计。

（13）网站概要设计。

（14）网站详细设计。

（15）界面设计、交互设计及程序开发。

（16）网站测试设计。

（17）撰写网站开发总结性报告。

（18）编写网站客户手册。

3.1.2 需求分析

需求分析是网站设计的基础，由需求分析人员按照规范完成相关工作。需求分析人员分两种，第一种是精通开发环境和技术的系统分析人员，第二种是擅长内容设计的编辑人员。需求采集任务由系统分析员和编辑人员共同完成。一般规模比较大的网站需求设计需要 1 周以上，注意需求分析要经过几个往复过程。图 3.1 是网站项目需求分析计划书模板。

XXX网站项目需求分析计划书					
部门		作者		日期	
1. 需求分析引言： 1.1 需求目的：阐明编写需求说明书的目的，指明读者对象。 1.2 需求背景：应包括 ● 项目的委托单位、开发单位和主管部门。 ● 该软件系统与其他系统的关系。 1.3 关键字：列出文档中所用到的专门术语的定义和缩写词的原文。 1.4 参考资料：					
2. 人员分工说明：					
3. 需求进度预估：					
4. 需要配合部门：					

图 3.1 网站项目需求分析计划书

3.1.3 网站技术需求

技术需求说明书原则上主要记录客户提出的功能需求、安全需求、网络结构拓扑图，以及硬件环境和软件环境等。

1. 技术概述

技术目标：着重说明本次项目采用技术，要达到或者实现怎么样的一个目标。

硬件环境：在硬件环境里面要说明本次项目所需要的硬件环境，并分析企业已有的硬件和需要继续购置的硬件设施。

软件环境：操作系统、数据库、Web 服务器或应用服务器等。因为成本的不同，是否采用免费的数据库和 Web 服务器等，也是至关重要的。

网络结构拓扑图：与软件项目不同，网站项目还要考虑负载均衡、路由等问题，所以大型的网站项目都必须画出网络结构拓扑图。开发人员、测试人员有时候需要搭建真实的环境进行调试。

2. 数据描述

已有数据：如何处理或利用原有数据，是项目中至关重要的内容。

录入数据：什么人，以什么方式更新，是否需要对录入部分重新编写程序，这些同样需要说明。

数据保存：数据的保存有两种方式，存在数据库或存成文件，什么数据用什么方式存储要提前说明，便于程序员在编程时不易出错。

数据字典：数据字典是为了检索和查询使用的，主要列出本次项目中关键字的定义、解释和相关处理方式。

数据采集：在开发过程中，需要哪些基础数据，应该跟谁联系，这些内容要在这里说明。

网站概要设计：网页文件和数据库表的索引，其简要地描述了开发人员的工作内容。

技术需求说明书由系统分析员和网页设计人员共同完成。系统分析员确定网站的版本，源代码存放位置，根据需求设计文档生成主要的文件夹和页面；网页设计人员首先根据文档中已有的页面进行设计，若遇到没有的页面，则应该补充该文档。等到整个网站设计完毕的时候，概要设计文档也就完成了。

网站页面概要设计：页面的概要设计主要包含网页命名的列表，其作为网站的索引目录为后来的程序员迅速找到网页做好备份。

数据库概要设计：一部分是概要设计，一部分是 SQL 执行脚本。前者用来描述数据库设计的内容，后者在移植数据库时使用。

网站详细设计主要参与人员：美工、网页设计人员、程序员、测试人员。

系统分析人员和项目经理主要负责团队成员的沟通，并监督工作的进展。网站详细设计包括页面详细设计、数据库详细设计、后台脚本详细设计。

页面详细设计：CSS 详细说明、JS 特效说明、框架网页说明、内置框架说明和层的说明等。

网站数据库详细设计：表空间的建立、索引的建立、存储过程的建立、触发器的建立，同时，根据程序员构造的查询语句需要，建立相应的视图。

后台脚本详细设计：说明这些页面的主要功能，处理事务的流程，如果某些代码有特殊的地方，也要适当地声明。

3.1.4 网站测试设计

网站的测试是为了找错误，而不是证明程序没有错误，也就是说，没有测试出问题并不意味着程序绝对没有问题。

软件测试的源代码对于测试人员可以是不可见的，测试人员测试的是可执行文件，网站则不同，HTML 语言等，都是解释执行的，测试人员可以方便地查看源代码。

测试人员应该跟随整个项目的进程，不断地对每个过程进行测试验证，而不应该等到项目开发结束才开始工作。

撰写网站开发总结性报告：网站发布成功，测试完毕后，需要撰写开发总结报告，总结本次开发的收获和经验，为了下一次更好地开发做准备。

【教学活动 1】

优购网上商城分析

优购网上鞋城，是百丽国际 2011 年创办的优质时尚品牌，这家在互联网上售卖鞋类和服装的公司，正以鞋类 B2C 平台黑马的姿态与竞争者赛跑。2011 年 7 月 5 日上线以来，25 天日订单量就超过 1000，68 天的时候日订单突破了 3000。2012 年，优购网上鞋城已进入鞋类平台的前三甲。在未来 3～5 年内，优购网的营收将占百丽国际整体营收的 5%～10%，日订单从 1000、5000 迈向 10000、50000 单这些阶段性高峰。

2008年，中国网络购物市场实现了快速发展。相关报告显示，2008年，无论是C2C电子商务还是B2C电子商务市场交易规模都分别实现了115.3%和91.3%的快速增长。以消费者为中心的网上商城兴起，这块巨大的市场蛋糕，引发互联网企业和传统厂商的争夺。2008年，百丽开始“触电”，在深圳成立电子商务公司，开始电子商务营销模式的探索。2009年11月，百丽成立了官方B2C网站淘秀网。

经过两年多的调研，百丽集团在决定“触电”时，就按照多方位、多路径方式进行探索。即全网营销模式，这是把百丽品牌在线下的优势在网络上进行复制，即百丽集团既自建官方网站——淘秀网；又在淘宝网、京东网和拍拍网上建设官方旗舰店；此外，百丽集团还借鉴传统行业加盟形式尝试面向全国网络购物平台展开招商，百丽、天美意、tata、思加图、百思图、森达……每5个品牌成为一个加盟组合。全网营销的模式让百丽尝到了甜头，以其在淘宝商城的官方旗舰店为例，2008年，其营业额仅为100万元，2009年，营业额飙升到1000万元，2010年，百丽淘宝商城更是实现1亿元的营业额。百丽淘宝商城销售的爆发式增长，在线下实体商店很难看到，由此可见，鞋类B2C市场孕育着巨大商机。

对市场有着天生敏感的百丽集团，显然不会放过好时机。2011年4月，百丽国际作为主要投资方，注入两亿美金，打造优购网上鞋城。当时，好乐买、乐淘已经牢牢占据鞋、运动类垂直B2C行业前两名，另外还有多家B2C企业正在掘金鞋类市场。当时主要竞争对手的情况是好乐买获腾讯战略投资、乐淘全面启动娱乐营销、西街网利用强大的供应链关系及全国分布式仓储中心发力。百丽要借优购布局电商，必须从单纯的流量战、价格战中脱颖而出，实现差异化特色经营，优购独特的竞争力如下：

女鞋优势。目前鞋类B2C竞争的品类集中在运动领域，而女鞋由于需要的专业程度，以及资金需求非常大，国内大部分B2C平台涉猎很少，女鞋的毛利普遍维持在20%～30%甚至更高。而百丽旗下数十个品牌的女鞋，显然成为公司的盈利王牌。好乐买时尚女鞋事业部负责人也表示，女鞋将会是好乐买主要的盈利点。

货源优势。优购网有来自百丽旗下数10个品牌的天然优势，垂直鞋类B2C竞争的最终是货。而这也与百丽的一贯思路一脉相承，坚持自有品牌同时也代理，但全部坚持自营店铺，牢牢控制了渠道和货源，供应链上的强势资源更让太多公司难以抗衡。

更弹性的供应链。如果说存货是乐淘和好乐买最头痛的问题，那么，背靠百丽大树，优购的供应链管理更具弹性。优购网参与百丽的采购计划，网站里百丽自主品牌的鞋品，优购可以分享百丽供应链补货的机制。

在认真分析了市场主要竞争对手网上情况，并充分利用自身优势的基础上，2011年7月15日，优购网上线后，其优质时尚的定位和丰富商品组合吸引订单数量不断攀升，势头发展良好，不到1年的时间，优购网目前日均订单超过7000。

活动实施：

选择当地一家校企合作公司，或者选定一家知名企业，根据公司提供的相关资料，了解公司相关行业的市场是怎样的，市场有什么样的特点，是否能够在互联网上开展公司业务；市场主要竞争者分析，竞争对手上网情况及其网站规划、功能作用；公司市场优势，可以利用网站提升哪些竞争力，建设网站的能力（费用、技术、人力等），完成一份市场策划分析报告书。

任务2　网站建设

网站功能定位和内容规划：为什么要建立网站，是为了宣传产品，进行电子商务，还是建立行业性网站？是企业的需要还是市场开拓的延伸？

要做好以上内容，我们可以按照这样的思路进行：首先是整合公司资源，确定网站功能。然后根据公司的需要和计划，确定网站的功能：产品宣传型、网上营销型、客户服务型、电子商务型等。根据网站功能，确定网站应达到的目的作用。最后，还需综合考虑企业内部网的建设情况和网站的可扩展性。

一般来说，根据网站的目的和功能规划网站内容，一般企业网站应包括：公司简介、产品介绍、服务内容、价格信息、联系方式、网上订单等基本内容。电子商务类网站要提供会员注册、详细的商品服务信息、信息搜索查询、订单确认、付款、个人信息保密措施、相关帮助等。

3.2.1　网站设计团队

网站设计开发是一个复杂的综合工程，往往需要一个设计团队协作才能够完成，如图3.2所示。网站设计团队角色包括项目管理、系统分析、规划设计、文字编辑、网页设计、平面设计、动画设计、音乐设计、视频设计、程序开发、网站测试、后期培训和网站维护等。一个角色可以由多个人共同承担，一个人也可以承担多个角色。网站设计不只是一门科学，也是一门艺术。

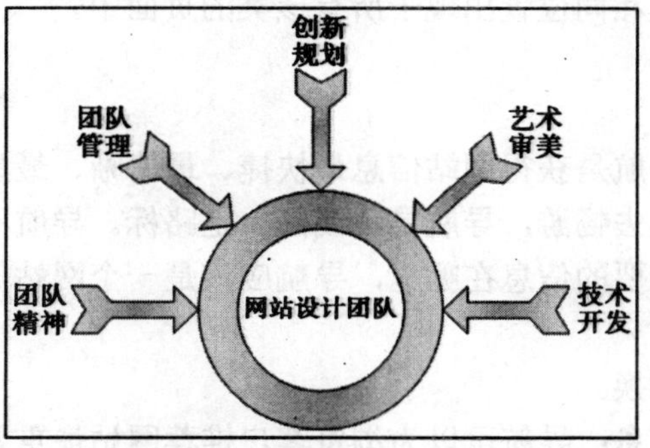

图3.2　网站设计团队组成内容

3.2.2　网站定位

网站建设目的及功能定位：网站名称是网站的一个关键要素，最能体现网站的主题，例如"人民网"等。

网站CI形象：所谓CI（Corporate Identity）是指通过视觉来统一企业的形象，一个优秀的网站和实体公司一样，需要整体的形象包装和设计。网站CI形象主要包括网站Logo标志、网站设计颜色、网站设计字体、统一图片处理效果、统一的宣传标语等。

网站蓝图：定义网站范围和意图的基本框架，即网站轮廓框架和一个可以测量的目标。考虑的三个重要因素是受众、内容、导航结构。

Web 战略：是构建一个可以吸引并留住客户的网站，并非看起来最好或最有用的网站。

Web 策略：是实施战略的方法。比如试看、试听、试玩；提供小奖励物品，例如屏保、软件或书籍等；奖赏第一次购物的客户，如折扣或奖金。

心理映射：打破大脑形成想法时常用的线性顺序，而在纸张上构建想法的过程。首先将想法从脑海中移到纸上；修改、提炼或者删除某些想法。采用的技术有纸张、黑板、白板、计算机。

网站客户群即指网站主要的服务对象。网站一般都有相对固定的客户群，因为针对不同的客户群，设计网站的风格和多媒体等技术是不一样的。网站设计团队应该了解网站的客户群和相关信息：年龄、教育和位置。即老人、中年、青年、中学生、小学生、儿童；高等教育、中等教育；大城市、中小城市、农村及偏远地区；企业内部网客户还是企业外客户。

3.2.3 导航基本概念

1. 什么是导航

导航：信息分类汇总目录的超链接集合。导航设计的成功是网站设计成功的关键。

主要导航：可以从站点的各类层次栏目的网页上进行访问，是对整个网站信息的分类划分，主要导航栏一般应以相同样式在相同位置出现于所有页面中。

次要导航：在指定的某类层次栏目的网页内进行访问，其是对某一个栏目的信息分类划分，次要导航栏应以相同样式在相同位置出现于所有该类的页面中。

2. 导航特点

导航并非必须，但是导航是获得网站信息最快捷、最清晰、最易理解的一种方式。导航能使“游客”知道应该到哪里去畅游，导航是路线图、是路标。导航不仅仅是一些超链接，而且是客户一看导航就知道他需要的信息在哪里，导航应该是一个网站信息的总体分类。它主要有以下两个特点：

（1）提供信息分类间切换。

（2）推荐重要的浏览信息：导航可以为浏览客户推荐网站最重要和具有特色的信息。

3. 导航分类

导航体系：站点的结构图，由顶层主页和各分支具有不同深度的子页组成，也称为站点的信息体系。

网站导航：串接网站页面的链条。

被引导的导航：引领浏览客户按照步骤完成某种任务。

浏览器导航：地址栏、收藏夹、历史记录。

站点地图：网站体系的结构图形表示，站点地图也称为网站地图。

搜索引擎：打开互联网信息海洋宝库的一把金钥匙，解决了在信息海洋中“迷航”的问题。

其他导航：颜色、图像、超链接颜色、导航指示符号。

导航应遵循“3 次点击规则”，即通过导航应该点击不超过 3 次就可以找到所需要的信息。如果需要超过 3 次点击才能获得信息，就会使浏览客户容易迷失方向和不知所措。

站点并不需要选择独特的导航方式，特例除外。一般来说，导航的设计应该注意这些问题：站点结构清晰和逻辑性强、导航系统应该包含多种导航、导航外观会对客户产生影响、导航名称要规范和大众化、导航名称命名既要有吸引力又要简明扼要和准确、最新通知和新闻需要有提示、当前导航条提示、网站徽标和名称要放到主页的左上方。如图 3.3～图 3.7 所示为各种导航。

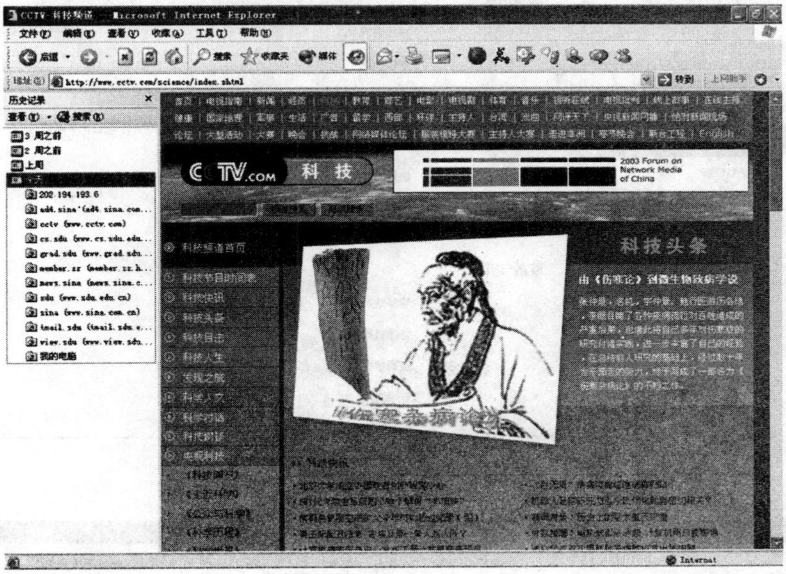

图 3.3　历史记录

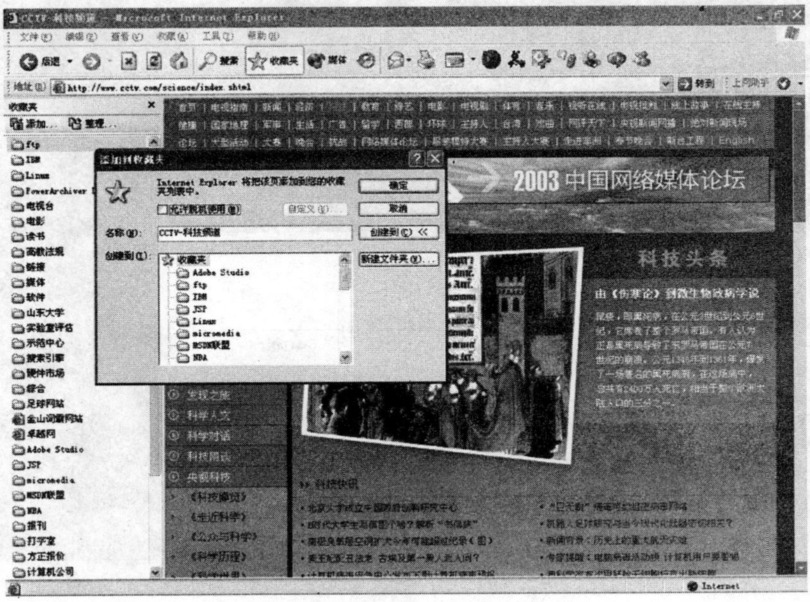

图 3.4　收藏夹

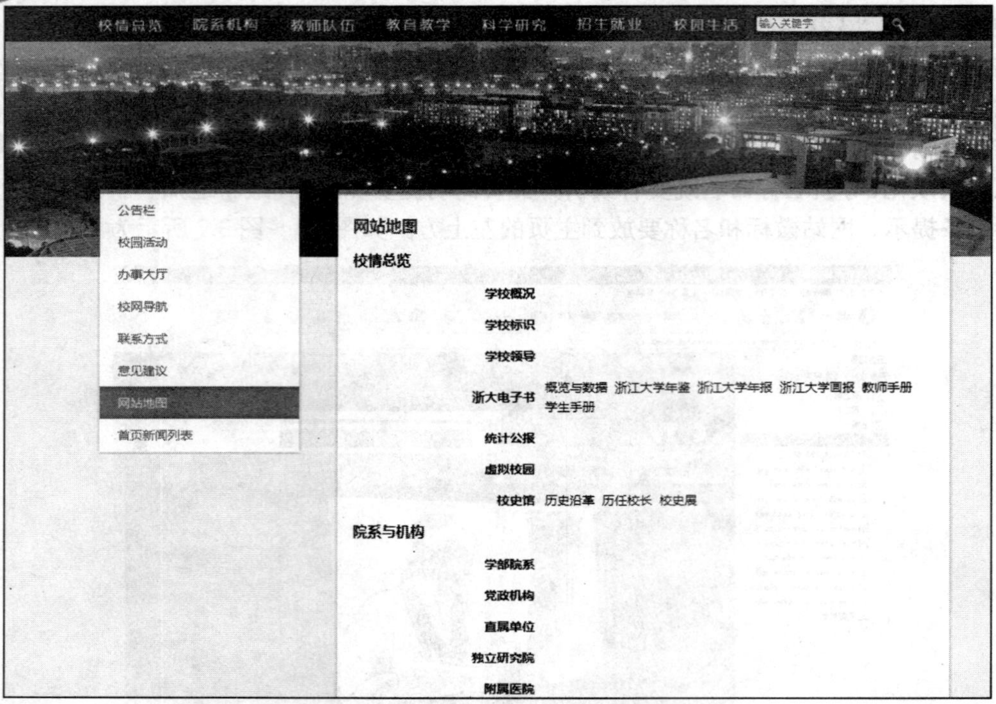

图 3.5　网站地图

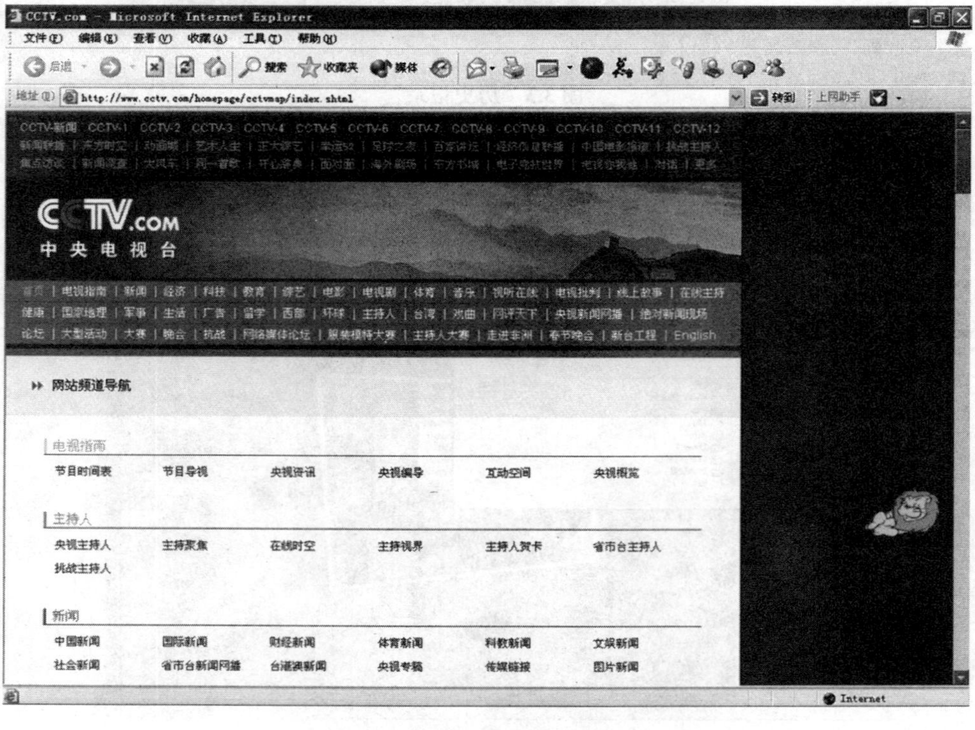

图 3.6　站点地图

图 3.7　主页左上方的网站徽标和名称

3.2.4　网站内容设计与结构设计

静态网页设计：在网站设计中，纯粹 HTML 格式的网页通常被称为“静态网页”，早期的网站一般都是由静态网页制作的。静态网页是相对于动态网页而言，是指没有后台数据库、不含程序和不可交互的网页。你编的是什么其显示的就是什么，不会有任何改变。静态网页相对更新起来比较麻烦，适用于一般更新较少的展示型网站。静态网页有时也被称为平面页。静态网页的网址形式通常以 htm（超文本标记语言）结尾，还有就是以.htm、.html（超文本标记语言)、.shtml、.xml（可扩展标记语言）等为后缀的。在超文本标记语言格式的网页上，也可以出现各种动态的效果，如.GIF 格式的动画、Flash、滚动字幕等，这些“动态效果”只是视觉上的，与下面将要介绍的动态网页是不同的概念。

静态网页的特点简要归纳如下：

（1）静态网页每个网页都有一个固定的 URL，且网页 URL 以.htm、.html、.shtml 等常见形式为后缀，不含有“？”。

（2）网页内容一经发布到网站服务器上，无论是否有客户访问，每个静态网页的内容都是保存在网站服务器上的，也就是说，静态网页是实实在在保存在服务器上的文件，每个网页都是一个独立的文件。

（3）静态网页的内容相对稳定，因此容易被搜索引擎检索。

（4）静态网页没有数据库的支持，在网站制作和维护方面工作量较大，因此当网站信息量很大时完全依靠静态网页制作方式比较困难。

（5）静态网页的交互性较差，在功能方面有较大的限制。

动态网页的一般特点简要归纳如下：

（1）动态网页以数据库技术为基础，可以大大降低网站维护的工作量。

（2）采用动态网页技术的网站可以实现更多的功能，如客户注册、客户登录、在线调查、客户管理、订单管理等。

（3）动态网页实际上并不是独立存在于服务器上的网页文件，只有当客户请求时服务器才返回一个完整的网页。

（4）动态网页中的“？”对搜索引擎检索存在一定的问题，搜索引擎一般不可能从一个网站的数据库中访问全部网页，或者出于技术方面的考虑，搜索引擎不去抓取网址中“？”后面的内容，因此采用动态网页的网站在进行搜索引擎推广时需要做一定的技术处理才能适应搜索引擎的要求。

域名管理：域名（Domain Name），是由一串用点分隔的名字组成的 Internet 上某一台计算机或计算机组的名称，用于在数据传输时标识计算机的电子方位（有时也指地理位置），目前域名已经成为互联网的品牌、网上商标保护必备的产品之一。

域名就是上网单位的名称，是一个通过计算机登录网络的单位在该网中的地址。一个公司如果希望在网络上建立自己的主页，就必须取得一个域名，域名也是由若干部分组成，包括数字和字母。通过该地址，人们可以在网络上找到所需的详细资料。域名是上网单位和个人在网络上的重要标识，起着识别作用，便于他人识别和检索某一企业、组织或个人的信息资源，从而更好地实现网络上的资源共享。除了识别功能外，在虚拟环境下，域名还可以起到引导、宣传、代表等作用。通俗地说，域名就相当于一个家庭的门牌号码，别人通过这个号码可以很容易地找到你。

以一个常见的域名为例说明，baidu 网址由两部分组成，标号“baidu”是这个域名的主体，而最后的标号“com”则是该域名的后缀，代表的这是一个 com 国际域名，是顶级域名。而前面的 www 是域名。

DNS 规定，域名中的标号都由英文字母和数字组成，每一个标号不超过 63 个字符，也不区分大小写字母。标号中除连字符（-）外不能使用其他的标点符号。级别最低的域名写在最左边，而级别最高的域名写在最右边。由多个标号组成的完整域名总共不超过 255 个字符。

近年来，一些国家也纷纷开发使用采用本民族语言构成的域名，如德语、法语等。中国也开始使用中文域名，但可以预计的是，在中国国内今后相当长的时期内，以英语为基础的域名（即英文域名）仍然是主流。

注册域名需要遵循“先申请先注册”原则，管理机构对申请人提出的域名是否违反了第三方的权利不进行任何实质审查。同时，每一个域名的注册都是独一无二的、不可重复的。因此，在网络上，域名是一种相对有限的资源，其价值将随着注册企业的增多而逐步为人们所重视。

域名申请的步骤：

（1）准备申请资料。com 域名目前无须提供身份证、营业执照等资料，cn 域名目前已开放个人申请注册，所以申请则需要提供身份证或企业营业执照。

（2）寻找域名注册网站。由于.com、.cn 域名等不同后缀均属于不同注册管理机构所管理，如要注册不同后缀域名则需要从注册管理机构寻找经过其授权的顶级域名注册服务机构。如 com 域名的管理机构为 ICANN，cn 域名的管理机构为 CNNIC（中国互联网络信息中心）。若注册商已经通过ICANN、CNNIC双重认证，则无须分别到其他注册服务机构申请域名。

（3）查询域名。在注册商网站注册客户名成功后并查询域名，选择您要注册的域名，并点击注册。

（4）正式申请。查到想要注册的域名，并且确认域名为可申请的状态后，提交注册，并缴纳年费。

（5）申请成功。正式申请成功后，即可开始进入DNS解析管理、设置解析记录等操作。

3.2.5 企业网站的类型及构成

企业网站，就是企业在互联网上进行网络建设和形象宣传的平台。企业网站相当于一个企业的网络名片，不但对企业的形象是一个良好的宣传，同时可以辅助企业的销售，甚至可以通过网络直接帮助企业实现产品的销售，企业可以利用网站来进行宣传、产品资讯发布、招聘等。企业网站的作用就是为展现公司形象，加强客户服务，完善网络业务，还可以与潜在客户建立商业联系。随着网络的发展，出现了提供网络资讯为盈利手段的网络公司，通常这些公司的网站上提供人们生活各个方面的资讯，如时事新闻、旅游、娱乐、经济等。

企业网站可以按如下功能分类。

1. 电子商务型

主要面向供应商、客户或者企业产品（服务）的消费群体，以提供某种直属于企业业务范围的服务或交易。这样的网站可以说是正处于电子商务化的一个中间阶段，由于行业特色和企业投入的深度广度的不同，其电子商务化程度可能处于从比较初级的服务支持、产品列表到比较高级的网上支付的其中某一阶段。通常这种类型可以形象地称之为“网上××企业”。例如，网上银行、网上酒店等。

2. 多媒体广告型

主要面向客户或者企业产品（服务）的消费群体，以宣传企业的核心品牌形象或者主要产品（服务）为主。这种类型无论从目的上还是实际表现手法上相对于普通网站而言更像一个平面广告或者电视广告，因此用“多媒体广告”来称呼这种类型的网站更贴切一点。

3. 产品展示型

主要面向需求商，展示自己产品的详细情况，以及公司的实力。对产品的价格、生产、详细介绍等做最全面的介绍。这种类型的企业站点主要目的是以最直接有效的方式展示自己的产品。在注重品牌和形象的同时也要重视产品的介绍。

在实际应用中，很多网站往往不能简单地归为某一种类型，无论是建站目的还是表现形式都可能涵盖了两种或两种以上类型；对于这种企业网站，可以按上述类型的区别划分为不同的部分，每一个部分都可以认为是一个较为完整的网站类型。注意：由于互联网公司的特殊性，在这里不包含互联网的信息提供商或者服务提供商的网站。

提起企业网站，很多人都以为建立一个简单的具有展示性能的网站就可以了，而往往忽略了一点——营销。其实建立一个企业网站，核心的观点就是如何使用这个网站推进或者推动企业营销，进而实现企业的信息化管理。

信息产业目前已成为第一大规模的产业，并位居全球第三位。这就意味着我国的企业信息化也迎来了前所未有的好时机。第四代智能网站的推出也为中小企业建站提供了思路，可以从企业实用角度出发，对网站进行“总体规划，分步实施”，既可以节省成本，又不影响企业的应用。这种方式目前已为大多数中小企业所接受，并渐成热潮。

企业网站建成后是采用虚拟主机好？还是采用服务器好？网站是采用虚拟主机还是专用服务器，需要根据网站的情况和预期发展状况进行综合考虑。一般建议：小型企业网站内容比较少，功能简单，访问量也不大，采用虚拟主机即可，如果虚拟主机无法满足网站的正常运营，或者网站有某些特殊功能，则应考虑采用专用服务器的方式。

4. 企业网站功能

（1）品牌形象。

网站的形象代表着企业的网上品牌形象，人们在网上了解一个企业的主要方式就是访问该公司的网站，网站建设的专业与否直接影响企业的网络品牌形象，同时也对网站的其他功能产生直接影响。

（2）产品/服务展示。

顾客访问网站的主要目的就是为了对公司的产品和服务进行深入的了解，企业网站的主要价值也就在于灵活地向客户展示产品说明的文字、图片甚至多媒体信息，即使一个功能简单的网站至少也相当于一本可以随时更新的产品宣传资料，并且这种宣传资料是客户主动来获取的，对信息内容有较高的关注程度。

（3）信息发布。

网站是一个信息载体，在法律许可的范围内，可以发布一切有利于企业形象、顾客服务，以及促进销售的企业新闻、产品信息、各种促销信息等。

（4）顾客服务。

通过网站可以为顾客提供各种在线服务和帮助信息，比如常见问题解答、电子邮件咨询、在线表单、通过即时信息实时回答顾客的咨询等。

（5）顾客关系。

通过网络社区、有奖竞赛等方式吸引顾客参与，不仅可以起到产品宣传的目的，同时也有助于增进顾客关系，尤其是对产品功能复杂或者变化较快的企业。

（6）网上调查。

市场调研是营销工作不可或缺的内容，企业网站为网上调查提供了方便而廉价的途径，通过网站上的在线调查表或者通过电子邮件论坛、实时信息方式征求顾客意见等，可以获得有价值的客户反馈信息。

（7）资源合作。

资源合作是独具特色的网络营销手段，为了获得更好的网上推广效果，需要与供应商、经销商、客户网站，以及其他内容、功能互补或者相关的企业建立资源合作关系，实现资源共享到利益共享的目的。

（8）网上销售。

建立网站及开展网络营销活动的目的之一是为了增加销售，一个功能完善的网站本身就可以完成订单确认、网上支付等电子商务功能，即企业网站本身就是一个销售渠道。

5. 企业网站建设的目的

企业的主页是企业在 Internet 上展示形象的门户，是企业开展电子交易的基地，是企业网上的“家”，设计制作一个优秀的网站是建站企业成功迈向互联网的重要步骤。在当今互联网时代，一个企业没有自己的网站就像一个人没有住址，一个商店没有门脸。在经济全球化和电子商务经济时代，企业如果还固守于传统模式则必定不能再适应经济全球化的趋势，企业建站和开展电子商务是一个不可回避的现实，当你的竞争对手正在通过因特网共享信息，通过电子商务降低成本，拓展销售渠道时，你就只能坐失良机。

（1）竞争的需要。

国际互联网的客户在迅速地增长，在全球大多数国家，网站和电子信箱系统已经成为公司立业不可缺少的重要组成部分。大小企业、学校、政府机关、服务业甚至酒吧都设法在热门网络上设立自己的网站，以求更多人前来参观、浏览和查询。而上网客户在未来几十年内还会迅速增加。因为企业网站、电子信箱给客户、潜在客户，特别是大客户及海外客户，带来了便利的联系，增进了了解，增强了信任感。没有网站和电子信箱的企业将失去越来越多的机会而最终被淘汰。

（2）可以迅速树立企业形象。

今天，国际互联网络已成为高科技和未来生活的代名词，要显示你公司的实力，提升公司的形象，没有什么比在员工名片、企业信笺、广告及各种公众能看得到的东西上印上公司网址和专用电子邮箱更有说服力了。

（3）让客户获得商业信息。

什么是商业信息？你的营业时间？你的服务项目？你的联系方法？你的支付方式？你的地址？你的新产品资料？如果你让客户可以随时通过网络了解与你合作的所有原因和好处，那就不愁生意不上门。

（4）可以为客户提供服务。

让客户获得所需的信息是为客户服务的重要方法之一。但是如果你仔细研究了为客户服务的方法，你就会发现许多利用 WWW 技术为客户服务的方法。你不妨把售后服务项目做成电子表格，让你的员工开发你的客户所感兴趣的产品和服务，并且放在网上，让计算机自动记录客户的查询和订单，使你迅速掌握第一手的统计数据，而无需员工天天守候在电话机前记录电话内容。你还可以让你的客户在数据库中查询到你所生产的产品的颜色、规格。

（5）可以吸引公众的注意力。

你不可能将你的新产品信息在全球的周刊上发表，但你可以把上述信息放在你的企业网站上向全世界发表。即使你可以把上述信息在全球的周刊上发表，但消费者遗忘广告、忽略广告，你也无可奈何。有了网站上的信息，任何一个人都可在网上浏览你的网页，都会成为你的潜在客户。

（6）可及时发布时间性强的信息。

如果你必须在当晚发表一篇文章、发布季度财政报告、发表新产品宣传信息、进行突发性事件的回应处理，在以前，这些都可能因时间太紧，媒体或印刷厂不能配合而被耽搁。而如今上述信息和附带的图片都可以在你希望的任何时间发布，这是一个全球性的概念。

（7）可以销售产品。

许多人认为能够销售产品是使用互联网的主要原因，因为其可以到达推销员和销售渠道无法到达的地方，并且极大地方便了消费者。如果有人想成为你的客户，他们就想了解你是做什么的？你能为他们提供什么样的服务？但是在大多数情况下你的潜在客户总是找不到你的推销员，利用互联网你可以轻松廉价地展开销售攻势，你的潜在客户也可以轻松廉价地了解你公司的资料，与你的销售部门联络。

（8）可以让公司简介、产品说明声情并茂。

尽管你的产品非常好，但人们总是看不到其样子和其到底是怎么样工作的；产品画册虽然非常好，但其是静止的，也没有人知道其工作时发出什么声音。如果以上因素对你的准客户非常重要，你就应该利用互联网来介绍你的公司和产品，因为万维网（WWW）技术可以很简便地为一段产品介绍加入声音、图形、动画和影像等，这些不断涌现出来的多媒体技术已让网络世界变得丰富多彩。

（9）可以进入一个高需求的市场。

据统计，互联网的使用者们可能是一个需求很高的市场。因为，在这些使用者中间，有很大一部分拥有大学或更高学历，而这些人通常有一份较高的薪水，或者即将获得一份较高的薪水。这部分消费人群有较强的潜在消费能力，也易于接受新鲜事物，他们会主动寻找或接受各种高档新产品的广告。

（10）方便回答客户经常关心的问题。

业务员的时间经常被消耗在一遍又一遍回答同一个问题上，公司甚至要为回答这些售前和售后问题而专门增设人手；而把这些问题的答案放到企业网站上，既能使客户们弄清楚问题又节省了大量时间和人力资源。

（11）方便同销售人员随时保持联系。

正在出差的员工可能需要产品资料和促成一笔生意的最新信息。如果你有这些信息，如何第一时间交到在外地的销售人员手上呢？派人送去？用速递？还是不管？利用 WWW 技术你的销售人员可以在当地用市内电话上网，及时从企业主机上获取所需资料，无须长途电话费也无须派专人在公司留守。

（12）可以开拓国际市场。

你可能对国际潜在市场的信函、电话或法律的含义不太了解，现在通过访问该国的一些企业站点，你可以像面对面交谈一样方便地了解国际市场，事实上当你想利用互联网走入国际市场之前，外国的公司可能已经用同样的方法了解过你公司的情况了。当你收到一些外国公司的国际电子邮件的查询时，国际市场已为你打开，而这一切可能是你以前认为难以办到的。

（13）提供 24 小时服务。

你也许有这样的经验，与大洋彼岸约定通话时间不是太早就是太晚，这样的情况难免让你觉得尴尬。因为你们之间存在时间差。你的业务也许遍布全球，但你的当地标准时间并非如此，你睡觉的时候正是客户的工作时间，怎么办？企业网站为你和你的客户提供每周 7 天每天 24 小时的不间断联系，无论什么时候你总能为客户提供他们需要的信息。甚至可以赶在他们上班之前做出一份计划书，当客户早上打开计算机，你的计划书就在那里了。

（14）方便尽可能快地更新信息。

有时许多信息还没有发布就过时了，需要更新，印好的资料在你的手上变成了一堆废纸。电子出版改变了你的一切，无须纸张、油墨，无须预订版面，不论面积大小，没有费用加收，随时修改内容……任何传统印刷方式都不可能有这种灵活性。

（15）可以得到客户的反馈。

你向客户发出各类目录和小册子，但是没有顾客上门，这到底是为什么？是产品的颜色、价格还是市场战略出了问题？你没有时间去寻找问题的答案，也没有大量金钱测试市场。有了企业网站，有了你的电子信箱系统，极大地方便客户/消费者及时向你反映情况，提出意见。

【教学活动2】

丰田汽车购车网站困境分析

网站在功能确立的时候，往往是很困难的。尽管，我们考虑到了很多方面因素的影响，但是，导致失败的总是我们没有考虑到的那个因素，而这个因素，又通常只能在实践过程中被发现。正是因为如此，网站功能的定位和内容的规划就需要做得更加全面和细致，尽可能避免犯错误，减少投资损失和提供销售服务。

一种产品的销售方式和市场活力离不开所在地区特定的消费人群的文化或习惯，丰田的失误在于没有相应的分析就做出决策，把在日本的销售经验用于美国。在汽车交易平台运行的过程中，有两点做得很失败，一是网络销售平台的建立不彻底。网上购车并不比亲自去买方便，而且少了亲身体验，这说明在网站建设之后还有好多工作都没有做。二是不顾经销商的利润。在时机还没有成熟之际这样做无异于自断后路。

通过分析，以下两种解决思路也许可以化解丰田的困难。

1．取消交易平台，将网站定位于服务与宣传

改变一个国家或者一个区域的消费模式很难做到，特别是对于大额的、需要现场体验的商品汽车来说，就更加困难。在这样的环境中，丰田公司可以取消网上的销售平台，将网站的功能定位于配合、支持原有销售渠道进行售前、售后的相关服务与宣传，而非强争原有经销商的客户。丰田的网站可以扮演服务平台的角色，成为制造商、经销商、客户三方共享的环境，为网站的生存和扩张提供一个良性的发展空间，为最终实现网上交易提供基础。另外，网站中去掉在线交易部分，大力加强对产品的宣传，同时为客户提供各方面的服务。网站可以增加以下几部分内容：

（1）提供金融服务方案。在每款车的介绍内容中加上分期付款购车的若干方案，客户可以选择不同的首付额度、月还款额及还款期限的方案。同理可以设计出保险计划。这样客户在购买丰田车之前，可以通过网站了解自己将会花费多少钱。

（2）设置经销商平台。记录经销商的基本信息和区域分布，客户可以在电子地图上找到自己最方便的经销商的位置和该经销商可提供的车型。

（3）发挥信息收集与调查功能。比如，记录会员的基本信息和地区分布，记录具体产品的浏览次数，留言情况，浏览者区域等信息，并允许经销商调用相关信息。

（4）为顾客提供个性化产品服务。网站可以使客户在标准化产品的基础上，参与“制造”汽车的过程，色彩、配置、装饰等由客户任选，为客户提供“个性化”服务。可以尝试只在网上独家销售某种色彩或种类的车型，以此来引导消费者尝试在网上买车。如图 3.8 和图 3.9 所

示为丰田的中英文网站首页。

图 3.8 丰田汽车网站（中文网站）首页

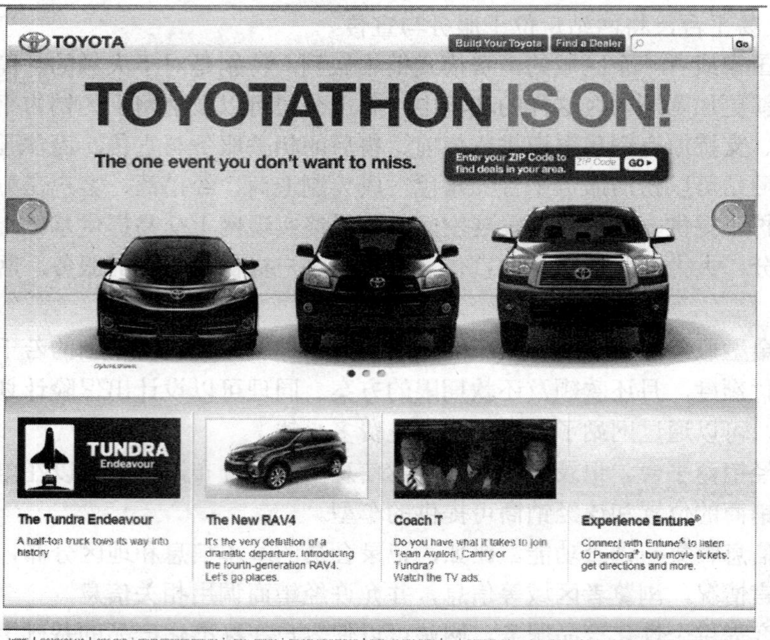

图 3.9 丰田汽车网站（英文网站）首页

2．交易平台独立，销售多个品牌

第二种思路是把丰田汽车的交易平台放在市场推广的战略高度，把汽车销售、金融服务、售后服务一并纳入网上。

要做到这一点，就要彻底改变传统的汽车销售模式，把丰田汽车的网站独立出来，不仅卖丰田车，也卖其他品牌车，类似一个 VISA 信用卡机构为各家银行提供服务的模式。网络技术的发展为这种新的网络服务模式提供了动力条件。这种方式的可行性：在美国，Kbb autobytel、Carsdirect、Carpoint、Yahooauto、Aolauto 等都是具有代表性的汽车销售网站，这些网站销售所有品牌的车。例如 Kelley Blue Book 在创立网站之前，是一家有 70 年历史的、生意兴隆的出版社。建立汽车网站（Kbb）后，KBB 提供新车和二手车的价格，以及各经销商的发票价格，后者在 20 世纪 90 年代是个创新。此后，网站又增加了私人卖出二手车的价格等项目。2012 年此网站还增加了新栏目——“新 Blue Book 价格”，提供美国不同地区的汽车价格，并从网络广告和销售商排行榜上盈利。网站也为制造商设立了一些服务，比如可以为福特公司统计：想购买嘉年华的人，同时还会倾向于购买其他公司的哪些产品。Yahoo!auto 则是定位为全方位的汽车门户网站。Yahoo 网站的汽车部分在开始创立时，主要是为二手车创立的分类广告平台。后来逐渐发展成全方位服务的汽车网站。网站的主要目的是让使用此网站的人尽快找到想要的东西。Yahoo 汽车部总经理安德鲁·布莱西亚说：“Yahoo 汽车是一个让人满意的人性化俱乐部，每月能吸引 260 万人光顾。”Yahoo 汽车部现在主要有三种盈利方式：广告、分类广告和经销商推荐排名。Yahoo 汽车部也没有提供它的收入状况，但其母公司 Yahoo 有限公司，今年第一季度盈利 10100 万美元。

活动实施：

选择当地一家校企合作公司网站，或者选定一家知名企业网站，根据公司所处行业、业务情况等相关资料，分析其公司网站是否适合其业务开展，网站对公司业务的支持力度，如果需要改进，应该从哪些方面入手调整网站定位、功能等。写一份详细的网站规划建议书。

第4章

网络推广

学习目标

- 通过本项目的学习
- 确定网站推广的阶段目标
- 电子商务发布运营的不同阶段所采取的网络推广方法
- 电子商务运营推广策略控制和效果评价

任务1 E-mail 营销

4.1.1 E-mail 营销概念

广义的 E-mail 营销（Email Direct Marketing，EDM）是指，凡是给潜在客户或者客户发送电子邮件都可以被视为电子邮件营销。狭义的 E-mail 营销是在客户事先许可的前提下，通过电子邮件的方式向目标客户传递价值信息的一种网络营销手段。EDM 有多种用途，可以发送电子广告（见图 4.1）、产品信息（见图 4.2）、销售信息（见图 4.3）、市场调查、市场推广活动信息、售后服务（见图 4.4 和图 4.5）等。

图 4.1 电子广告

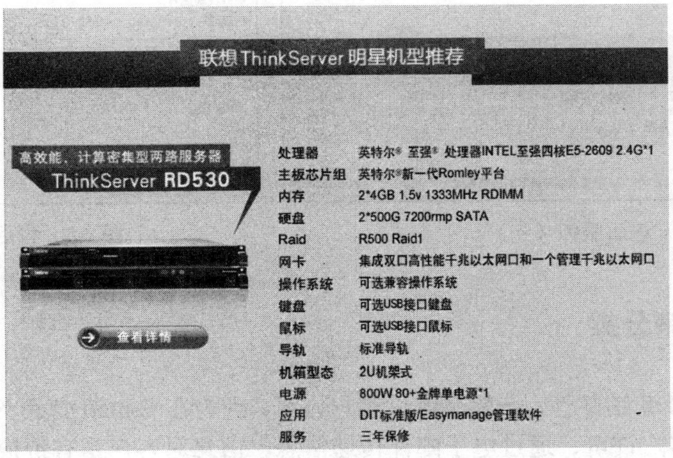

图 4.2 产品信息

图 4.3 销售信息

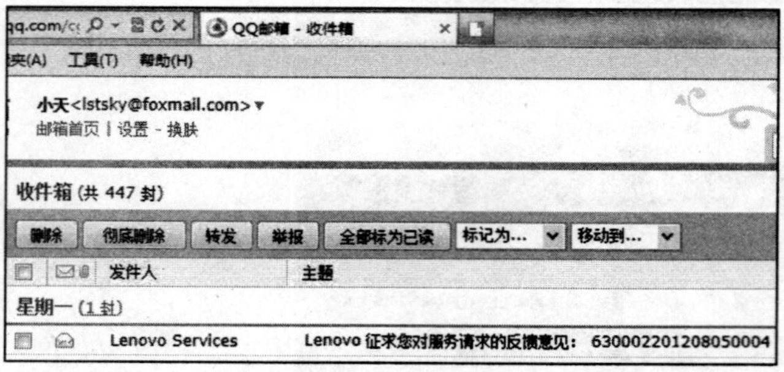

图 4.4 售后服务（一）

图 4.5 售后服务（二）

4.1.2 E-mail 营销分类

受欢迎的 E-mail 营销邮件，一般是经过客户许可，因为在 E-mail 营销的定义中，强调了三个基本因素：基于客户许可、通过电子邮件传递信息、信息对客户是有价值的，三个因素缺少任何一个，都不能称为有效的 E-mail 营销。在企业实际应用中，E-mail 营销在不同的应用中，有不同的方法和规律，根据这些规律可以将 E-mail 营销进行如下分类。

1. 根据是否经过客户许可分类

根据发送信息的邮件是否事先经过客户许可，可将E-mail营销分为许可E-mail营销和未经许可的E-mail营销；未经客户许可的E-mail营销邮件，通常也称为垃圾邮件，正常的E-mail营销都是基于客户许可的，成为许可的E-mail营销。

2. 根据E-mail地址所有权分类

潜在客户的E-mail地址是企业重要的营销资源，根据对客户E-mail地址资源的所有形式，可将E-mail营销分为内部E-mail营销和外部E-mail营销，或者叫内部邮件列表和外部邮件列表；内部E-mail营销一般由企业注册客户、问卷调查等方式获得，外部E-mail营销一般从关联企业、E-mail营销服务商等获得。

3. 根据营销计划分类

根据企业的营销计划，可分为临时性的E-mail营销和长期E-mail营销。临时性的E-mail营销包括不定期的产品促销、市场调查、节假日问候、新产品通知等；长期的E-mail营销通常以企业内部注册会员资料为基础，主要表现为新闻邮件、电子杂志、顾客服务、服务调查等各种形式的邮件列表，长期E-mail营销的作用要比临时性的E-mail营销更持久，其作用更多地表现在维护顾客关系、顾客服务、企业品牌等方面。

邮件列表的建立一定是建立在许可的前提下，只有经过客户许可的E-mail被打开的概率才高，客户才不会反感，对企业产生的负面影响才小。建立邮件列表的途径有很多，如调查问卷、售后服务、客户拜访、销售电话、网站注册、产品手册索取等。

4. 根据E-mail营销功能分类

根据企业对E-mail营销的功能，可分为顾客关系E-mail营销、顾客服务E-mail营销、在线调查E-mail营销、产品促销E-mail营销、市场推广E-mail营销等。

5. 根据E-mail营销应用方式分类

根据是否将E-mail营销资源用于为其他企业提供服务，E-mail营销分为经营型和非经营型两类。

4.1.3 E-mail营销步骤

1. 确立目标

在计划E-mail营销活动前应先确定营销目标，计划E-mail营销的目标一般包括：建立邮件列表、获取新客户、维护客户关系、拓展客户关系、建立品牌、促进重复销售、增加深度销售和交叉销售、降低沟通成本。

2. 主题内容确定

邮件的主题大致有如下几类：新闻通信类，每月或者每季度发布对客户有用的信息，信息中包含图片、促销信息和指向网站的链接，推荐给客户的新产品、新服务；邀请类，邀请客户参与一些活动，可以发布诸如本公司将参加本年度的国际玩具展，欢迎您光临展台这样的信息；感谢与问候，特殊主题的贺卡；季节性和节日性主题，如圣诞节前几个月通常是国外客户采购比较集中的时间，可以发一些针对节日的产品信息给客户，或在季节更替之际，针对客户做一些宣传，例如服装类外贸公司可以做一些清仓促销或者新品发布。

3. 确定发送时间

发送时间的选择对 E-mail 营销效果有很大的影响。国外研究表明，企业需要根据不同行业和不同目标客户群体的差异而选择不同的发送时间。例如面向美国市场的企业最好选择周一到周五的白天发送，这样被阅读的概率会比较高。

4. 让客户打开你的邮件

邮件发送出去并不代表大功告成，收件人打开你的邮件才是成功的开始。在这方面有几个小技巧：在邮件的发件人一栏中添上公司名称或你的品牌名称，会让接收者感到邮件来自可靠的发件人；在标题栏中出现你的品牌名称，选择客户感兴趣的内容，只有这样的邮件被打开的概率才高；发送 E-mail 调查，通过收集反馈结果可以改进你的 E-mail 营销，从而使 E-mail 营销更有效；利用好 E-mail 营销服务商的统计报表，其可以展现邮件订阅的情况以及邮件打开率、退订等情况，有利于改进 E-mail 营销，从而增加邮件被打开的概率。

5. 测试

在 E-mail 制作准备就绪后，要在 E-mail 营销活动发起前进行测试，特别是初涉 E-mail 营销的企业要进行反复测试；从邮件列表里抽取一小部分客户进行发送测试；测试内容包括邮件标题、邮件内容主体、界面设计等。每次只测试一种，企业通过统计报表来观察哪种方式的反馈效果更好。

4.1.4 E-mail 营销效果评价

1. E-mail 营销指标

评价 E-mail 营销效果的数据指标主要有 3 项：有效率、阅读率、点击率。

（1）有效率。

计算公式：有效率=成功发送数量÷发送总量

发送总量指 E-mail 地址的数量；成功发送数量指成功到达收件邮箱地址的数量，即邮件的有效量；有效率主要用于衡量获取的邮件地址的有效率，即发送的地址是否真实存在，真实存在的比率是多少。

（2）阅读率。

计算公式：阅读率=打开量÷成功发送数量

打开量指有效电子邮箱地址的客户接收到邮件后，打开邮件的数量；由于邮件会存在一个客户打开多次的情况，有些统计系统，会统计邮件的打开次数和打开客户数；

打开量的作用，主要用来评估客户对邮件的兴趣程度，对于精准的电子邮箱地址数据库，可通过调整发送的邮件标题，来提高阅读率。如：在 E-mail 营销中，标题为“广西特产网桃源店开业，开业当天新老顾客 7 折优惠，欢迎惠顾”和“开业不得不说的秘密，12 月 2 日就在广西特产网桃源店”，前者的阅读率明显比后者高；所以，以奖品、免费、折扣等为噱头的 E-mail 营销，可能会提升效果。

（3）点击率。

计算公式：点击率=点击量÷打开量

点击量指客户打开 E-mail 营销邮件后，触发的点击的数量；如果 E-mail 营销邮件中，存在多个链接，应单独统计。这样可以评估出客户对内容兴趣度，用以调整和优化 E-mail 营销邮件的内容。

点击量的作用，主要用来评估客户对邮件内容的兴趣程度；如果 E-mail 营销邮件阅读率高，但点击率却很低，则说明 E-mail 营销邮件的内容没有引起客户的兴趣，需要调整 E-mail 营销邮件的内容。

有效率、阅读率、点击率是 E-mail 营销中最基础的衡量指标，如果是以注册、购买为导向的 E-mail 营销，还需要监测客户注册、购买转化情况。配合 GoogleAnalytics、站长工具、百度站长工具等，跟踪客户行为，分析客户行为，及时调整 E-mail 营销策略、内容等，就可以达到不断提高 E-mail 营销效果的目标。

2. E-mail 营销问题分析

在 E-mail 营销过程中，客户常遇见的两个瓶颈问题，一是邮件打开率低，二是邮件退订率高。

（1）邮件打开率低。

分析邮件打开率低的原因，一般有两种原因：一是标题撰写不够吸引人；二是推送内容没有针对性。

优化建议：

一是多尝试采用不同的标题推送同类型的内容，观察数据后，可有效评估效果，准确把握客户喜好。如使用当前网上流行的热门关键词。

二是可根据客户购买记录或收藏记录，推送一些客户关心的品牌的相关活动（如新品发布、打折促销等）信息，同时在邮件正文中展示一些其他活动（产品），效果可能会更好。

（2）邮件退订率高。

分析邮件退订率高，有两个比较常见的原因，一是邮件发送频率太高，二是推送内容的针对性较差，并不是客户感兴趣的内容，客户收到的邮件多了，内容不感兴趣厌烦了就会选择退订。

优化建议：

一是通过增加设置“退订选项中间页”，获取客户的退订原因。

二是促销类 E-mail 营销邮件须慎重推送，且要注意推送的频率，建议每周 1～3 次，不超过 3 次，尽量是 1 次。

寻找客户接受理由与客户沟通，如：邀请客户试用新产品，评价所购买的产品，回访客户对产品的体验，策划老客户回馈活动等，理由充分的 E-mail 营销邮件，客户不但不反感，还会愿意打开浏览。

所以，总结 E-mail 营销工作的重点的三个要素是高质量的邮件内容（标题和正文）+精准的投放对象+合理的发送频率。

【教学活动 1】

某公司要开展网络营销工作，经过公司会议讨论决定，先对现有顾客开展一次 E-mail 营销活动，向客户推荐广西名优土特产，现假设你是该公司的网络营销专员，公司决定由你负责本次 E-mail 营销活动的策划和实施，应该从哪些方面开展本次工作？

当前经营广西土特产的公司较多，需求量大的客户一般以企业、政府及事业单位会议礼品、节日馈赠礼品等为主。

（1）首先确定活动主题，是以节日馈赠为主或是企业、政府及事业单位会议礼品。

（2）从企业收集的邮件地址中，选择以往有过购买的、购买意向较为明确的及潜在需求可能性较大的企业、政府及事业单位或负责人、联系人电子邮箱。

（3）制作特产宣传册（特产总汇——精品特产采购指南），如图 4.6 和图 4.7 所示。

（4）选择邮件发送平台，优先选择之前已合作过的 E-mail 营销平台。

（5）发送。在发送后，收集客户打开邮件比例，并监测在进行 E-mail 邮件营销后一个月内的销售情况。

图 4.6 特产总汇——精品特产采购指南封面

图 4.7　特产总汇——精品特产采购指南内页

任务 2　搜索引擎及其优化

4.2.1　搜索引擎

搜索引擎是指根据一定的策略、运用特定的计算机程序收集互联网上的信息，在对信息进行组织和处理后，为客户提供检索服务的系统。

搜索引擎主要分为以下几类。

1. 全文索引

全文搜索引擎是名副其实的搜索引擎，国外代表有谷歌，国内则有百度搜索。全文搜索引擎从互联网提取各个网站的信息（以网页文字为主），建立起索引数据库，并能检索与客户查询条件相匹配的记录，按一定的排列顺序返回结果。

根据搜索结果来源的不同，全文搜索引擎可分为两类，一类拥有自己的检索程序（Indexer），俗称“蜘蛛”（Spider）程序或“机器人”（Robot）程序，能自建网页数据库，搜索结果直接从自身的数据库中调用，上面提到的谷歌和百度就属于此类；另一类则是租用其他搜索引擎的数据库，并重新定义格式排列搜索结果，如 Lycos 搜索引擎。

2. 目录索引

目录索引虽然有搜索功能，但严格意义上不能称为真正的搜索引擎，只是按目录分类的网站链接列表而已。客户完全可以按照分类目录找到所需要的信息，不依靠关键词（Keywords）进行查询。目录索引中最具代表性的有 Yahoo、新浪分类目录搜索、电子商务运营平台的淘宝、拍拍、阿里巴巴等。

3. 元搜索引擎

元搜索引擎（META Search Engine）接受客户查询请求后，同时在多个搜索引擎上搜索，并将结果返回给客户。著名的元搜索引擎有 InfoSpace、Dogpile、Vivisimo 等，中文元搜索引擎中具代表性的是搜星；在搜索结果排列方面，有的直接按来源排列搜索结果，如 Dogpile；有的则按自定的规则将结果重新排列组合，如 Vivisimo。

4. 其他非主流搜索引擎形式

（1）集合式搜索引擎：集合式搜索引擎类似元搜索引擎，区别在于它并非同时调用多个搜索引擎进行搜索，而是由客户从提供的若干搜索引擎中选择，如 HotBot 在 2002 年底推出的搜索引擎（注：该引擎已被 Lycos 收购）。

（2）门户搜索引擎：AOL Search、MSN Search 等虽然提供搜索服务，但自身既没有分类目录也没有网页数据库，其搜索结果完全来自其他搜索引擎。

（3）免费链接列表（Free For All Links，FFA）：一般只简单地滚动链接条目，少部分有简单的分类目录，但规模要比 Yahoo、新浪等目录索引小很多。

4.2.2 关键词优化

搜索引擎优化（Search Engine Optimization，SEO），也叫关键词优化，是一种利用长期总结出的搜索引擎收录和排名规则，对网站进行程序、内容、版块、布局等的调整，使网站更容易被搜索引擎收录，在搜索引擎中相关关键词的排名中占据有利的位置。

关键词优化，狭义的理解是网站优化技术，即搜索引擎优化，也就是让网站设计适合搜索引擎检索，满足搜索引擎排名的指标，从而在搜索引擎检索中获得排名靠前，增强搜索引擎营销的效果，增加单击量。广义的理解是网站优化所考虑的因素不仅仅是搜索引擎，也包括充分满足客户的需求特征、清晰的网站导航、完善的在线帮助等，在此基础上使得网站功能和信息发挥最好的效果。关键词优化是以企业网站、电子商务平台为基础，与网络服务商（如搜索引擎、电子商务平台等）、合作伙伴、顾客、供应商、销售商等网络营销环境中各方建立良好的关系。

关键词优化，是让网站目标关键词在某个搜索引擎上得到更好的排名，让更多的搜索客户都能查找到自己的关键词。

1. 搜索引擎关键词优化的密度和分布

（1）控制关键词数量。

一页中的关键词建议不超过3个为佳，最好是1个，然后所有内容都针对这一个核心关键词展开，保证关键词密度合理，搜索引擎在捉取页面，建立索引时也会认为该页主题明确。

（2）关键词密度。

在一个页面中，核心关键词占所在页面中总的文字的比例，该指标对搜索引擎的优化起到重要作用。关键词密度一般在5%～10%较为合适，超过这一标准；过高，会有被搜索引擎认定关键词堆砌，从而摒弃，过低不利于搜索引擎合理索引，建立存放到搜索引擎索引数据库。

（3）关键词分布。

① 网页代码中的Title，META标签（关键词keywords和描述description）。

<title>广西特产网，这里有广西最全的特产，找广西土特产，就来www.gx123.com，广西特产总汇电话：0771-5558050</title>

<meta content="keywords" content="广西特产网，广西特产总汇，广西土特产，罗汉果，广西年货，南宁特产，广西礼品，香猪，沙田柚，特产店，铜鼓，特产批发，特产团购，桂林特产，巴马特产，民族工艺品，特产，土特产，年货，月饼，茶叶，酒，工艺品">

<meta content= "description" content="广西特产网是一个宣传和推广广西特产文化的信息平台，广西地处亚热带，是中国著名的特产仓库，农副产品非常丰富，我们希望通过广西特产网，让更多的人了解广西，爱上广西，并享受到最绿色的广西特产。">

② 正文内容必须适当出现关键词。

正文内容必须适当出现关键词，并且“有所侧重”，意指客户阅读习惯形成的阅读优先位置，从上到下，从左至右，成为关键词重点分布位置，包括：页面靠顶部、左侧、标题、正文前200字以内。在这些地方出现关键词对排名更有帮助，把一段含关键词较多的文本网站介绍置于网站最顶部。将关键词放在顶部的作用是让客户和“蜘蛛”可以以最快速度了解网站内容，并以搜索引擎“蜘蛛”重视的黑体（加粗）显示，对搜索引擎收录网站提升排名有较好的优化作用。

③ 图片Alt属性。

以现在的技术，搜索引擎不能抓取图片作为索引，搜索引擎只能听文字；因此制作网页、更新网站内容时，在图片属性Alt中加入关键词，是提高搜索引擎成功捉取的方法之一，它会认为图片内容与你的关键词一致，从而有利于排名。<img align="center" src="http：//www.gx123.com/taobao/lvka.jpg" alt="特产绿卡">

2. 关键词的选择技巧

客户搜索引擎、电子商务平台发布关键词竞价的时候，关键词的选择是一个十分重要的步骤。因为选取的关键词将会影响到客户的搜索，客户对公司信息关注度。所以，进行关键词选择时必须要懂得如何分析有效客户，客户搜索产品会使用哪些相关词汇，根据目标客户来策划并选择产品的关键词，进一步增强网站、产品及公司的曝光率，提高转化率。

（1）选取关键词的原则。

① 选词不要太宽泛。

在选择关键词时，过于宽泛，比如说羊奶粉，做羊奶产业的想针对“羊奶、羊奶粉”这个词优化，做特产的就想针对“特产”这个词优化。像羊奶、羊奶粉、特产这些关键词过于宽泛，关键词竞争太过激烈，甚至恶性竞争，所以就算能做到排名前三，搜索这类关键词的客户的目的本身就是很不明确的。因此要了解，搜索“特产”关键词的客户，他们的目的是想买特产吗？这种过于宽泛的关键词带来的流量目标性是比较差的，转化为订单的可能性也很低，所以这类过于宽泛的关键词，都是使用率比较低的。选择的关键词应该比较具体，有针对性，如羊奶公司，可以设定的关键词为品牌+产地+产品名称。也可扩展添加产品功效词。如“补钙羊奶粉”、“养颜羊奶粉”、“养胃羊奶粉”等，如图 4.8 和图 4.9 所示。

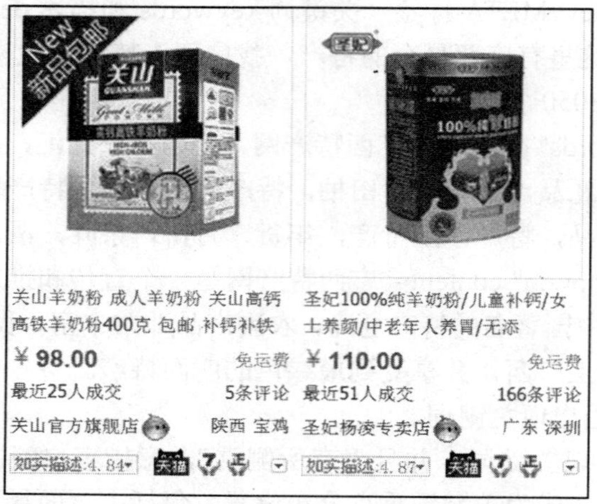

图 4.8　产品功效关键词——补钙羊奶粉

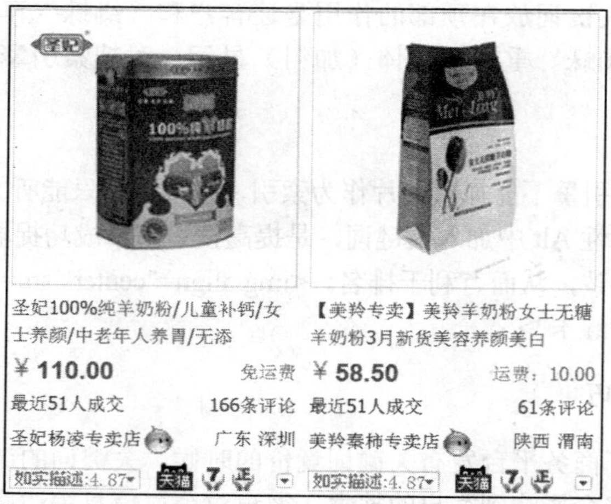

图 4.9　产品功效关键词——养颜羊奶粉

部分产地特征不明显的产品关键词可以设为品牌+核心关键词+类目词或属性词+中词+长尾词，例如：七匹狼正品 外套 立领 薄款 商务休闲夹克衫特价包邮。

② 站在客户角度思考。

站在客户（包括客户、潜在客户）的角度考虑，客户、潜在客户在搜索你的产品时将使用什么关键词？比如：做罗汉果的关键词，自然就想到广西桂林永福产的，搜索最多的词应该是“广西罗汉果、桂林罗汉果、永福罗汉果”，如图 4.10 所示。

图 4.10　客户想到的关键词——桂林罗汉果

关注客户体验，如用在搜索儿童玩具时，客户会关注玩具的材质是否环保，以及是否经摔，如输入关键词“安全无毒”、“3C 认证”、“摔不坏”此类词可以吸引客户的点击，如图 4.11 所示。

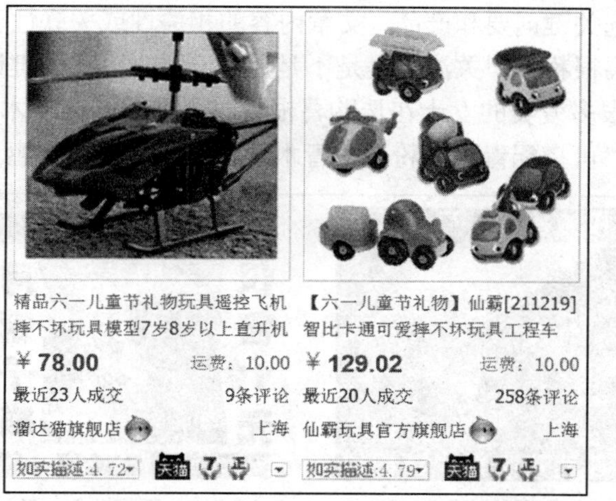

图 4.11　关注客户体验——摔不坏玩具

真正的客户思考方式和商家不一定一样。比如说一些技术专用词，普通客户可能很不熟，也不会用它去搜索，但卖产品的人却觉得这类词很重要。所以在选择关键词的时候，应该做一下调查，如问问外行的人，如果他们要搜索这类产品，他们会用什么词来搜索，选择被搜索次数最多、竞争最小的关键词。比如在淘宝搜索“罗汉果”时下拉框就有热门词的提示“罗汉果包邮”、“罗汉果茶 咽炎”，如图 4.12 所示。这些热门词可以根据实际情况用做产品关键词。

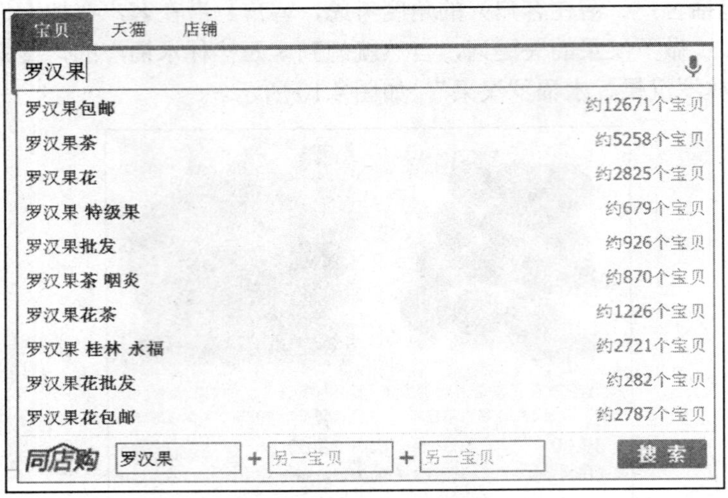

图 4.12 关键词调查

③ 关键词不能过“冷”。

过冷的关键词取得好排名相对来说比较容易，但引入的客户量也会小很多，所以这种情况在选择关键词时应尽量避免。例如“罗汉果”+“低温热风烘烤”虽然是产品的卖点，但普通消费者很少知道。

④ 关键词的相关性。

选择关键词时，所选关键词要和产品、文章内容的相关性或关联性要强，整体的内容中需体现产品的关键词。例如葛根粉客户关注的是是不是天然产品，可在关键词添加“纯天然野生、美白养颜、无添加”等。很多爱美的女士在选购葛根粉时会顺带购买青木瓜粉（丰胸组合），在葛根粉的关键词中可加入“可搭配青木瓜粉”、“青木瓜粉搭配套餐更优惠”等，如图 4.13 所示。

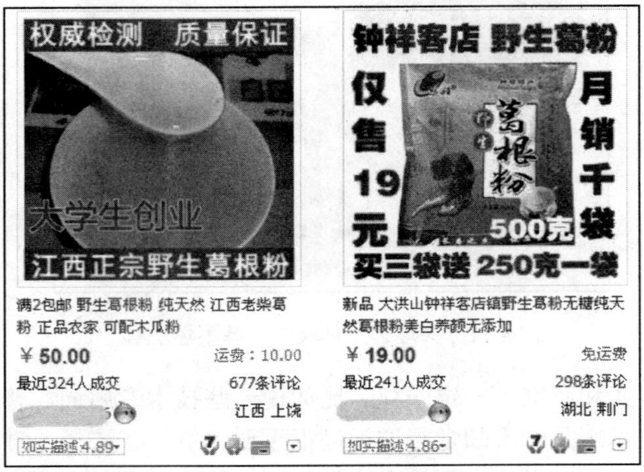

图 4.13 关键词——葛根粉+青木瓜粉

⑤ 将关键词扩展成一系列词组或使用长尾关键词。如：特产→广西特产→桂林特产→广西特产网等。

（2）关键词选取的一般方法：

① 根据对行业的了解程度，列举若干关键词，例如罗汉果、广西罗汉果、桂林罗汉果、永福罗汉果。

② 客户体验，调查客户喜搜索常用的关键词，如问朋友、问客户、问潜在客户、问行业从业者、问非本行业从业者。

③ 根据搜索引擎所提供的“相关搜索”来发现相关的关键词，如图 4.14 所示。

④ 利用搜索引擎提供的关键词工具，如淘宝关键词分析工具、谷歌关键词工具及搜索引擎、电子商务平台提出的对关键词的优化建议；如淘宝网的数据魔方淘词、直通车推荐词、淘宝搜索下拉框推荐词、搜索“你是不是想找”推荐词等，如图 4.15～图 4.17 所示。

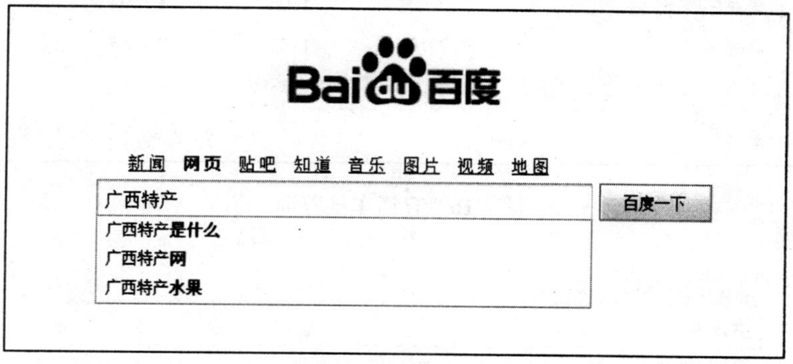

图 4.14　搜索引擎相关搜索

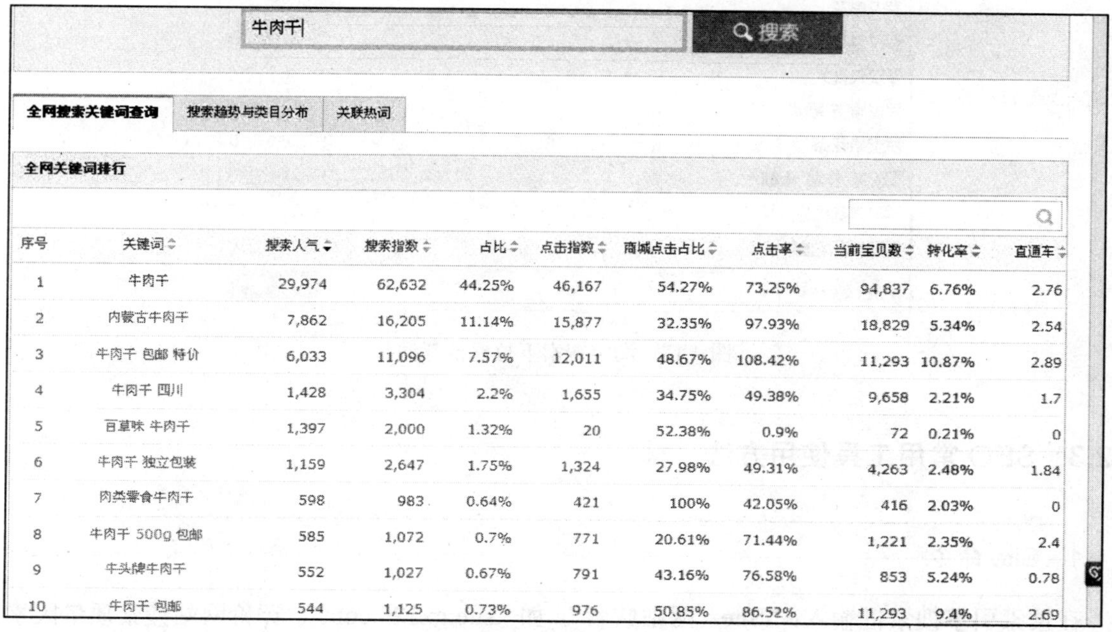

序号	关键词	搜索人气	搜索指数	占比	点击指数	商城点击占比	点击率	当前宝贝数	转化率	直通车
1	牛肉干	29,974	62,632	44.25%	46,167	54.27%	73.25%	94,837	6.76%	2.76
2	内蒙古牛肉干	7,862	16,205	11.14%	15,877	32.35%	97.93%	18,829	5.34%	2.54
3	牛肉干 包邮 特价	6,033	11,096	7.57%	12,011	48.67%	108.42%	11,293	10.87%	2.89
4	牛肉干 四川	1,428	3,304	2.2%	1,655	34.75%	49.38%	9,658	2.21%	1.7
5	百草味 牛肉干	1,397	2,000	1.32%	20	52.38%	0.9%	72	0.21%	0
6	牛肉干 独立包装	1,159	2,647	1.75%	1,324	27.98%	49.31%	4,263	2.48%	1.84
7	肉类零食牛肉干	598	983	0.64%	421	100%	42.05%	416	2.03%	0
8	牛肉干 500g 包邮	585	1,072	0.7%	771	20.61%	71.44%	1,221	2.35%	2.4
9	牛头牌牛肉干	552	1,027	0.67%	791	43.16%	76.58%	853	5.24%	0.78
10	牛肉干 包邮	544	1,125	0.73%	976	50.85%	86.52%	11,293	9.4%	2.69

图 4.15　数据魔方淘词工具

图 4.16　直通车推荐词

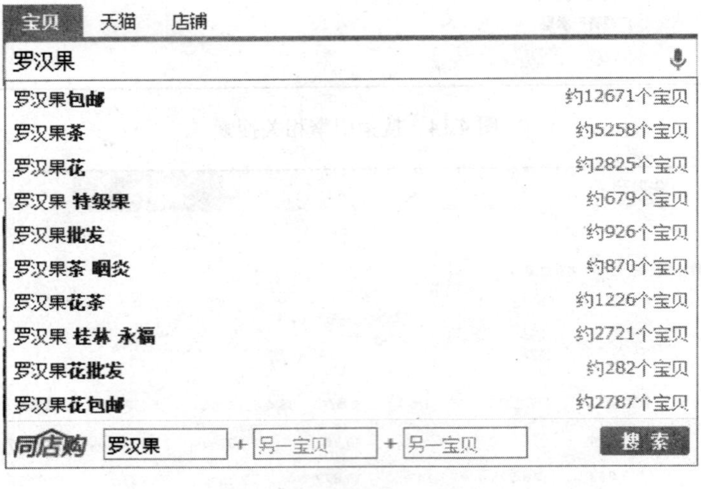

图 4.17　淘宝搜索下拉框推荐词

4.2.3　SEO 常用工具使用方法

1. Site 命令

在搜索引擎搜索框输入："Site：网站域名"，如"site:gx123.com"。评价网站搜索质量因素，一是整个网站页面在搜索引擎收录的页面数量占网站总页面的比率。如 A 网站总共有 500 个页面，搜索引擎收录有 250 个和 B 网站总共有 5000 个页面，搜索引擎收录有 1000 个，总体来说，A 网站搜索引擎的收录效果要比 B 网站好；二是收录日期，收录日期在搜索引擎保持 3～7 天的时间，说明在搜索引擎中是可以的，因为搜索引擎认为你的网站内容可以，经常更新等，才会比较频繁地来访问你的网站；如果在搜索引擎当中，发现网站更新的日期有一个月两个月，说明网站有问题；可能是网站权重不高，也可能是网站更新比较慢，造成搜索引擎不来访问你的网站；三是可以用来发现竞争对手在搜索引擎的收录情况。

2. SEO 工具

（1）网站查询工具。

站长工具（http://tool.chinaz.com）及百度站长工具，如图 4.18 和图 4.19 所示，站长工具可以查询网站备案、Whois、百度权重、PR 值、Alexa 排名、SEO 综合查询等。

图 4.18　站长工具

（2）外链查询。

如图 4.20 和图 4.21 所示。外链查询的作用，一是有哪些网站做了链接；二是竞争对手的网站的外链情况。通过查看，可以查询竞争对手网站外链的是个人网站、企业网站、权重，还是 PR 值等。了解之后，要想在搜索引擎收录方面胜过竞争对手，就可以去联系权重及 PR 值都高的网站进行外链。

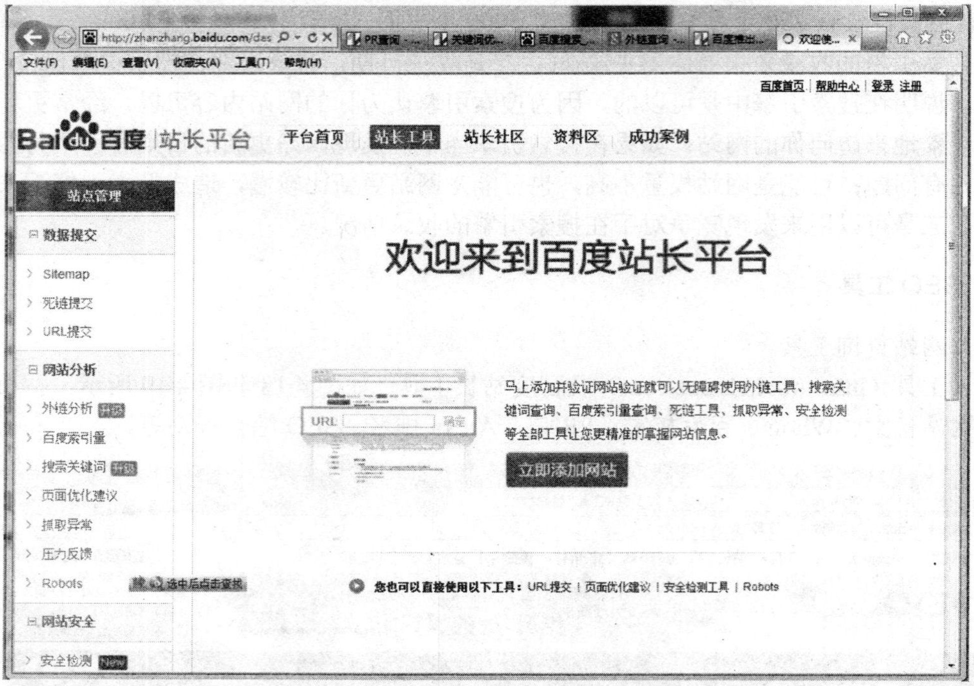

图 4.19　百度站长工具

图 4.20　外链查询

图 4.21 外链查询结果

（3）使用站长工具监测网站流量、点击，如图 4.22 所示。

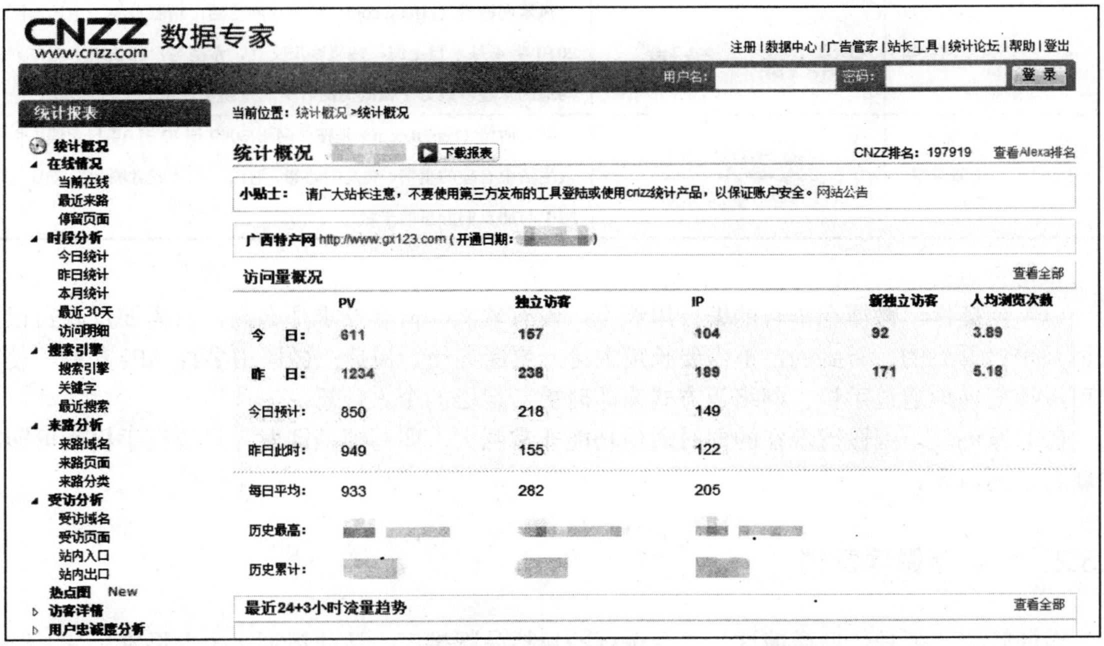

图 4.22 站长工具监测网站结果

任务 3 微博营销

4.3.1 微博

微博是一种通过关注机制分享简短信息的广播式的社交网络平台；微博=一句话博客。可以将看到的、听到的、想到的事情写成一句话或用一张图片，通过计算机或手机随时随地分享给朋友，一起分享、讨论。常用微博平台如表 4.1 所示。

表 4.1 常用微博平台

序号	微博		简介
1	新浪微博	新浪微博 weibo.com	新浪微博（weibo.com）由新浪网于 2009 年 8 月 17 日推出，客户可以通过网页、WAP 页面、手机发布消息或上传图片随时随地分享交流
2	网易微博	网易微博 t.163.com	网易微博（t.163.com）——有态度的微博，是由网易 2010 年 1 月 20 日正式上线内测，供网友与朋友、网友之间随时随地分享交流的平台
3	腾讯微博	腾讯微博	腾讯微博（t.qq.com）——你的心声，世界的回声。由腾讯公司 2010 年 4 月 1 日推出，可通过网页、手机、QQ 客户端、QQ 空间以及电子邮箱等途径使用对话、转播、图片上传、视频分享等
4	凤凰网微博	鳳凰網 ifeng.com 微博 beta	凤凰网微博（t.ifeng.com）——点滴生活，精彩世界。由凤凰网于 2010 年 4 月 6 日上线，注重客户交互，希望客户在使用中能体会到沟通的乐趣，致力于做到简洁、美观及易于使用的平台
5	搜狐微博	搜狐微博 t.sohu.com	搜狐微博（t.sohu.com）是搜狐网于 2009 年 12 月 14 日上线，将每天生活中有趣的事情、突发的感想，通过一句话或者图片发布到互联网中与朋友们分享的平台

微博特点：

（1）便捷性。微博在语言的编排组织上，没有软文、博客要求那么高，只需要反映自己的心情及平日看到的、听到的，不需要长篇大论，更新方便、快捷；微博由多种 API 支持，使客户可以很方便地通过手机、网络等方式来即时更新自己的个人信息。

（2）原创性。因微博现在的即时通信功能非常强大，即写即拍即发，只要有手机就可即时更新自己的内容。

4.3.2 什么是微博营销

微博营销，就是借助微博这一平台进行的包括品牌推广、活动策划、个人形象包装、产品宣传等一系列的营销活动。如图 4.23 所示，利用名人效应，进行简单的网店推广。

图 4.23　简单微博营销——网店推广

微博营销具有以下特点：

（1）微博营销以先进多媒体技术手段，包括从文字、图片、视频等展现形式对产品、事件进行描述，使潜在消费者更乐于接受，从而实现立体化营销。

（2）高速度是微博最显著特征之一。微博的传播迅速，是史上最快速的媒体。一条关注度较高的微博在互联网及与手机 WAP 平台上发出后，短时间内互动转发@就可以抵达微博世界的每一个角落，达到在最短的时间内传播最多的人群。

（3）便捷性是微博营销优于其他的广告传播的另一个特点，发布信息的主体无须经过繁复的层层行政审批，节约时间、成本，且灵活便捷。

（4）微博营销具有广泛性，通过粉丝关注的形式进行病毒式的传播，影响面非常广泛，与此同时，名人效应能够使营销、事件传播数量等呈几何级数放大。

4.3.3 微博营销与博客营销的区别

微博营销与博客营销的区别如表 4.2 所示。

表 4.2 微博营销与博客营销的差异性

差异性	微博营销	博客营销
信息源表现形式的差异	微博内容短小精练，重点在于表达现在发生了什么有趣（有价值）的事情，而不是系统的、严谨的企业新闻或产品介绍	博客营销以博客文章（信息源）的价值为基础，并且以个人观点表述为主要模式，每篇博客文章表现为独立的一个网页，因此对内容的数量和质量有一定要求，这也是博客营销的瓶颈之一
信息传播模式的差异	微博注重时效性，3 天前发布的信息可能很少会有人再去问津，同时，微博的传播渠道除了相互关注的好友（粉丝）直接浏览之外，还可以通过好友的转发向更多的人群传播，因此是一个快速传播简短信息的方式	博客营销除了客户直接进入网站或者 RSS 订阅浏览之外，往往还可以通过搜索引擎搜索获得持续的浏览，博客对时效性要求不高的特点决定了博客可以获得多个渠道客户的长期关注
客户获取信息的差异	客户可以利用计算机、手机等多种终端方便地获取微博信息，发挥了“碎片时间资源集合”的价值	对于博客信息，客户也可以利用计算机和手机获取信息，但是相对于微博来说，信息获取远不如微博方便、快捷

微博营销与博客营销最大的区别是，博客营销可以依靠个人的力量，对个人文字表达能力、综合能力等方面要求高，而微博营销主要依赖你的社会网络资源，如图 4.24 所示。

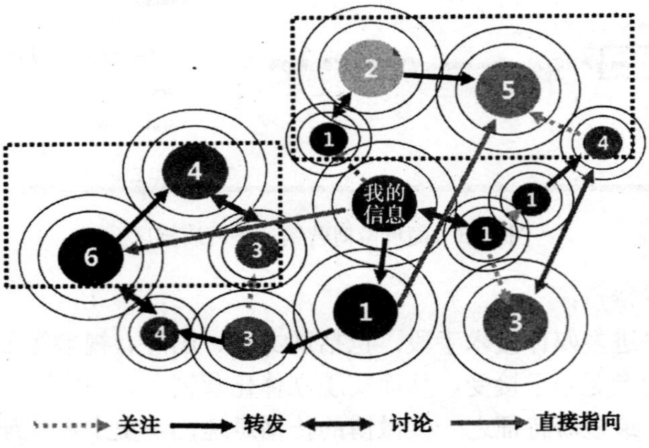

图 4.24 微博客户关联图

4.3.4 微博商业模式

微博营销来自人气聚集所带来的影响力，它的商业价值体现在它可以是企业官方新闻的发布和产生平台、利用意见领袖增强品牌影响力、信息传播范围更广更深、创意的征集平台、客户服务的渠道、企业交流平台及业务促进平台；所以微博商业盈利来源主要包括：实时搜索、广告、高级账户收费、移动与客户端服务、平台开放与合作、品牌企业战略合作。

微博营销的模式主要有以下几种。

1. 品牌及产品曝光

传统商业企业，经营微博的目标是希望通过微博来做品牌，通过微博发布一些品牌信息，通过与客户建立关系，为品牌服务。例如：如图 4.25 所示，必胜客在推广新菜单的同时，向消费者传递“Pizza and more，美味不只是比萨”品牌理念。

图 4.25 必胜客的新浪微博

2. 互动营销活动

互动是互联网的精髓，在微博上，人情味、趣味性、便捷性、个性化是引发网友互动的要点。

3. 微柜台

微博的出现给企业产品销售带来了一种全新的渠道，网络微柜台，实现电子商务及售后管理。在微博上，传统的价值链条被大幅缩短或替代。公司发出的内容有时候就是广告，甚至信息本身就可以直接引导消费。

4. 在线客户服务

微博具备 7×24 小时在线面对面、即时性、一对多等服务特性，微博为企业客服打开了一个新鲜的服务客户的窗口。利用微博，企业可以进行售前咨询、售中咨询、产品调查、售后服务等。

5. CRM 顾客/客户关系管理

微博与传统 SNS、BBS 和博客相比，它的传播速度快，影响范围和影响力都要大过前者。

6. 硬广告形式

微博允许个人客户可以通过在个人页面中插入广告获利，客户可以自主邀请广告主购买个人网页的广告位，双方协商投放时间和收取费用。微博开放的心态，愿意将所得营销费用的绝大部分让利给客户，更大地激发了客户的参与热情。同时，以许可式、自主式进行广告，营销效果更好。例如：有一定粉丝和知名度的博主，在微博中发布一条与电影发行公司约定内容的微博，可以获得 500～10000 元不等，甚至更高的报酬。

7. 搜索引擎优化

百度已经把新浪微博的内容放到了搜索结果页，这本身就说明微博的影响力正在扩大。微博营销比搜索引擎优化和搜索引擎广告投放都费用要低很多，利用微博进行搜索引擎优化的方法是，把企业、行业的某篇值得关注的新闻，转载到需要营销的网站，提炼成 140 个字以内的新闻点，使用热门微博 ID 发成微博，在微博里附上新闻在目标营销网站上的地址，就可以吸引不少的访问量。在短短 140 个字内要重点突出微博站内搜索、文章阅读性、站外搜索引擎搜索各项因素；企业微博在搜索引擎优化方面，名称取企业名称或产品的名称，这样制作出来的微博链接、微博标题都会对排名有加分，内容优化方面与普通网页优化方法类似。

8. 植入式营销

微博是植入式广告的最好载体之一，通过一幅照片，一个话题，一个故事，加上代言人、名人的人气，可以立即引起成千上万个粉丝的关注和讨论。如江苏卫视“非诚勿扰”栏目曾经的人气女嘉宾刘婷婷在微博中发了一条自己工作的地方是“深圳美食厨房”，就有许多网友慕名前往，如图 4.26 所示。

9. 舆情监测

越来越多的公司都在微博上追踪网友对其品牌的评价，监测舆论情况。微博上真实的声音，可以帮助企业迅速触摸到消费者心理、对产品的感受，以及最新的需求，获取市场动态乃至公关危机的先兆。微博最可能成为舆情引发的信息源，为报道提供全新的及时互动模式；微博提供了官方和民众沟通的又一渠道，是政府舆情监测的重要平台；微博在企业的口碑监测和危机公关方面都具备极大的利用价值。企业需要实时监测消费对于品牌或产品的评论及疑问，如遇到企业危机事件，可通过有影响力的微博号对负面口碑进行及时的正面引导，使搜索引擎中有关负面的消息尽快淹没，使企业的损失降至最低。

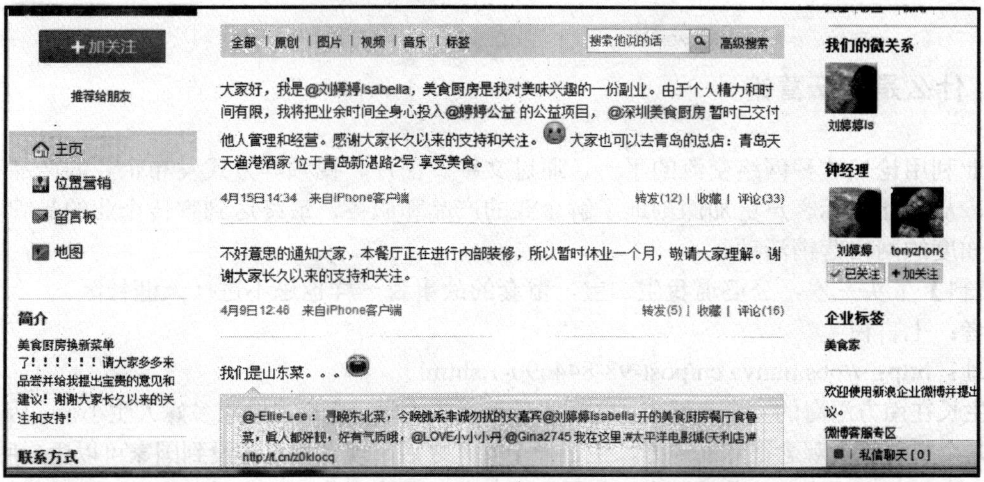

图 4.26 植入式营销

10. 危机公关

140 个字的威力，微博相当于一个小小的自有媒体，可以拥有自己的听众和话语权。粉丝超过 100，就像是本内刊；超过 10 万，就是一份都市报；超过 100 万，就是一份全国性报纸；超过 1000 万，就是电视台；超过 1 亿，就是 CCTV。微博已经成为一个重要的公关渠道，它就像是一把双刃剑，用得好皆大欢喜，用得不当则是丑事传千里。如：央视新闻在 2012 年 12 月 8 日 21:09 就在官方微博上发布“因当天播出的《新闻联播》画面切换错误公开致歉”，央视诚恳及时的态度得到了广大网友的谅解，如图 4.27 所示。

图 4.27 央视新闻发布公开致歉微博

任务 4 论坛营销

4.4.1 什么是论坛营销

企业利用论坛这种网络交流的平台，通过文字、图片、视频等方式发布企业的产品和服务的信息，从而让目标客户更加深刻地了解企业的产品和服务，最终达到宣传企业的品牌、加深市场认知度的网络营销活动。

【资料】丫头三岁，公婆逼我生二宝，俗套的故事我一样也逃不过（天涯社区）。

作者：七言树

地址：http：//bbs.tianya.cn/post-98-844690-1.shtml

我生长在南方沿海的一个小城市，之后去外地上了大学，之后又回家乡嫁人生小孩。因为我的家乡也是个重男轻女观念很重的地方，生了一个女儿之后，现在女儿还没到国家可以生二胎年龄，已经有来自好几方面明着暗着的压力。如果在两年前，我肯定咬牙切齿说不生了，可人就是这样，好了伤疤忘记疼。现在慢慢缓过来，看到女儿越来越可爱，就想着，其实两个孩子，有个伴也挺好。

……

今天拿了这些衣服，当天晚上就把他们全拆了。开始检查线头，量尺寸。一边量一边想，淘宝前辈们，你们真是太辛苦了。就这样量尺寸、整理，半夜两点都还没弄到一半，因为同是卖家同学说，尺寸最好量两遍才会准。这时候宝宝可能做噩梦了，哭醒了，只好停下来哄宝宝。想着第二天又要上班，就想第二天晚上再整理吧。三个晚上都到两点多才把它们都量好。接下来就是拍照，跟同学借了单反，鼓捣半天都不会用，又求助同学，小梓自然当起了模特，我想开童装店，也是因为我闺女可以当模特，这样每张照片都是珍藏，就不会觉得累。刚开始宝宝还配合，慢慢她就不配合了。就这样断断续续，终于拍好了。接下来就是上架了，宝贝描述又为难我了，就这样连续好几天，天天忙到半夜，店铺终于开了。以前看了个新闻，说淘宝卖主猝死，之前我还觉得不可思议，现在完全可以相信。

店的名字改了好几遍都没改好，后来还是用了女儿名字“木晓梓”做了店铺名，希望在二宝还没出生前，能有份自己的事做吧。我的淘宝店如图 4.28 和图 4.29 所示。

给亲爱的你们：

梓妈碎碎念

这里的每件衣服，梓妈都是贪念着也能给小梓留一件拿的。宝宝的每一件小衣服都有着她成长的点滴记忆，我时常会去翻看小梓以前的小衣服，想着她吃奶的样子，想着她第一次吃木瓜，刚买的白色小衣服，上面的水果渍都一直没有洗掉。

每一个妈妈自己可以随便 T 恤一穿，但对宝宝的衣服是绝对不能含糊的，我也一样，我是妈妈，我知道宝宝的需要。

在你进小店的时候，可以随便找梓妈聊两句，聊聊宝宝也好。

小梓今年已经三岁了，但体重身高均没有达标，梓妈很犯愁，能吃能补的都让小梓吃了，食量也不小，不知道是怎么回事。

梓妈不太会拍照，系统也不太熟，唯一可以保证的就是 YY 的质量和发货速度。

宝宝安好，便是晴天。

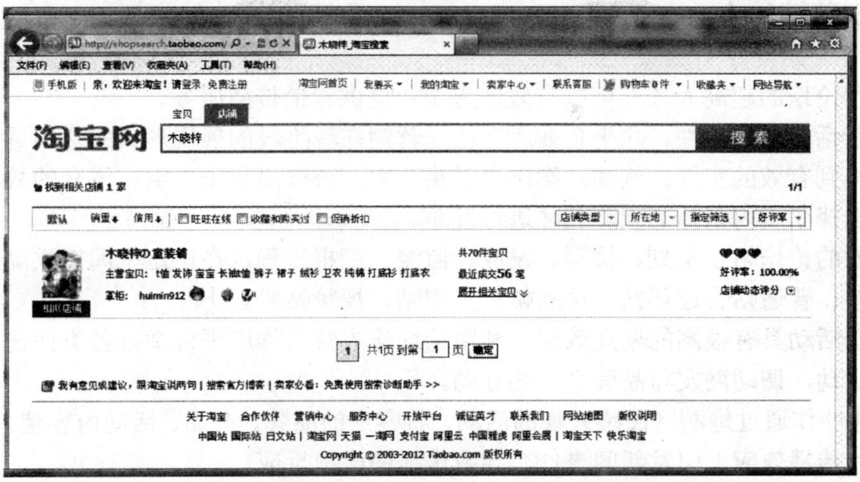

图 4.28 “木晓梓”查询

图 4.29 “木晓梓”店铺首页

本案例的营销值得我们学习的地方如下。

（1）选择了国内人气排名靠前的天涯社区作为营销信息的传递平台，受众人群广。

（2）标题吸引眼球，故事本身的内容结合图片进行发布，真实性、可读性较高，让浏览者容易相信并带入故事情境中，与目标网友产生一定的共鸣。

（3）以纪实故事的方式，将营销信息植入故事中传递给了潜在浏览者，浏览者不容易反感。

4.4.2 论坛营销特点

（1）利用论坛的超高人气，可以有效地为企业提供营销传播服务。

由于论坛话题的开放性，几乎企业所有论坛营销在现阶段的展现形式的营销诉求都可以通过论坛传播得到有效的实现。例如：案例“丫头三岁，公婆逼我生二宝，俗套的故事我一样也逃不过”就选择了国内很热的天涯社区进行发布。

（2）专业的论坛帖子策划、撰写、发放、监测、汇报流程，在论坛空间提供高效传播。包括各种置顶帖、普通帖、连环帖、论战帖、多图帖、视频帖等。

（3）论坛活动具有很高的聚众效应，利用论坛作为营销推广平台举办各类评选、灌水、贴图、视频等活动，调动网友与品牌之间的互动。

（4）事件炒作通过炮制网民感兴趣的活动，将客户的品牌、产品、活动内容植入事件内容，并展开持续的传播效应，引发新闻事件，导致传播的连锁反应。

本案例就是选择了一个吸引网友的话题，并将广告植入故事中。

（5）运用搜索引擎内容编辑技术，不仅使内容能在论坛上有好的表现，在主流搜索引擎上也能够快速寻找到发布的帖子。

（6）适用于商业企业的论坛营销分析，对长期网络投资项目组合应用，精确地预估未来企业投资回报率以及资本价值。

4.4.3 论坛营销技巧

由于人气高的论坛的客户活跃黏性高，论坛就具有营销价值，如何在论坛进行推广，做好社区营销，有以下技巧可供参考。

1. 选择合适的论坛

论坛营销首先要尽量选择与产品服务关联性较高，且有自己潜在客户的论坛。

（1）考虑选择人气旺的论坛，但这对营销专业能力要求较高，因人气高的论坛，帖子更新速度很快，如果没有被版主置顶或靠前，帖子很快就会被新的帖子淹没。

（2）选择有签名功能的论坛。

（3）选择有链接功能的论坛。

（4）选择有修改功能的论坛。

2. 标题要有吸引力

一个有吸引力、有争议的题目就会让浏览者有点击的兴趣，有吸引力、有争议就会激起人的好奇心，很自然地就会浏览主题，看帖，提高浏览量，帖子点击率就会高；但是题目一定要与内容相关，不要做标题党。

3. 借助论坛中热帖

如果自己发布一个热帖困难，可在论坛上寻找一些人气旺、回帖率很高的帖子，在帖子中跟帖回帖，也可以对热帖转到其他论坛进行转帖，并在帖子末尾加上自己的签名、联系电话、网址、代表性的产品服务等进行宣传或加上自己的广告进行宣传。

4. 长帖短发

论坛中看帖的人多数没有好耐心，太长的帖耗时间，很少有人能够把它全部看完或抓住重点内容。所以长帖要短发。长帖怎样短发，一般长帖短发可以将一个长帖分成多帖，以跟帖的形式发，可以隔一定时间再发一帖，但一般不能超过 10 帖，并且尽量图文并貌。

5. 植入广告要巧妙

一开始发表帖子时，不需要发广告，不然帖子很容易被当作广告帖删除；二是引起浏览者反感。所以尽量利用长帖短发方式，在后期的跟帖中发植入式广告。

6. 用好头像和签名

头像可以使用公司 Logo 或专门设计一个，宣传自己的品牌，签名可以加入自己网站的域名、电话、QQ 等。

7. 帖子质量最重要

帖子数量多少，发的论坛多少，不是最重要的，帖子的质量最重要。因为发的帖子，是为了能有尽可能多的受众，达到最大最好的宣传效果，追求的是稳定上升的访问量。要达到这个要求，原创高质量的帖子会获得较好的效果，别人转载概率也高。

8. 利用回帖功能

在回帖中发广告，争取回帖在前 5 位，前 5 位被浏览的概率要高一些，回帖插入的广告效果也比后面的要好。

4.4.4 论坛营销原则

1. 明确产品定位

开始论坛营销前，首先确定产品市场定位，营销的产品（服务）针对哪一类人群？这部分客户在哪些论坛聚集？如现在做的产品是广西的农特产品、羊奶等，所以发布信息的论坛可以选择以商业性的、贸易性的论坛和社区为主。

2. 制订工作计划

在开始论坛营销前，把需要做的网络推广方案做好，通过哪些方式进行营销？制定一个基本的目标、工作步骤、时间安排等。

3. 注册登录账号

如果是发商业信息，每个论坛只要注册一个主要的 ID，如图 4.30 所示；其他顶帖的 ID 在每个论坛注册 5 个左右，如果有以前的 ID 也可以用以前的 ID。注册的 ID 可以考虑使用公司网址、有关联的拼音、英文等，如果使用杂乱的名称注册，管理员或资深网友就大概知道你是来浑水摸鱼的。每个 ID 都要上传不一样的头像和签名，其中主 ID 最好是能特殊设计一下。其他 ID 如果没有什么比较好的头像，你可以使用公司 Logo 或个人设计的一个标志性的头像，起到宣传的作用。

	A	B	C	D	E	F	G	H	I
1	网站名称	网址	账号	密码	密保	密保答案	白毫茶	六堡茶	苦丁茶
11	137信息网	http://www.v137.com	jm123	jm172839			已发布	已发布	发布不了
12	365发布网	http://www.365soufun.com	jm123	jm172839			已发布	已发布	已发布
13	58发布网	http://www.58house.cn	jm123	jm172839			已发布	已发布	已发布
14	802贸易网	http://www.200802.com	jm123	jm172839			已发布	已发布	已发布
15	B2B资源网	http://china.zyw.com/	jm123	jm172839			已发布	已发布	已发布
16	CA买卖网	http://www.ca-maimai.com/	jm123	jm172839			已发布	已发布	已发布
17	e8分类信息网	http://www.e8x.net/	jm123	jm172839			已发布	已发布	已发布
18	HY亿海网	http://www.hywb2b.com/	jm123	jm172839			已发布	已发布	已发布
19	KK商务网	http://www.b2bkk.com/	jm123	jm172839			已发布	已发布	已发布
20	爱发商务网	http://www.love108.com/	jm123	jm172839			已发布	已发布	已发布
21	爱购库	http://www.aigouku.com	jm123	jm172839			已发布	已发布	已发布
22	爱购网	http://www.aigounet.com/	jm123	jm172839			已发布	已发布	已发
23	爱他商务网	http://www.ataboon.com	jm123	jm172839			已发布	已发布	已发布
24	百发百中网	http://www.zh23.com/	jm123	jm172839			已发布	已发布	已发布
25	北京华尔网	http://www.bj003.com/	jm123	jm172839			已发布	已发布	已发布
26	财路通	http://www.zwls.net/	jm123	jm172839			已发布	已发布	已发布
27	大企业库	http://www.daqiku.com/	jm123	jm172839			已发布	已发布	已发布
28	大商网	http://www.dsb2b.com/	jm123	jm172839			已发布	已发布	已发布
29	大唐交易	http://www.tangtrades.com/	jm123	jm172839			已发布	已发布	已发布
30	地球网	http://www.diqiuw.com/	jm123	jm172839			已发布	已发布	已发布
31	第一茶叶网+论坛	http://www.t0001.com/	jm123	jm172839			已发布	已发布	已发布
32	杜缪网	http://www.dumiu.com/	jm123	jm172839			已发布	已发布	已发布
33	发发b2b网	http://www.fafab2b.com	jm123	jm172839			已发布	已发布	已发布
34	给聪网	http://www.geicong.com/	jm123	jm172839			已发布	已发布	已发布
35	供求在线	http://www.gqzx.com.cn/	jm123	jm172839			已发布	已发布	已发布
36	好企业	http://www.hqiye.com/	jm123	jm172839			已发布	已发布	审核
37	华企网	http://www.59hq.com/	jm123	jm172839			已发布	已发布	已发布
38	交易通	http://www.jiaoyitong.com/	jm123	jm172839			已发布	已发布	已发布
39	今日供求网	http://www.jbrcn.com/	jm123	jm172839			已发布	已发布	已发布
40	金桥网	http://www.ejingiao.com/	jm123	jm172839	你喜欢吃什么	猫豆	已发布	已发布	已发布
41	竟给网	http://www.jinggei.com/	jm123	jm172839			已发布	已发布	已发布
42	桔普贸易网	http://www.jepdd.com/	jm123	jm172839			已发布	已发布	已发布
43	聚宝盆	http://www.jubaopen5.com/member/login.php	jm123	jm172839			已发布	已发布	已发布
44	科易网	http://www.k8008.com/	jm123	jm172839			已发布	已发布	已发布

图 4.30　注册论坛 ID

4. 创作发帖内容

根据制订的计划，制作发帖需要的内容，如文字说明、图片、视频等，如图 4.31 所示，如果为增加内容的可读性，可以实地考察一下，拍照和摄像，再进行最后的文字资料图片的整合。

对帖子创作的一些小建议：

（1）暧昧、有争议的标题很容易引起别人的注意，激起网友的好奇心，提高帖子的浏览量，但标题和内容要契合，一定要能自圆自画，同时吸引更多浏览目标不明确的网友也进来看帖子。

（2）在图片帖和视频帖上加上相关宣传文字，尽量做到图文并貌，有图有真相，图片和视频的直观性，更能吸引读者。

（3）文章内容尽量不要有硬广告，广告最好能本着以网友为本的原则，使用植入式广告是一个很好的解决办法。因为如果广告内容非常明显，一是帖子被删除的可能性增大；二是影响帖子的通读性，内容也就不那么吸引网友，发得多了，总体的浏览量也不一定高，甚至引起网友反感。

图 4.31　处理产品图片

（4）帖子的内容有争议性效果较好，如果没有争议性，大部分的网友都是一看而过，很少会在你的帖子留言或者评论，有争议性会引起网友们吐槽，引起围观，增加帖子的人气，放大推广效果。

（5）在论坛发布信息，在论坛发布产品信息或要传递的信息，如图 4.32 所示。

图 4.32　论坛发布信息

4.4.5 论坛营销步骤

（1）在需要发布营销信息的各大知名、不知名、专业和非专业性的论坛社区注册 ID。

（2）根据需要在每个论坛注册一个主要 ID，再注册 10 个左右的辅助 ID，多注册 ID 是进行前期跟帖、顶帖及炒作的前提条件。

（3）在各大型论坛、注册论坛有专人管理账号，发布帖子，回帖。

（4）策划的题目要新颖，有创意性，就是所起的标题要有吸引力，要有一定的创新性才会吸引读者。

（5）策划的题目要有一定的吸引力，有共鸣，标题要有一定的号召性、吸引浏览者。

（6）策划的内容要具有可读性，有一定的水准，网友看过后有回帖的欲望，并且就内容有可回复的点。

（7）负责论坛营销的专员要及时参加回复、引导、鼓励其他网友回复，也可以用自己的 ID 回复，正面引导或引起讨论，不要让事件朝相反方向发展。

（8）即时监测统计论坛给网站带来的流量，同时注意改进和引导，对流量数据分析和客户群体分析，掌握不同领域客户群体的习惯、方式方法等。

（9）在第一时间和论坛管理员、版主沟通交流，熟悉论坛的管理员和版主有助于论坛营销的开展。

任务 5 事件营销

4.5.1 什么是事件营销

事件营销，是指企业通过策划、组织和利用具有新闻价值、社会影响以及名人效应的人物或事件，吸引媒体、社会团体和消费者的兴趣与关注，以求提高企业或产品的知名度、美誉度，树立良好的品牌形象，并最终促成产品或服务的销售的手段和方式。

事件营销的方式主要有赞助营销、危机营销、差异营销、官司营销、捕风营销、纸上营销、闹事营销、对手营销 8 种。

事件营销方式具有受众面广、突发性强，在短时间内能使信息达到最大、最优传播的效果。为企业以较低的投入取得较大的效果等特点，使事件营销成为近年来国内外十分流行的一种公关传播与市场推广手段，它集新闻效应、广告效应、公共关系、形象传播、客户关系于一身，并为新产品推介、品牌展示创造机会，建立品牌识别和品牌定位，形成一种快速提升品牌知名度与美誉度的营销手段。但完全依靠事件营销并不能造就一个品牌的成功，事件营销在品牌的积累过程中能够起到催化、增强的作用。

4.5.2 事件营销的特点

1. 利于接受

新闻与广告，一样是传播信息，消费者自己花钱买新闻，对广告却避之唯恐不及。事件营销正是利用了人们对新闻的不防备，把广告信息植入新闻报道，化解消费者对广告本能的抵触、厌烦和冷漠。

2. 易于记住

相对于“他说了什么”，人们更容易记住“他做了什么”。同时，相较于广告而言，事件营销具有新鲜、独特、不易重复的特点，消费者更乐于谈论和传播。

3. 成本低

事件营销的传播主要依靠媒体的自发报道，企业只需支付事件成本，可以节约大量广告费。数据表明，企业运用事件营销的手段取得的传播投资回报率，可以达到一般传统广告的数倍。

4. 传播性

不同于有偿新闻，事件营销要想获得媒体的传播，就必须首先具有吸引消费者注意的能力，或者与消费者的生活密切相关，或者新鲜独特，或者好玩有趣。事件营销，其实是企业、媒体与消费者的共赢。企业和媒体获得注意力，消费者获得有用的信息。

5. 嵌入性

事件营销本质上是为广告信息量身定做一件新闻外衣，借以传播。“布料”可借、可造，“适合植入”最为关键。

6. “未完待续”

新闻本身具有时效性，因此事件营销也像流行音乐一样，唱一阵就过去了。事件营销，更像一个垫脚石，能让你站得更高些，引起注意。但要想停留在消费者的心中，就要不断制造声响，长久地占据消费者的心灵。

7. 风险性

事件营销的风险主要来自于媒体的不可控制性和新闻接受者对新闻的理解接受程度。一个事件从发生开始，到呈现在消费者面前已经经过了筛选、编辑、整合过程，消费者看到的并不一定是完整的事实，可能已经带上了某种倾向性。所以，在策划事件营销的时候，要努力减少中间环节，要对受众知无不言、言无不尽，尽量呈现给消费者一个完整的事实。

4.5.3 事件营销策划

事件营销策划，要找合适的切入点，是借“事”而起或是无“事”生非，是依势而为，或是多方造势，是策划单一事件或“十面埋伏”，不论我们选择什么方式进行，以下步骤是事件营销可参考的流程。

第一步：先分析清楚该事件营销的目的。

目标决定方向，目标是评价事件营销最后效果和完成与否的标准，事件的内容策划、事件发布的渠道都是围绕着营销的目标去展开的。

事件营销的目标包括：吸引客户注册、吸引客户的流量、吸引客户购买以及品牌的传播。

第二步：策划事件营销的内容。

事件的内容是策划事件营销核心内容，它决定了营销成功的概率。内容的策划需要紧密结合事件营销的目标。

如想获得客户的关注、促成客户实际购买以及对品牌传播这三个目的，那么在事件内容上就要考虑怎么样策划才能获得客户的关注，客户来消费的驱动力在哪里，是哪个点促使他购买，传播的品牌要通过什么样的方式在什么时间、哪些渠道传播才会被更多的人看到。

确定了事件内容，再根据内容逐个设置事件，可以通过有奖问答、抽奖的方式来吸引客户关注；也可以给客户发放优惠券、电子现金来获得他们消费的机会。

但直接生硬地策划上述内容，策划出来的内容看起来会更像一个广告，而不是一个客户会有兴趣的事件，要让事件内容变成一个非常好的事件话题，需要执行下一个步骤。

第三步：选择有知名度、有影响力的人来发布事件内容。

事件营销的内容如果是策划者或公司自己在网上发布，那效果肯定是给人以非常纯粹的广告的印象，但如果找到在线上和线下有影响力的人，如知名企业家、明星、网络名人等，让他们去帮忙发的话，成功率就会大大提高。原因有二：

（1）他们的影响力和信誉会消除客户部分的广告心理，会认为只是随意而发。

（2）在执行时，让这些有影响力的人给他们身边的人送去礼物，会让广告变成一种奖励。

在平常的工作中，要收集想要发布事件的平台、行业中有影响力的那些人，与他们保持良好的关系，在展开事件营销时，得到他们的支持与帮助。

第四步：让这些有知名度有影响力的人发我们的内容。

事件营销能否成功的一个关键点是有知名度、有影响力的人会不会发布我们的内容，通过什么样的方式、渠道去接触这些有影响力的人，让他们自主地来帮我们发起事件内容，这很重要。首先要接触他们，了解他们的喜好，平时保持与他们的互动，增进彼此的感情，投其所好完成他们所关心、关注的事情。经过这样的接触，他们是有可能帮助我们去发布事件营销内容的。

任务6　无线营销

4.6.1　什么是无线营销

无线营销也称手机互动营销或移动营销。无线营销（Wireless Marketing）是利用以手机为主要传播平台的第五媒体，直接向“分众目标受众”定向和精确地传递个性化即时信息，通过与消费者的信息互动达到市场沟通的目标。

国内无线营销最成功的案例，也是影响最大、讨论最多、最具综合社会文化效应的品牌营销案例：2005年蒙牛酸酸乳赞助的“超级女声”栏目，运用民众通过手机短信向参赛选手投票的方式角逐冠军，这是一个典型的互动无线营销的应用案例，决定这场活动成败的关键在于是否有足够多的观众参与投票互动，而传统媒介无法实现快捷的投票互动，利用手机短信的参与实现了随时随地随身的民众参与，蒙牛赞助“超级女声”活动最大限度地拉动了消费者的参与热情，在短时间内获得了广泛的推广效应。

从参与超女活动的各方收益表可以看出移动营销在这个案例中的魅力，湖南卫视的栏目收视率猛增，超越央视同档期节目的收视率，品牌效应获得巨大提升，并且获得 3000 万元以上的利润收益。承接超女短信互动平台技术支持的上海某SP公司同样获得3000万元以上的利润收益。借助这个活动，天娱传媒“签下‘未来的钱’”。而最大赢家当属赞助活动的幕后企业——蒙牛酸酸乳。新浪财经在采访杨文俊（蒙牛集团副总裁、液体奶本部总经理）时获悉，蒙牛酸酸乳产品的市场定位就是 12～24 岁的年轻人，而这个市场定位与超级女声的受众群体是完全吻合的，于是蒙牛投入1亿元赞助“超级女声”，借“超级女声”活动开展营销活动。根据CTR数据显示，2005 年 5 月份蒙牛酸酸乳品牌力已位居乳饮料行业第一，并且获得“2005 年中国品牌建设十大营销案例”及“2005 年中国艾菲（EFFIE）奖日用品金奖”等殊荣。他们是连续两年艾菲奖的获得者，同时也是2005年远大建设的成功案例。通过赞助超女活动给蒙牛酸酸乳带来了十分骄人的销售业绩；据统计，酸酸乳的销售额2004年是7亿多元，而到2005年8月，已经有25亿元。

4.6.2　无线营销准备

在个人隐私保护越来越受到人们关注的今天，建立“经许可号码库”是实现无线营销成功的基础。

无线网络营销中的客户许可

由于广告商未经客户许可强制发送过多的广告，使个人信息保护再度出现危机。在未经客户许可的情况下，进行推送的广告成为骚扰广告，成为媒体和手机消费者讨论的热点之一。为此，无线营销过程中重视无线营销如何获得手机客户的许可，并建立“经许可号码库”，建立“经许可号码库”也影响着客户利益，要向客户发送无线营销信息，需要事先得到客户的许可，通过利益互换的方式，在对等的条件下发展无线营销，可以详细划分客户的需求。让客户主动选择定制的广告内容，通过利益互换方式，让客户主动参与进来。在这样的条件下，不但能实现精准营销，并且实现了成功营销。所以，建立和推行经许可的号码库是开展无线营销的首要准备工作。

4.6.3 无线网络营销方式

传统的无线营销模式是基于 2G 环境下的无线营销模式，在 3G 时代，同样可以使用，具体包括以下几种方式。

1. 门户网站

企业可以建立自有的 WAP 网站，比如新浪、搜狐、腾讯、淘宝等手机 Web 网站，开展广告业务和商务，这种方式可以整合品牌、客户资源、网络营销策划与运营、渠道，对于树立品牌形象有很好的作用。

2. 短信群发

利用短信的方式进行营销活动，将企业所要推销的产品信息或者促销信息以文本短信或者彩信的方式发送给移动客户，如图 4.33 所示；从而实现营销目的，在操作上灵活，成本低廉，但是容易让接收短信的客户产生反感，进而影响营销效果。例如：淘宝网（1065502182095109）“亲爱的卖家，淘宝网邀您参加双 12 活动！活动报名 0 门槛！baoming.taobao.com”。

图 4.33 短信群发

3. 终端植入

终端植入方式是将广告以应用、图片、屏保、铃声、游戏等形式植入到手机里，使手机客户在使用手机时能获得广告的信息，从而实现营销目的。企业需要向手机制造商付出高额的费用来买断手机植入广告的权利，而且所覆盖的手机只能是小部分，这种模式盈利性较差，使用的知名厂商较少。

4. 小区短信广播

指对进入小区的客户进行广播发送，如商场的促销打折信息，拉近了商场与顾客之间的距离，目标顾客收到此类信息会感到满意。因为顾客来商场就是希望得到此类服务的，商家能将这些信息发布到最需要它的人群，较之普通的广告效果更为直接有效，这种服务既为移动运营商带来利益，又能给商场带来商机，客户也非常满意，三赢局面得以实现。小区短信系统的诱人之处还在于，由于移动通信商的直接介入，商户定制信息更为方便简单，新业务的开展更为方便快捷，信息发布管理虽严格但不烦琐，系统的调试安装方式当然非常简单易行。非常适合区域化商户的促销，尤其是各类的传统商户，其定向定位技术将大大提升营销的效果。

第5章

网 络 广 告

学习目标

了解网络广告的一般原理，熟悉网络广告策划、设计、制作、发布、评估的方法。

- 了解网络广告一般原理。
- 了解网络广告策划方法。
- 熟悉网络广告设计方法。
- 熟悉网络广告制作方法。
- 熟悉网络广告发布方法。
- 了解网络广告评估方法。

任务 1 网络广告概述

网络广告出现至今只有不到 20 年的时间，但发展迅速，并且已经成为改变广告业发展进程的革命性因素。与传统的三大媒体广告及户外广告相比，网络广告具有得天独厚的优势，是实施现代营销媒体战略的重要部分。

5.1.1 网络广告发展

1994 年 10 月 14 日，美国著名杂志 Wired 推出了网络版 Hotwired（www.hotwired.corn），其主页上开始有 AT&T、P&G 等 14 个客户的广告 Banner。这是广告史上里程碑式的一个标志，网络广告诞生了，为网络服务商和广告商以及广告客户开辟了一条崭新的发展之路。

自 1994 年以来美国网络广告市场已经走过 18 个年头，这期间经历过互联网企业初期的疯狂生长、后来的泡沫破裂以及“寒冬期”、再到后来稳步发展、经历了金融风暴的考验，目前发展势头良好。据 iRescarch 统计，美国网络广告市场规模从 1995 年不足 6000 万美元成长到 2012 年 395 亿美元左右，超过报纸和杂志广告费用。图 5.1 所示是 1995—2010 年美国网络广告市场的发展及其规模。

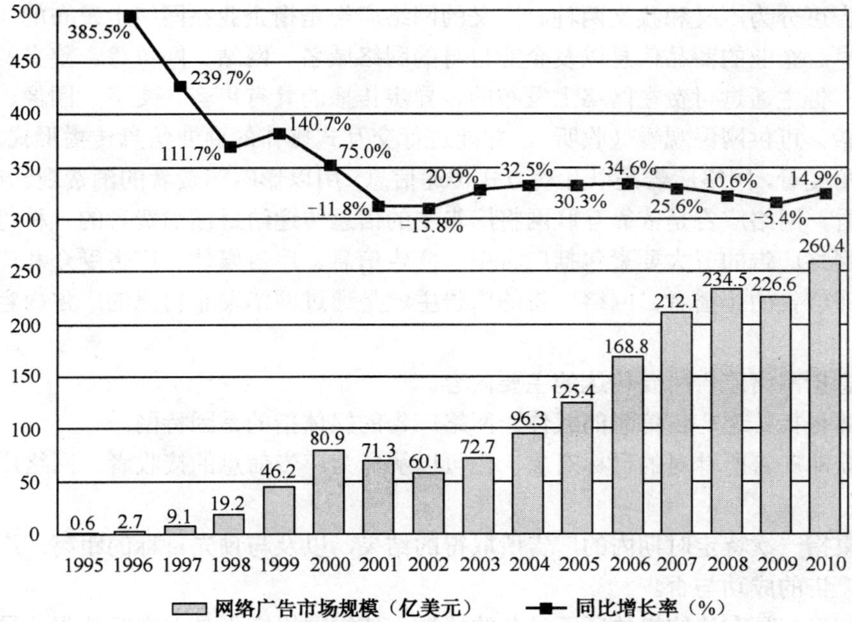

图 5.1 1995—2010 年美国网络广告市场规模

中国网络广告发展起步稍晚，但发展速度也比较快。中国第一个商业性网络广告是 1997 年 3 月 ChinaByte 网站上为 IBM 公司的 AS400 所做的网络广告，广告表现形式为 468×60 像素的动画旗帜广告。一直到 1999 年中国网络广告才稍有规模。历经多年的发展，网络广告行业经过数次洗礼已经慢慢走向成熟。2011 年中国网络广告市场规模达到 512.9 亿元，超过了报纸规模。如图 5.2 所示是 2005—2012 年中国网络广告市场规模。

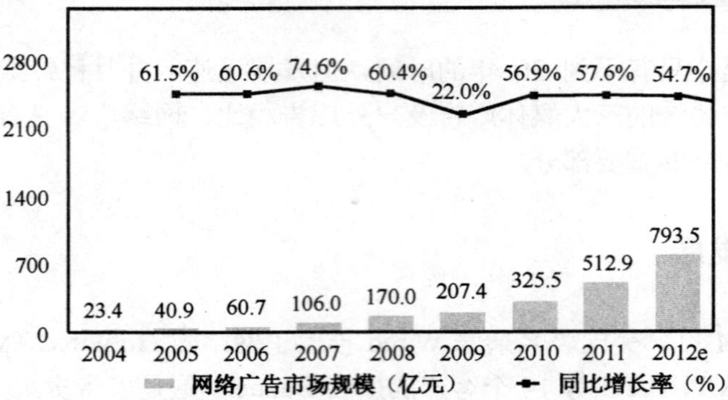

图 5.2　2005—2012 中国网络广告市场规模

作为网络营销一种强有力的促销手段，网络广告迅速崛起并得到极大发展，而且日益展现出特有的魅力与广阔的前景。

5.1.2　网络广告定义及特点

网络广告可分为广义和狭义两种。广义的网络广告是指企业在网络上发布的一切信息，包括公益性信息、企业的商品信息以及企业自身的网络域名、网站、网页等。狭义的网络广告是指可确认的广告主通过付费在网络上发布的、异步传播的具有声音、文字、图像、影像和动画等多媒体元素、可供网民观看（收听），并能进行交互式操作的商业信息传播形式。

从营销角度看，网络广告是以互动方式传递信息，用以影响消费者的消费观念或消费行为。从广告要素看，网络广告是依靠互联网将广告主的信息传递给目标消费者的一种付费的非人员推广方式。网络广告的五大要素包括广告主、广告信息、广告媒体、广告受众和广告效果。

广告主即广告的传播者，网络广告的广告主就是通过网络发布自己的广告内容的企业、机构或个人。

广告信息指网络广告所要传达的主要内容。

广告媒体是指传递广告信息的载体。网络广告的媒体指的是因特网。

广告受众即广告所针对的目标对象，也可以解释为广告信息的接收者。网络广告的受众就是网民。

广告效果指一次特定时期内的广告所取得的结果，以及与预先目标的距离。广告的最终效果直接体现广告的成功与否。

由于 Internet 具有传统媒体所不具备的特性，使得网络广告具有交互性强、灵活和快捷、成本低廉、感官性强、传播范围广、受众针对性明确、受众数量可准确统计等特点。网络广告的优势如下：

一是广域性。覆盖面广，观众数目庞大，有最广阔的传播范围，无地域限制。

二是交互性。声音、画面、音乐、动画、三维空间、虚拟视觉等技术的发展使得广告受众可以在视觉、听觉，甚至触觉方面都得到真实的感受，互动性强。

三是针对性。可为目标受众定向提供个性化内容和服务。

四是实效性。广告内容可及时更新，动态提供。

五是廉价性。制作快捷、周期短、成本低、更改灵活。

六是丰富性。广告内容的信息量可扩充，几乎不受限制。

七是可测性。可以准确地统计受众数量。这是其他以平面媒体为主体的传统广告不可及的。

当然，网络广告也存在诸多不足：

一是由于互联网的虚拟性，传播者可以隐蔽角色，也可以假扮而无从证实，因而就使得网络传播的真实性和安全性大打折扣。

二是网络广告制作水平参差不齐，浏览者对部分网络广告缺乏兴趣。

三是效果评估困难。现阶段难以建立量化的评估标准和方法。

提示 eMarketer 的首席分析师 David Hallerman 说过："整合营销使网络广告比以往任何时候都方便，并帮助更多大品牌广告商在网络广告方面赢得更多利润。"

【教学活动 1】体验网络广告的魅力

对话世界上最酷的广告人，网络帮助奥巴马逆袭成功

2012 年 11 月 6 日美国大选，奥巴马率先获得 270 张选举人票，他的连任之路终成定局。

奥巴马是个不折不扣的草根，一没钱二没势，连助学贷款也是 40 多岁才还清。与之相比，奥巴马两次最主要的竞争对手，一次是美国政坛老将麦凯恩，另一次是亿万富豪罗姆尼。奥巴马的竞选团队，通过廉价的网络媒体作为竞选主战场。开创了穷小子击败政商大佬，反败为胜的奇迹。

借助互联网，奥巴马成功实现了草根的逆袭，前后打败了有钱又有名的希拉里、麦凯恩和罗姆尼，两次赢得美国大选。《纽约时报》如此评论道："如果没有互联网，奥巴马不会成为美国总统，如果没有互联网，奥巴马甚至不会成为民主党的总统候选人!"如图 5.3 所示是奥巴马竞选时的 banner 广告。

在这场轰轰烈烈的总统真人秀之外，他的竞选团队毫无疑问功不可没。在这群人中，有一位特殊的互动广告人。2008 年他接到了一通来自白宫的电话，Andrew Bleeker 询问他是否愿意一起改变世界，从此他便参与到了这场全球瞩目的美国大选中。

2012 年，在奥巴马与罗姆尼展开白热化竞争的这段时间，他超负荷地为奥巴马制作了超过 70 幅互联网 banner 广告，贡献了不可忽视的点击率，成为奥巴马成功连任的广告功臣。《广告时代》在奥巴马获胜后的 48 小时联系到了 Al Rotches，这个与美国总统并肩作战的男人，他或许不是最厉害的，但绝对是全世界最酷的广告人。他是如何工作的？下面的对话可以满足你的好奇心。

Ad Age：听说你为奥巴马 campaign 制作了 70 幅 banner 广告？

Al Rotches：事实上比这个数字要多。

Ad Age：相对于 2008 年呢？

Al Rotches：多多了。2012 年基本上属于连轴转，尽一切可能地生产。

Ad Age：如果现在需要你再做一幅，你还能做吗？

Al Rotches：哈哈，可能做不了了。有时，这种高强度的工作就像有人要杀了我。必须要快速地想出新的设计，在这样的压力下，你的设计和创意还必须要抢占竞选的时间点并带来点击率。

Ad Age：每一条基本上需要多少时间？

图 5.3　互联网 banner 广告

Al Rotches：尽可能的快。夏天的时候，还不需要太赶，但是随着竞选活动的推进，时间越来越紧。比如最开始的时候，会有几周的时间，之后是一周，而到竞选最后的阶段，通常是："我们今天就要。或现在就给我 5 种尺寸。"

Ad Age：能否跟我们说说整个过程是什么样的？

Al Rotches：他们通常是电话通知我要做什么，有的时候是一条短信或者仅仅是一张图片。我记得为奥巴马的竞选伙伴 Joe Biden 做过一则"Cool Hand Joe"的 banner，原始图片是他站在人群前，背景非常复杂，所以做起来不太容易，但我认为在这则广告中，Joe Biden 看起来很酷。

Ad Age：在制作上，与竞选 campaign 团队沟通时是否有灵活性？

Al Rotches：通常情况下基本上没有太多改动的余地。因为和总统团队工作，这些诉求点已经过大量的分析和测试过。所以我更关心的是，设计方案能否符合美国总统在这样一个非常时期的国家形象。这很严肃。你不能轻视总统或有包含太多的娱乐意味。2008 年的时候，我们包含了比较多的趣味元素，也没有太多的限制。因为我们的侧重点是年轻群体。互联网线上广告通常有自己的设计规则、颜色结构以及 Logo 的使用手法。但随着竞选的白热化，我们不得不放弃以前为品牌设计 banner 的一套方法。比如以为百事制作 banner 为例，最好突出 Logo，使 Logo 和边缘保持一定的像素距离，但如果是竞选 banner，因为点击率比品牌本身更重要，所以你就不能按为品牌设计的那老一套思路去做。

Ad Age：你如何得知设计的广告是否有效呢？

Al Rotches：我无法得知具体的数字。通常我会基于下一则广告得出它的具体效果。当下一则广告使用的是不同的文字，我就知道上一轮的广告效果比前一轮的要逊色。你知道接下来几天内的工作是什么。整个竞选活动会出现很多改动。

Ad Age：你会看罗姆尼的广告吗？

Al Rotches：直到 8 月的时候我才看了一眼他们的广告。其实，我不是在与他们竞争。我是在与互联网、人们的行为以及 banner 的点击率竞争。

Ad Age：这个问题我应该早一点问你，你最初是如何与奥巴马团队接洽的？

Al Rotches：我为自己制作了一个 Google 广告，告诉人们我可以做什么。2008 年奥巴马团队看到了它，然后 7 月 4 日，我接到了 Andrew Bleeker 的电话，他说："我们很喜欢你的作品，想不想跟我们一起改变世界？"

Ad Age：当然。

5.1.3　网络广告分类

网络广告的表现形式丰富多彩，类型众多。根据不同的划分方式，网络广告也可分为不同的类型。

1. 横幅广告

横幅广告是网络广告较早出现的一种广告形式，又称旗帜广告。这是网上常见的广告，通常横向出现在网页中。常见尺寸是 468×60、468×80、728×90 像素。常见格式是 JPEG、GIF、SWF 等，如图 5.4 所示。

图 5.4　财付通横幅广告

2. 通栏式广告

通栏式广告是横幅式广告的一种升级。横幅式广告出现的初期，客户认可程度很高，有不错的效果。但是伴随时间的推移，人们对横幅式广告开始变得麻木。于是广告主和媒体开发了通栏式广告。该广告以横贯页面的形式出现，尺寸较大，更具有表现力，视觉冲击力强，能给网络访客留下深刻印象。一般的通栏式广告尺寸有 590×105、590×80 像素，如图 5.5 所示。

图 5.5　通栏式广告

通栏式广告主要服务于两种类型：品牌化和直销。品牌化的目的是希望取得特别的名气优势，对消费者未来的购买具有隐性的指导力。对于直销，通栏式广告的目的是希望消费者立即采取行动，希望消费者能够去点击这个广告，或者电话甚至访问广告中的地址。

3. 全屏广告

网民打开浏览页面时，广告全屏显现，如图 5.6 所示。有的全屏广告显现 3～5 秒后，逐渐收缩成页面顶部的普通的 banner 尺寸，进入正常阅读页面。

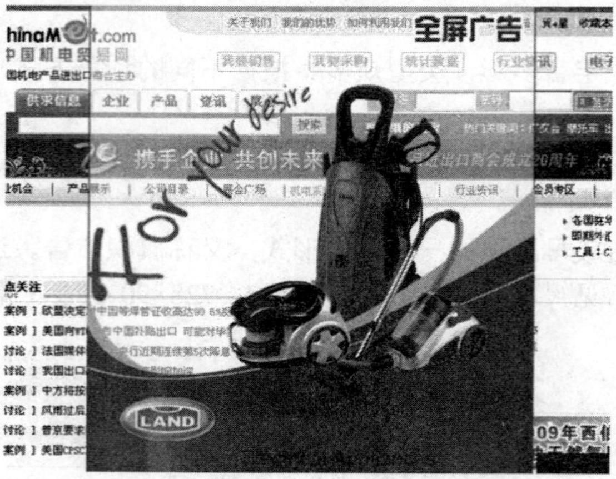

图 5.6　全屏广告

4. 按钮广告

按钮广告是一种小面积的广告形式（见图 5.7），常见尺寸是 125×125、120×90、120×60、88×31 像素，常见的三种格式为 JPEG、GIF、SWF。按钮广告优点是面积小，价格便宜；缺点是广告内容不生动形象，广告效果不是很理想。

图 5.7　按钮广告

按钮广告成本低，在进行购买的时候，广告主也可以购买连续位置的几个按钮式广告组成双按钮广告、三按钮广告等，以加强宣传效果。按钮广告能提供简单明确的资讯，而且其面积大小与版面位置的安排都较具有弹性，可以放在相关的产品内容旁边，是广告主建立知名度的一种相当经济的选择。

5. 弹出式广告、插播式广告

客户打开或关闭一个网页时出现一个广告窗口，称为弹出式广告。该窗口没有浏览器常规的控制工具，唯一关闭广告的办法就是点击窗口右上角的关闭窗口控制，如图 5.8 所示。弹出式广告常见格式是 GIF、JPEG、SWF 等。

图 5.8 弹出式广告

插播式广告是在一个网站的两个网页出现的空间中插入的网页广告，就像电视节目中出现在两集影片中间的广告一样。广告有不同的出现方式，有的出现在浏览器主窗口，有的新开一个小窗口，有的可以创建多个广告，也有一些是尺寸比较小的、可以快速下载内容的广告。

鉴于一些客户对各类弹出式广告和插播式广告的抵触情绪，在选择广告显示方式和时机时应该给予特别的注意。

6. 漂移广告

漂移广告是指漂浮在网站首页或各版块、帖子等页面的漂移形式的广告（见图 5.9），常见格式是 GIF、JPEG、SWF 等。漂移广告会随着网页拉上拉下，在页面左边或是右边跟着上下移动，吸引浏览者的注意，设计路线不好的漂浮式广告会分散客户的注意力，影响正常的浏览。

图 5.9 漂移广告

7. 赞助式广告

赞助式广告确切地说是一种广告投放传播的方式，而不仅仅是一种网络广告的形式。它可能是通栏式广告、弹出式广告等形式中的一种，也可能是包含很多广告形式的打包计划，甚至是以冠名等方式出现的一种广告形式。常见的赞助式广告包括：内容赞助式广告，节目/栏目赞助式广告，事件赞助式广告，节日赞助式广告等。如图 5.10 所示是腾讯赞助式广告。

8. 文字链接广告和关键字广告

文字链接广告是一种最简单直接的网上广告，采用文字标识的方式，点击后可链接到相关网页，如图 5.11 所示。

图 5.10　腾讯赞助式广告

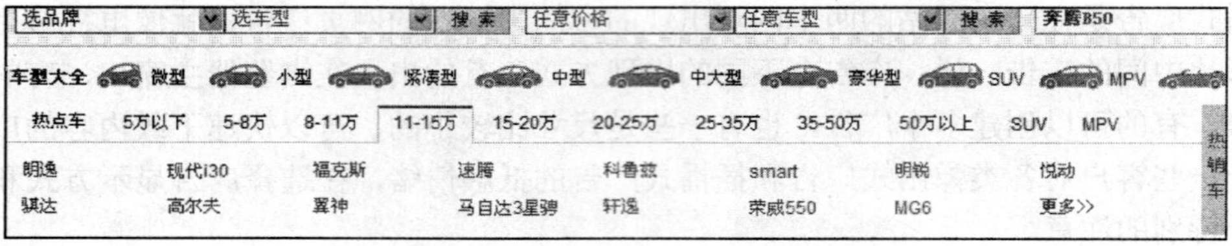

图 5.11　新浪文字链接广告

文字广告以超链接的文字形式出现，一般放在网站和栏目的首页。文字链接广告包含锚链接和关键词，能最有效地帮助广告产品提升搜索引擎排名，网站权重等核心网站指标。一个网站所能获得的外部相关的关键词文字链接的质量与数量仍是目前搜索引擎最重视的标准。总之，这是一种对浏览者干扰最小、访问速度最快、最简单的网络广告。

关键字广告是指显示在搜索结果页面上的网站链接广告，如图 5.12 所示。目前关键字广告主要有 5 种：公司关键字、公众关键字、语句关键字、搜索关键字、竞价排名关键字。

图 5.12　关键字广告

随着搜索引擎市场的发展，关键字搜索广告的市场份额逐年增加，2012 年第 3 季度中国搜索引擎市场规模高达 77.8 亿元，如图 5.13 所示。

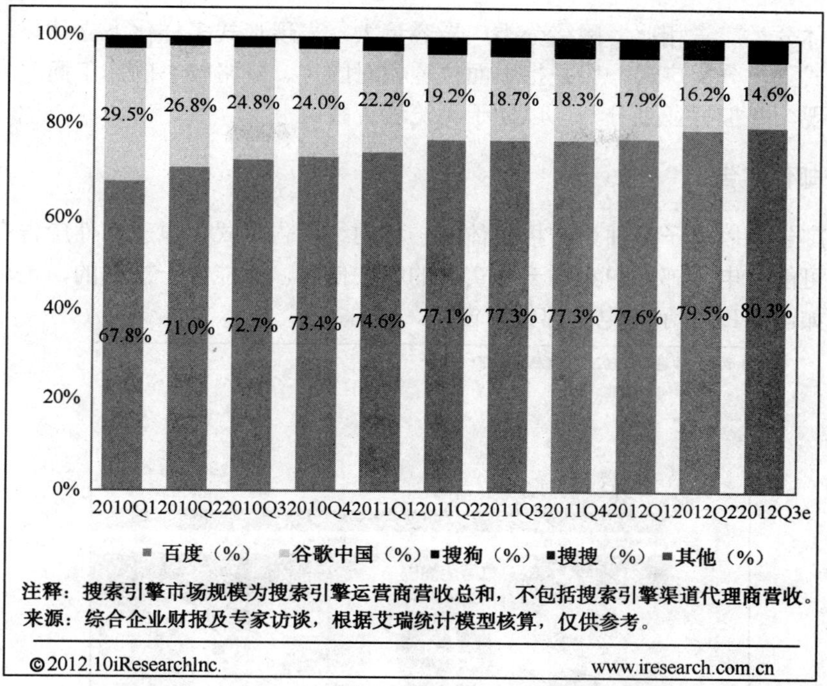

图 5.13　2010Q1—2012Q3 中国搜索引擎收入市场份额

9. 分类广告

分类广告是对大规模广告信息，按主题进行科学分类，并提供快速检索的一种广告形式。网络分类广告是一种全新的网络广告服务形式，主要满足企事业单位和个人商户在互联网上发布各类产品和服务广告的需求，并为广大网民提供实用、丰富、真实的消费和商务信息资源，如图 5.14 所示。

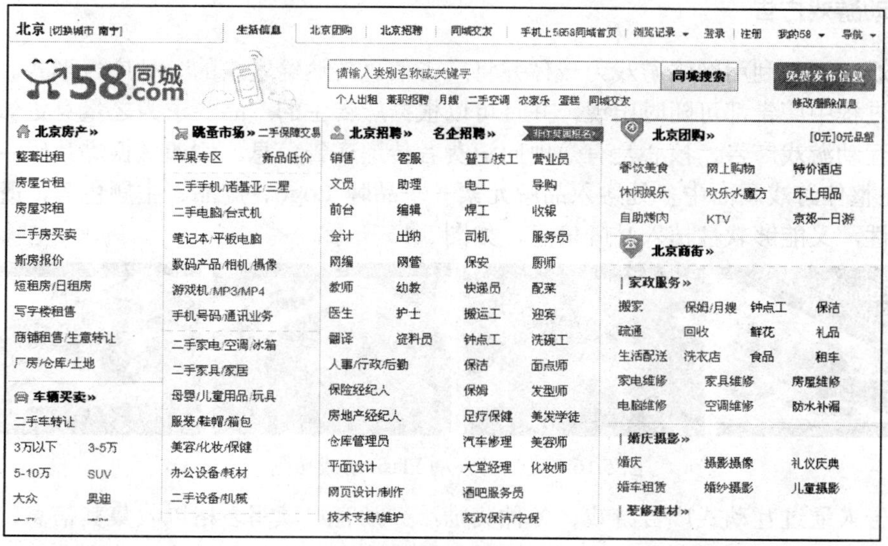

图 5.14　分类广告

与传统媒体分类广告相比，网络分类广告容量大，表现形式多样化、立体化，可查询、收藏信息。在形式上，分类广告一般是指版面位置相对固定、规格较小的非工商广告，多数情况下“扎堆”出现，并按行业划分开，以便于浏览者查找。

10. 电子邮件广告

电子邮件广告是以电子邮件为传播载体的一种网络广告形式。电子邮件广告有可能全部是广告信息，也可能在电子邮件中穿插一些实用的相关信息，可能是一次性的，也可能是多次的或者定期的。如图 5.15 所示为电子邮件广告。

图 5.15　电子邮件广告

通常情况下，网络客户需要事先同意加入到该电子邮件广告邮件列表中，才会接收到电子邮件广告，这是一种许可行销的模式。那些未经许可而收到的电子邮件广告通常被视为垃圾邮件。

11. 互动游戏广告

互动游戏广告是利用网络游戏为载体并将广告信息传达给客户的一种广告形式。广告形式多样，游戏过程中广告都可随时出现，并且可以根据广告主的产品要求为之量身定做一个属于自己产品的互动游戏广告，核心是有效地向消费者传递广告信息。例如《振烨数码——隔空互动游戏》，在整体游戏画面中多处融入品牌元素——品牌 Logo、产品、主题色等，既增加游戏的整体可玩性，又能够软性植入品牌信息，如图 5.16 所示。

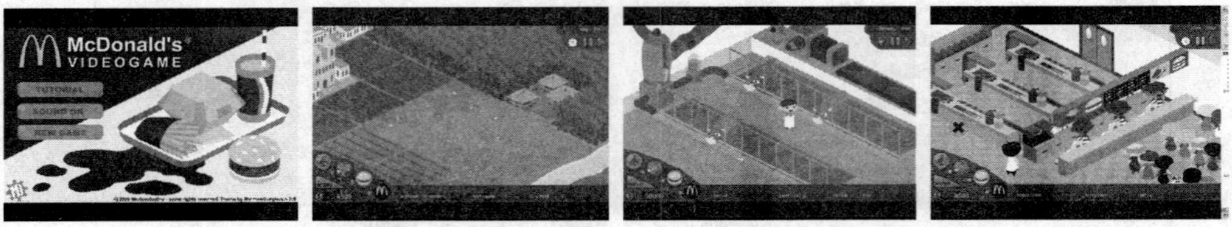

图 5.16　麦当劳互动 Flash 游戏截图

日本广告人通过互动式广告游戏、各种奖励，鼓励客户填写表格以收集其信息，取得了很好的广告效果。这样可以让人参与，交互性强。通过让客户玩网络游戏，让消费者与品牌、产品较长时间深入接触，产生深刻印象，而且可以收集消费者信息建立客户数据库。

12. 富媒体广告

区别于传统的 GIF 图片和简单的 Flash 动画，富媒体（Rich Media Ad）广告结合了声音、视频及动态脚本技术，能够通过定制实现个性化的创意和页面效果。富媒体能够提高广告的互动性，甚至允许客户在广告界面上直接留下数据，从而有效地促进了客户与广告的交互。富媒体广告还可以把广告主的电视广告在互联网上播放，并实时汇总客户观看数据，如图 5.17 所示。

图 5.17　新浪富媒体广告

13. 其他广告

其他类型的网络广告还有画中画广告、声音广告、对联广告等。这些新的广告形式完全打破了传统广告一成不变的模式，对网络广告进行了突破性的革新。如图 5.18 所示为 2008—2016 年中国网络广告市场不同形式广告份额。

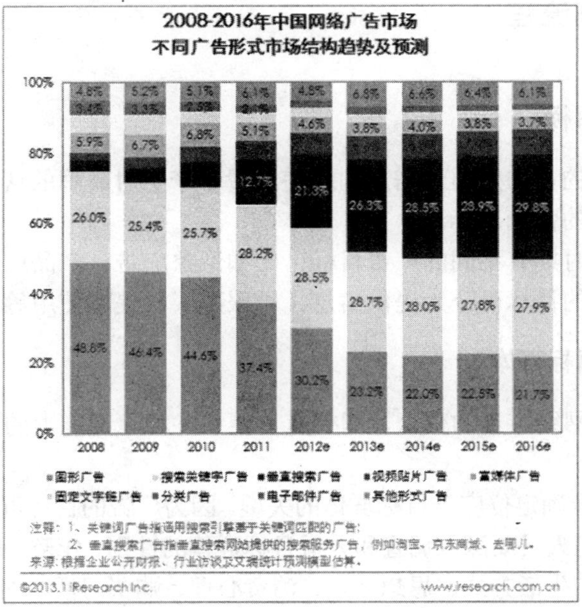

图 5.18　2008—2016 年中国网络广告市场不同形式广告份额

【教学活动 2】了解网络广告分类

某公司为了推出某款新产品，计划在国内一些知名网站投放网络广告。经公司讨论，认为目前需要先了解各网站广告类型。若是公司决定交由你办理该事宜，你应在哪些方面开展此项工作？

活动实施：

（1）登录新浪（http://www.sina.com.cn），查看该网站常见的网络广告类型并截图。

（2）登录百度（http://www.baidu.com），查看该网站常见的网络广告类型并截图。

（3）登录腾讯（http://www.qq.com）或其他知名网站，查看该网站常见的网络广告类型并截图。

（4）分析这三家知名网站广告类型的异同，思考应该在何种网站投放何种广告较为适当。

活动考核：

以实验报告为依据进行考核。

任务 2　网络广告策划

网络广告策划，顾名思义是对网络广告的筹划与谋划，是网络广告经营单位在接受要求投放网络广告客户的委托后，根据互联网的特征及网络人群的特征，对其网络广告活动进行全面筹划和部署的工作。在有限的广告信息体上，对整个网络广告活动加以协调安排，广告设计、广告投入、广告时间、广告空间安排等各个具体环节做到充分考虑并精益求精。

网络广告策划作为整个广告活动的核心必须以企业营销为基础，为企业整体营销服务，为实现企业目标服务。

5.2.1　网络广告策划流程

1. 确定网络广告目标

确定网络广告目标的目的是通过信息沟通使消费者产生对品牌的认识、情感、态度和行为的变化，从而实现企业的营销目标。

在公司的不同发展时期有不同的广告目标，比如形象广告、产品广告。根据产品广告在产品的不同发展阶段广告的目标可分为提供信息、说服购买和提醒使用等。

2. 确定网络广告目标群体

简单而言就是确定网络广告的受众，即拥有上网条件和上网能力的网民，具有购买能力和购买欲望的消费者。

企业的产品特性是准确定位广告目标群体的关键。因为广告的目标群体是由企业的产品消费对象来决定的，网络营销人员要深入调查和分析目标群体的性别、年龄、职业、爱好、文化程度、素质水平、职业、收入、生活方式、思想方式、消费心理、购买习惯、网络使用习惯、购买力及偏好等。只有让合适的客户来参与广告信息活动，有的放矢，才能使广告有效地实现其目标。

3. 确定网络广告策略

广告策略是指广告策划者在广告信息传播过程中，为实现广告战略目标所采取的对策和应用的方法、手段。

广告战略可以概括成“4W1H”战略思想：Where 即广告的地域战略，When 即广告的时间战略，Why 即广告的目标战略，What 即产品战略，How 即指如何实施广告的战略安排。常见的广告策略有四大类：产品策略、市场策略、媒介策略和广告实施策略。

广告战术相对于战略策划是一个具体的工作，是对战略的具体运用。常见广告战术包括坦诚布公式、说服感化式、货比三家式、诱客深入式、契约保险式。

网络广告策划为企业营销服务必须注意以下 5 个问题：

（1）策划要体现市场策划的意图。

（2）策划要体现出针对产品策划的意图。

（3）策划更要体现价格策划的意图，体现产品的观念价格，充分展示产品价格所代表的意义、象征、身份、地位等，以满足消费者的精神需求。

（4）策划要体现渠道策划的意图，必须与企业的销售渠道相适应，而不能南辕北辙。

（5）策划还应为企业整体效益服务。

4. 选择网络广告的发布渠道及方式

网上发布广告的渠道和形式众多，各有长短，企业应根据自身情况及网络广告的目标，选择网络广告发布渠道及方式。

5.2.2 网络广告策划书

广告策划书是根据广告策划结果而写的，是提供给广告主加以审核、认可的广告活动的策略性指导文件。一份完整的广告策划书至少应包括以下内容。

1. 前言

前言部分，应简明概要地说明广告活动的时限、任务和目标，必要时还应说明广告主的营销战略。这是全部计划的纲要，它的目的是把广告计划的要点提出来，让企业最高层次的决策者或执行人员快速阅读和了解。当最高层次的决策者或执行人员对策划的某一部分有疑问时，能通过翻阅该部分迅速了解细节。这部分内容不宜太长，以数百字为佳。

2. 市场分析

市场分析部分，一般包括四方面的内容：企业经营情况分析、产品分析、市场分析、消费者研究。撰写时应根据产品分析的结果，说明广告产品自身所具备的特点和优点。再根据市场分析的情况，把广告产品与市场中各种同类商品进行比较，并指出消费者的爱好和偏向。若有可能也可提出广告产品的改进或开发建议。有的广告策划书称这部分为情况分析，简短地叙述广告主及广告产品的历史，对产品、消费者和竞争者进行评估。

3. 广告战略或广告重点

广告战略或广告重点部分，一般应根据产品定位和市场研究结果，阐明广告策略的重点，说明用什么方法使广告产品在消费者心目中建立深刻的印象、刺激消费者产生购买兴趣、改变消费者使用习惯、使消费者形成新的购买习惯、扩大广告产品的销售对象范围。有的广告策划书在这部分内容中增设促销活动计划，写明促销活动的目的、策略和设想。也有把促销活动计划作为单独文件分别处理的。

4. 广告对象或广告诉求

广告对象或广告诉求部分，主要根据产品定位和市场研究来测算出广告对象有多少人、多少户。根据人口研究结果，列出有关人口的分析数据，概述潜在消费者的需求特征和心理特征、生活方式和消费方式等。

5. 广告地区或诉求地区

广告地区或诉求地区部分，应确定目标市场，并说明选择此特定分布地区的理由。

6. 广告策略

广告策略部分，要详细说明广告实施的具体细节，把所涉及的媒体计划清晰、完整而又简短地设计出来，详细程度可根据媒体计划的复杂性而定。也可另行制定媒体策划书。一般至少应清楚地叙述所使用的媒体、使用该媒体的目的、媒体策略、媒体计划。如果选用多种媒体，则需对各类媒体的刊播及如何交叉配合加以说明。

7. 广告预算及分配

广告预算及分配部分，要根据广告策略的内容，详细列出媒体选用情况及所需费用、每次刊播的价格，最好能制成表格，列出调研、设计、制作等费用。也有人将这部分内容列入广告预算书中专门介绍。

8. 广告效果预测

广告效果预测部分，主要说明经广告主认可，按照广告计划实施广告活动预计可达到的目标。这一目标应该和前言部分规定的目标任务相呼应。

撰写广告策划书要避免冗长，力求简练、易读、易懂。在实际撰写广告策划书时，上述八个部分可有增减或合并分列，如可增加公关计划、广告建议等部分，也可将最后部分改为结语或结论，视具体情况而定。

任务 3　网络广告设计

网络广告设计既包括传统媒体广告设计的基本理论知识，也有自己独特的表现手段和方法。在设计上，以传统媒体广告创意理论为指导，再充分发挥网络广告的优点，突出网络广告的个性和特点。本小节将简单讨论广告创意设计、广告文案设计、广告视觉设计，为成功制作网络广告提供服务。

5.3.1　广告创意设计

广告创意是广告人对广告的创作对象进行想象、加工、组合和创造的过程，它使商品潜在的现实美升华为消费者能感受到的艺术美的一种创造性的劳动。创意是广告的灵魂。广告创意的作用是引起关注，提高销售业绩，确定和提升企业形象，引导或创造消费观念、潮流等，为企业的长远发展奠定基础。

什么是有效的广告创意呢？很明显的是，要抓紧受众的注意力。美国广告学教授詹姆斯·杨曾经说过："创意不仅是靠灵感而发生的，纵使有了灵感，也是由于思考而获得的结果。"他对创意思考举出两个原则：创意是一种既存因素的组合；创意是引导既存因素使其发展成一种新的事实。

1. 广告创意思路

广告创意的常见思路如下：

（1）承诺利益。以给消费者利益为广告的创意出发点，也称为促销广告。

（2）表现产品特性。广告强调对消费者有吸引力的产品特性。

（3）传达理念，改变生活。广告主要传达产品给消费者带来的精神价值，使消费者对产品充满向往。

（4）倡导观念，树立形象。广告倡导一种新的价值观、生活观、社会观，从而树立品牌形象和企业形象。

2. 广告创意思维方法

在进行广告创意时，广告创作人员常使用的思维方法如下：

（1）头脑风暴法。分为直接头脑风暴法、质疑头脑风暴法。前者是在群体决策中尽可能激发创造性，产生尽可能多的设想的方法，后者则是对前者提出的设想、方案逐一质疑，分析其现实可行性的方法。

（2）逆向思维法。反其道而思之，对司空见惯的似乎已成定论的事物或观点反过来思考的一种思维方式。

（3）联想关联法。把看似不关联的事物串联、组合在一起而产生的新的意义。

（4）换位思考法。是设身处地地为他人着想，即想人所想，站在消费者的角度上思考问题。

3. 广告创意表现手法

常用的广告创意表现方法包括直接展示法、特征法、联想法、幽默法、系列法、偶像法、拟人法、夸张法、对比法、情感法、悬念法等。

比如如图 5.19 所示汽车杂志广告，将杂志的侧面联想到带有速度线条的赛道和路面，将微观的事物宏观化，给人强烈的视觉刺激，使人过目不忘。

图 5.19　汽车杂志广告

如图 5.20 所示，果汁广告采用拟人的表现手法，将香蕉上吊、苹果卧轨、番茄撞墙这一系列创意传达出广告主题——果汁咄咄逼人、霸占地盘，水果们不如羞死算了。

图 5.20　果汁广告

5.3.2　网络广告文案设计

广告文案是指广告创作人员根据广告创意的要求所撰写的用于表述广告内容并对相关制作要求加以说明的文章作品。广告创意方案的作用是传递广告信息、表现广告创意、限定画面内容。

1. 网络广告文案结构

完整的网络广告文案是由广告标题、标语、正文以及随文四个要素构成的，每个要素在文案中各自扮演着不同的角色，为广告信息的有效传达发挥着重要作用。每一部分相互独立也彼此密切地联系着，传达不同的信息、发挥不同的作用。

（1）广告标题。

广告标题是一篇广告文案的灵魂，一个好的广告标题可以给一个企业带来无穷的利益。只要标题的传播力足够大，就说明这个文案成功了；必要时可添加副标题，在标题和正文之间搭一座桥梁。广告标题类型可归纳为如下五种：

① 利益型，如无瑕遮瑕、防水防晒。

② 悬念型，如妈妈我要喝（娃哈哈）。

③ 提问型，如图 5.21 所示。

图 5.21 提问型广告标题

④ 新闻型，如图 5.22 所示。

图 5.22 新闻型广告标题

⑤ 建议型，如买栋别墅奖励自己吧。

（2）广告标语。

广告标语是战略性的语言，目的是经过反复和相同的表现，以使其与其他企业不同，使消费者掌握商品或服务的个性，这已成为推广商品不可或缺的要素。如“钻石恒久远，一颗永流传”（De Beers 钻石），“Just do it”（耐克）。

（3）广告正文。

正文，又叫广告内文，是对广告主题的详细阐述部分。通常用来介绍产品的功效、产品给消费者带来的利益或者企业的特点、宗旨等，通过广告正文的详细解说来劝服受众，促使他们采取行动。

（4）广告随文。

随文，在广告中向受众说明广告主身份、购买产品的方法以及相关的附加信息的重要语言文字部分。它的位置一般处于广告文案的结尾。

2. 爱达公式

爱达公式也称 AIDA 法则，它是从消费者的接受心理为出发点提出的广告文案创作模式。其基本思路是通过广告文案改变或者强化消费者的思想观念。具体包括四方面的内容：

① 标题要引起消费者注意（Attention）。

② 正文开头要使消费者产生兴趣（Interest）。

③ 正文中间要增强消费者的信任感，并引发其购买欲望（Desire）。

④ 正文结尾要让消费者从心动转为行动（Action）。

3. 网络广告文案特点

广告文案的一般特点是简练通俗，一目了然，直达创意核心；点睛之笔要直击消费者心智，具有非凡的诱惑力和煽动性；兼具互动性，让客户产生行动；坚持一切都是为了销售的原则。

网络广告文案与传统广告文案的区别如下：

① 语言简洁生动，才会有较高的注意率。句子越短越好，一个句子十来个字，最多不超过 20 个字，太长了就会让访问者视觉疲劳，没有耐心看下去。

② 文案重点是标题，网络广告正文内容十分精简。

③ 更注意语言与画面的配合。为了更好地传达创意，网络广告文案要求与音效、动画等效果有良好配合，相互支持。

④ 语言风格比一般的广告文案更凝练、富有创意。由于网络可以根据不同兴趣爱好，把受众高度细分化，因而在针对目标受众诉求时，网络广告需注意运用他们所熟悉的语气、词汇，会增强认同感。网络广告还可以借助热点信息作为网络广告文案的宣传素材。

⑤ 语言形式受投放的网站决定。网络广告应根据受众的文化背景、不同嗜好等来及时调整语言形式。

4. 经典广告文案

（1）麦氏咖啡更名。

标题：麦氏换上新名字

正文：你钟情的麦氏咖啡，现在已经换上新名字——麦斯威尔。

香醇幼滑，带来百分之百纯咖啡满足感。享受悠闲一刻，全新麦斯威尔咖啡。

随文：略

（2）城市别墅。

标题：不花心思的作品，不值得珍藏。

正文：挑战自身是为了力求极致，在巅峰中不断超越。

如同城市别墅，率先引入四季中庭和 BLOCK 都市村落的全新理念。

赢得全场喝彩，更带来与众不同的生活感受。

（3）健力士黑啤酒。

广告语：尽情享受两全其美

正文：深黑不失清醇。出奇地顺畅和清爽。选用黑啤材料，以白啤的方式，独特创酿出更加香醇的酒味，犹如宝剑出匣，令人折服。

（4）铁达时表。

广告语：不在乎天长地久 只在乎曾经拥有

正文：一厢情愿

爱在世界的边缘

梦难圆

咫尺天涯

不再回首

此生隐没在无爱的忧愁

（5）力士香皂。

标题：力士香皂——国际著名影星的护肤秘密

正文：芬芳柔润的力士香皂，是国际著名影星每日美容护肤的必需品。

力士香皂泡沫特别丰富，清洁滋润，令肌肤柔美嫩滑，分外迷人。

5.3.3 网络广告视觉设计

网络广告视觉设计主要由文字、色彩、图形图像、动画等元素构成，通过这些元素特殊的形态设计制作让受众在视觉空间里进行信息传达。

1. 文字元素

文字是网络广告的主要构成要素，是信息的重要载体。

文字既可以传递广告文本信息内容，又可以和字体结合，形成独立的艺术形式。设计师需要不同的字体风格和排版去传播不同的形象，表达不同的视觉意义。一般来说，标题性文字要鲜明醒目；说明性文字要简洁清晰。

2. 色彩元素

色彩在网络广告视觉设计中起着非常重要的角色。

网络广告色彩没有固定的模式，但也不能在同一画面中毫无节制地运用多种颜色。一般先根据总体风格，然后定出主色调和辅助色，遵循和谐、均衡和重点突出的原则，将不同颜色进行组合搭配，借以达到协调消费者视觉心理、激发受众不同的感官和情感反应，延伸消费者联想产生消费者欲望的目的。

3. 图形图像元素

图形图像具有直观、形象的特点，是网络广告中最重要的设计元素之一，容易得到受众的理解和欣赏，并能形象地表达文字的含义。

图形图像的位置、面积、数量、形式、方向设计等直接关系到网络广告的视觉传达。在图形图像选择和优化的同时，应考虑图形图像在整体设计中的作用，然后对图片进行后期处理，合理搭配色彩，摆放最佳视觉位置，使广告画面内容和形式符合主题，并最终达到和谐统一。

4. 动画元素

动画是极具视觉表现力的一种电脑设计手段，是网络广告设计元素最生动、活跃的因素。

网络广告动画在形式上分为二维和三维两种表现形式。三维动画广告可以增强广告的空间层次感和视觉效果，也可以像影视广告一样，具有一定的故事情节。具有情节的网络广告与众不同，容易吸引受众的注意力和好奇心，并获得消费者认同，达到更好的广告效果。值得注意的是，在网络上，动画的使用往往影响下载速度，合理的设计、压缩动画显得十分重要。

5. 互动元素

引入互动是网络广告区别于其他媒体广告的特点和优势，使广告受众从被动变为主动，能够提高受众的参与意识，能有效提高广告的点击率。

如图 5.23 和图 5.24 所示，大型企业网站已把交互广告作为企业及其产品推广的主要方式，交互广告的展示形式也多种多样。常见的网络广告互动主要包括鼠标感应、行为互动、虚拟现实等。

图 5.23　长城汽车鼠标感应广告

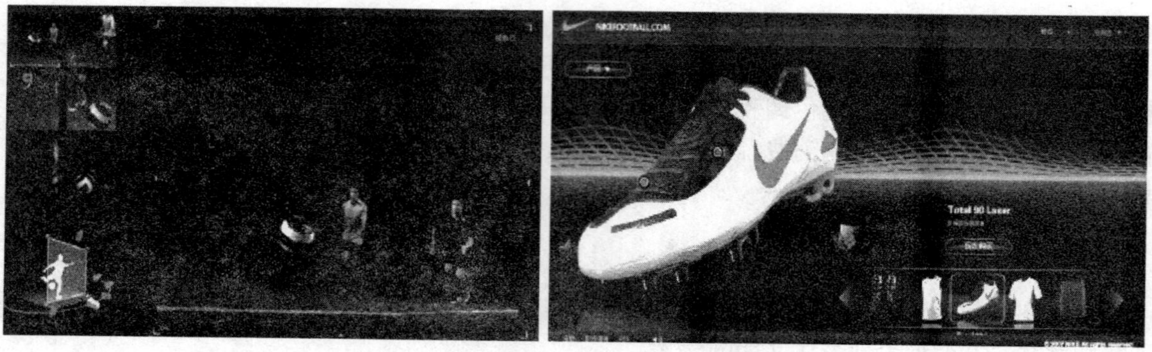

图 5.24　耐克球鞋虚拟广告

任务 4　网络广告制作

网络广告制作是一个复合型跨学科的工作，需要掌握美术设计和 Web 技术方面的知识。网络广告常用的制作软件包括 Adobe Photoshop、Illustrator、Fireworks、Dreamweaver、Flash 和 GIF Animator、Cool 3D 等。

5.4.1　文字链接广告制作

文字链接广告常用的制作软件是 Adobe Dreamweaver。制作方法也很简单，在网页中插入如下代码即可完成：

<a href="你要链接的地址"　title="文字说明解释">显示的广告文字</a>

5.4.2 图片广告制作

图片广告（见图 5.25）常用的制作软件是 Adobe Photoshop、Illustrator 等。图片广告包括文字、图形图像、色彩元素，制作相对复杂，基本步骤如下：

（1）设置广告文件大小。

（2）广告背景设计。

（3）添加产品及装饰图片素材。有两点需要注意，一是产品素材的亮度及清晰度处理；二是图片与背景的图层融合。

（4）添加广告文字，注意对广告标题、标语、正文做不同处理，不能一概而论。

（5）最后进行图文排版。

图 5.25 互联网 banner 广告

5.4.3 动画广告制作

动画比图片更生动，更容易吸引网民注意。Flash 动画常用的制作软件是 Adobe Flash，GIF 动画常用的制作软件是 GIF Animator、Adobe ImageReady 等。动画广告包括文字、图形图像、声音、交互等元素，制作流程比较复杂，因篇幅的关系不再详细介绍。如图 5.26 所示为 Flash 广告的画面截图。

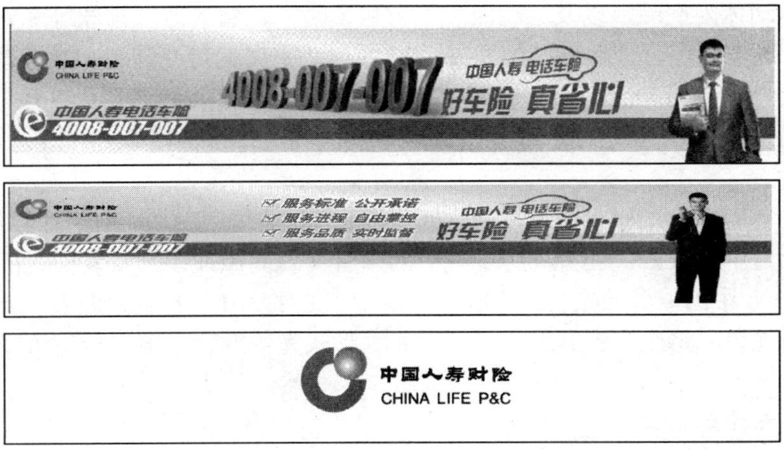

图 5.26 Flash 广告的画面截图

5.4.4 优秀网络广告

广告名字：361° 决胜 2008 中国，勇敢做自己！
行业：服饰类。
广告主：361° 。
广告代理：恒询广告。
广告制作：上海宽通。
地域：中国内地。

图 5.27 361° 决胜 2008 中国广告截图

广告背景

361° （福建）体育用品有限公司于 2003 年成立，收获了别克（福建）鞋业有限公司近十年的累累硕果。361° 在近年加快品牌拓展和延伸的步伐，相继开发了包括篮球鞋、跑鞋、休闲鞋等在内的运动休闲产品，以及运动服装、背包、帽子、羽毛球、排球等多元化运动系列产品及各种配件，逐步朝综合型运动品牌发展。2008 年北京奥运对中国运动品牌营销而言，意味着一场鏖战。上海宽通的 SmartCreative 以高超绚丽的富媒体广告技术协助 361° 抢先发力，占尽先机，提前揭开了 2007 年运动产业“奥运准备功夫”大比拼的序幕。

广告设计

广告画面以奥运烽火燎原为背景，轮番展示了 361° 篮球、田径、羽毛球和足球系列服饰，画面人物动感十足。广告语“让世界听到我们的声音”瞬间激发国人奋发向上的民族自豪感，最终以“决胜 2008 中国，勇敢做自己”收尾，成功表达了 361° 的品牌诉求。SmartCreative 利用富媒体广告的优势，将此广告的设计要素和表现形式完美融合，信息传达流畅十足。

总体评价

广告创意：★★★☆☆

（广告文字热情激昂，将品牌与奥运巧妙衔接，使网民仿佛置身于 奥运决战之巅）

广告主题：★★★★☆

（以迎接奥运为主题，结合强烈的国家荣誉感烘托出广告主的民族运动品牌特色）

广告画面：★★★★☆

（画面以浓黑和金黄为主色调，图片和文字以张扬的姿态快频率交错出现，在短时间内冲击观众眼球，极富冲击力，凸显富媒体广告优势）

【教学活动 3】网络广告制作

活动实施：

案例 1：简单文字链接广告制作

（1）打开 Adobe Dreamweaver，执行“文件”→“新建”→“HTML”命令，新建一个网页文件，如图 5.28 所示。

图 5.28　新建一个网页文件

（2）在<body>标签之间输入，如图 5.29（a）所示。并修改广告文字和链接地址，如图 5.29（b）所示。

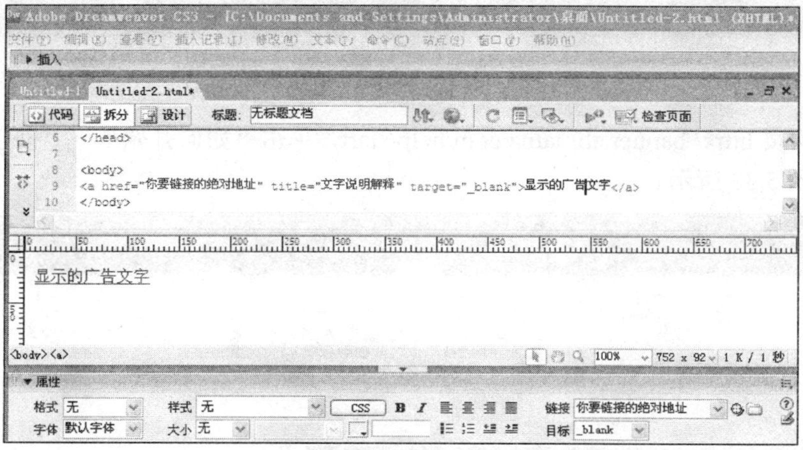

（a）在<body>标签之间输入代码

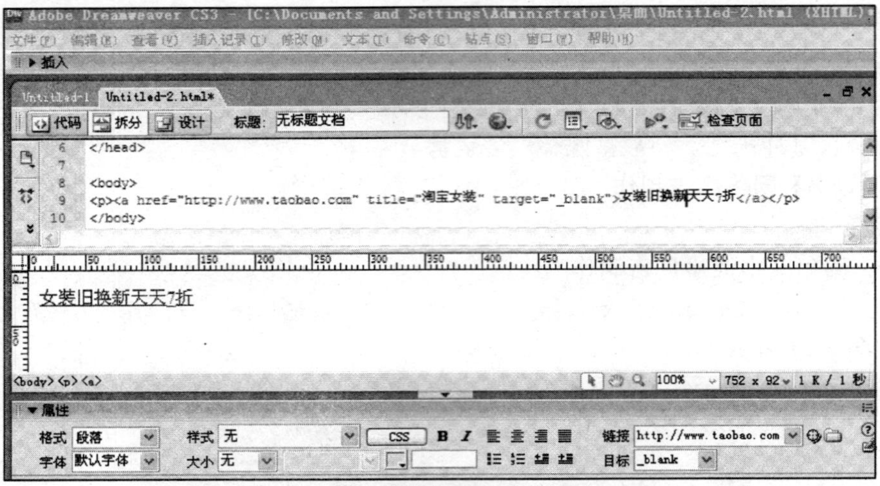

（b）修改广告文字和链接地址

图 5.29

（3）执行“保存”命令保存网页，然后运行网页，简单的文字广告链接就做好了。广告效果如图 5.30 所示。

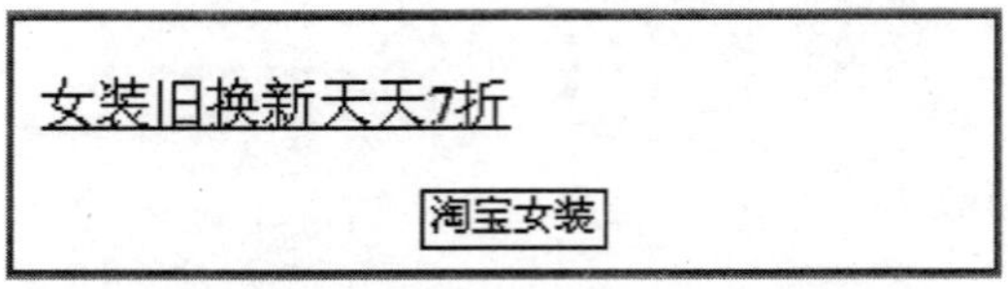

图 5.30　广告效果

案例 2：巧用 Banner Maker 快速制作图片广告

（1）登录 Banner Maker 网站（http://banner.alimama.com/），单击导航“注册”，提交相关信息成为会员，并申请成为设计师，如图 5.31 所示。

图 5.31　打开 Banner Maker 网站

（2）打开网页 http://banner.alimama.com/help/start，单击“如何开始”→“创建图文”选项，查看教程，如图 5.32 所示。

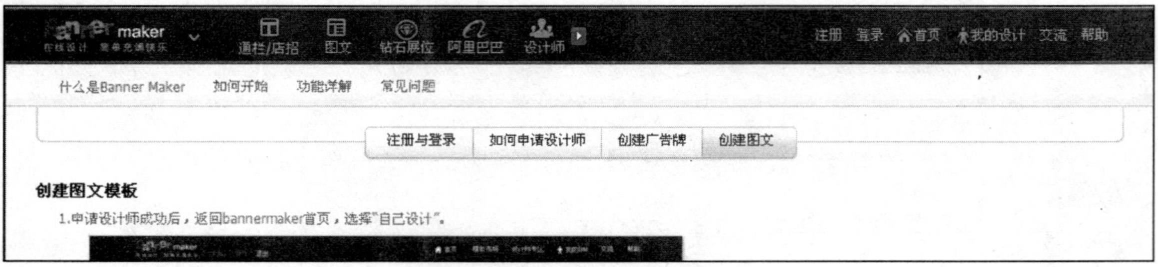

图 5.32　查看创建图文模板

（3）返回首页，选择“自己设计”按钮，如图 5.33 所示。进入设计界面，按（2）中“创建图文”的步骤操作，完成图文广告。

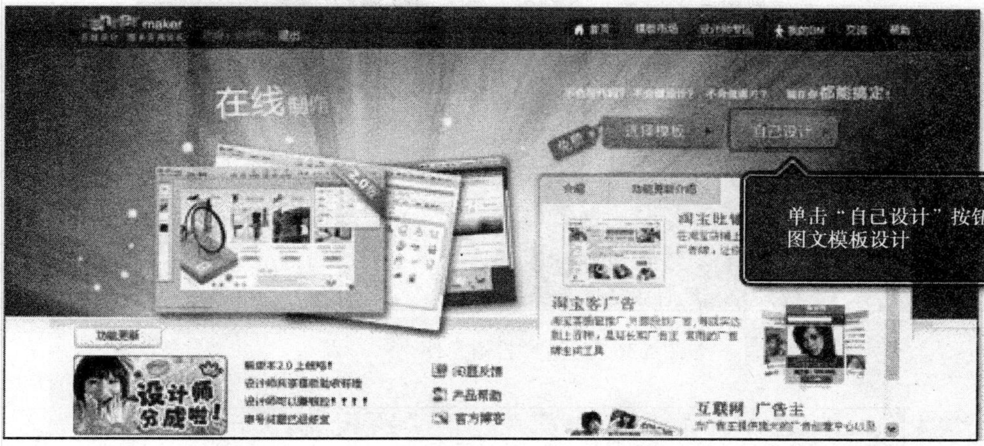

图 5.33 单击“自己设计”按钮

案例 3：匡威布鞋 Flash 广告制作

（1）打开软件 Adobe Flash，单击“文件”→“新建”→“HTML”命令，在弹出的对话框中输入各项参数，如图 5.34 所示。将 Photoshop 中处理好的所有素材导入库中。

（2）将“图层 1”重命名为“产品”。在第 1 帧处将库中的图片“image1”拖入舞台中，转换为图片元件，调整好位置，延长帧数至第 50 帧，如图 5.35 所示。

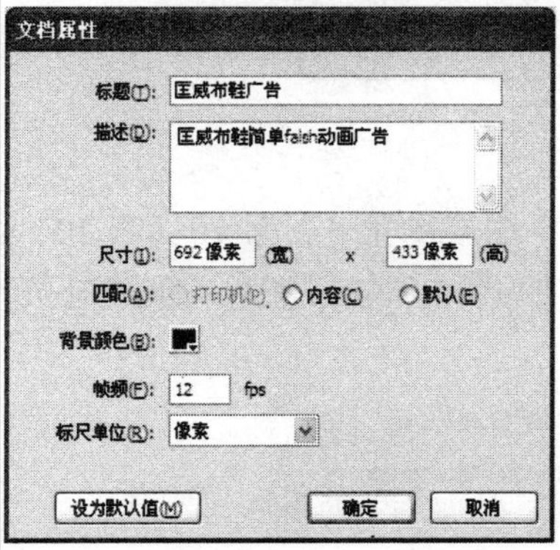

图 5.34 设置文档属性

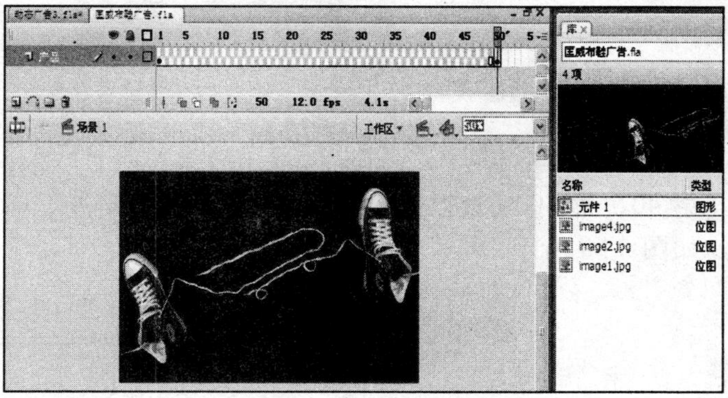

图 5.35 设置图片文件

（3）新建 1 个图层，重命名为“广告语”。在第 1 帧处插入文字“经典品味 心之甄选！”（字体可自行设置），并转换成元件，调整好位置延长帧数至第 50 帧，如图 5.36 所示。

（4）新建 3 个图层，重命名为“广告标题”、“广告正文”、“折扣”，重复步骤（3）的操作，分别插入文字“匡威布鞋”、“全场鞋子 折起！”、“6”，如图 5.37 所示。

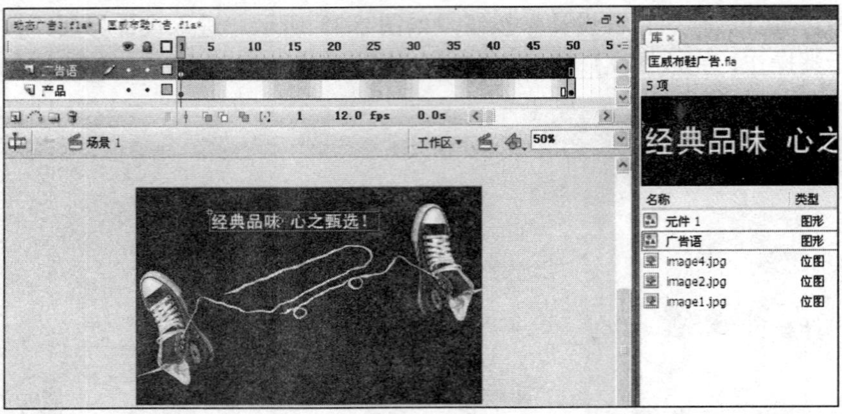

图 5.36　设置广告语元件

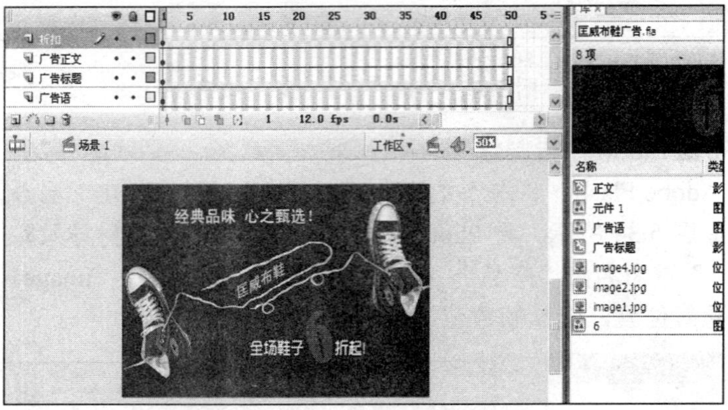

图 5.37　新建 3 个图层

（5）为“匡威布鞋”添加淡入/淡出效果。将“广告正文”图层的第 1、第 10、第 20、第 30、第 40、第 50 帧处把元件 Alpha 设为 0%、100%、0%、100%、0%、100%，创建补间动画，如图 5.38 所示。

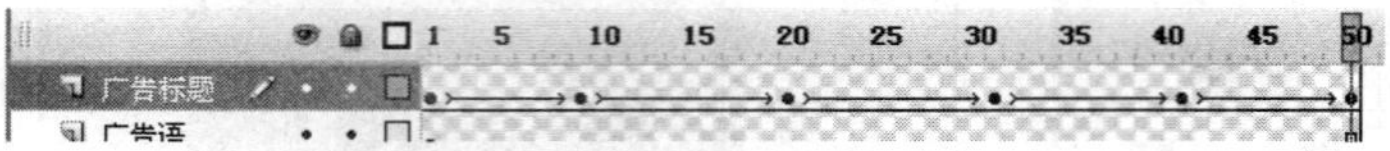

图 5.38　添加淡入/淡出效果

（6）新建 1 个图层，重命名为“logo1”。在第 1 帧处将“image2”拖入舞台中左上角，转换为图片元件，调整好位置延长帧数至第 50 帧，如图 5.39 所示。新建 1 个图层，重命名为“logo2”。在第 15 帧处将“image4”拖入舞台外侧并转换为图片元件，将第 35 帧处移到舞台右下角，创建补间动画，效果如图 5.40 所示。

（7）保存文件，并发布 swf。至此，一个非常简单的 Flash 广告就做好了。

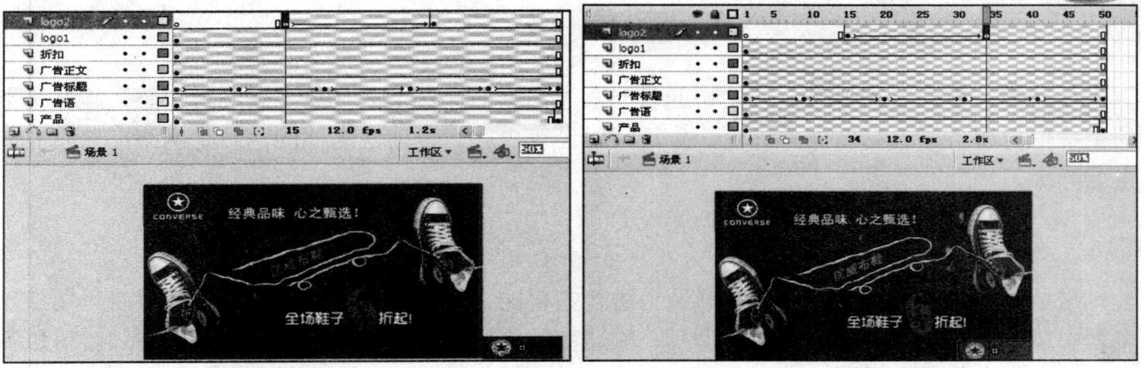

（a）创建 Logo 元件　　（b）创建补间动画

图 5.39

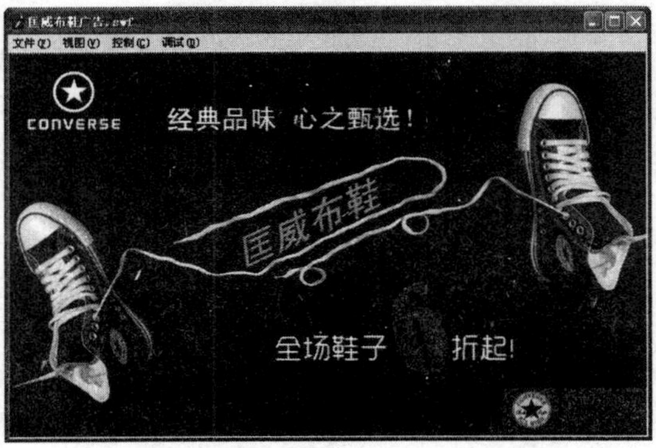

图 5.40　最终效果

活动考核：

以网络广告作品为依据进行考核。

任务 5　网络广告发布

5.5.1　网络广告发布渠道及方式

网络广告发布，就是指将制作好的网络广告以一定的形式，按照预定的时间和位置在网络媒体上发布，供受众浏览点击。

从目前来看，厂商一般可以根据自身的需求，选择一种或几种方式发布网络广告。

1. 建站形式

建立自己的网站，对于企业来说，是一种必然的趋势。它不但是企业形象的树立，也是宣传产品的良好工具。在互联网上做广告的很多形式都只提供了一种快速链接公司主页的途径。

2. 网络内容服务商

如新浪、天涯、搜狐等，网站访问量非常大，它们提供了大多数互联网客户感兴趣并需要的免费信息服务，包括新闻、评论、生活、财经等内容。目前，这样的网站是网络广告发布的主要阵地。

3. 专类销售网

这是一种专业类产品直接在互联网上进行销售的方式。走入这样的网站，消费者只要在一张表中填上自己所需商品的类型、型号、制造商、价位等信息，然后按一下搜索键，就可以得到你所需要商品的各种细节资料。

4. 企业名录

这是由一些 Internet 服务商或政府机构将一部分企业信息融入他们的主页中，如香港商业发展委员会的主页中就包括汽车代理商、汽车配件商的名录，只要客户感兴趣，就可以通过链接进入选中企业的主页。

5. 免费的 E-mail 服务

在互联网上有许多服务商提供免费的 E-mail 服务，很多上网者都喜欢使用。利用这一优势，能够帮助企业将广告主动送至使用免费 E-mail 服务的客户手中。

6. 黄页形式

在 Internet 上有一些专门用以查询检索服务的网站，如 yahoo!、infoseek、excite 等。这些站点就如同电话黄页一样，按类别划分，便于客户进行站点的查询。采用这种方法的好处，一是针对性强，查询过程都以关键字区分；二是醒目，处于页面的明显处，易于被查询者注意，是客户浏览的首选。

7. 网络报纸或网络杂志

随着互联网的发展，国内外一些著名的报纸和杂志纷纷在 Internet 上建立了自己的主页；更有一些新兴的报纸或杂志，放弃了传统纸媒，完完全全地成为一种“网络报纸”或“网络杂志”。其影响非常大，访问的人数不断上升。对于注重广告宣传的企业来说，在这些网络报纸或杂志上做广告，也是一个较好的传播渠道。

8. 新闻组

新闻组是人人都可以订阅的一种互联网服务形式，阅读者可成为新闻组的一员。成员可以在新闻组上阅读大量的公告，也可以发表自己的公告，或者回复他人的公告。新闻组是一种很好的讨论和分享信息的方式。广告主可以选择与本企业产品相关的新闻组发布公告，这将是一种非常有效的网络广告传播渠道。

9. 无线网络

通过无线终端，尤其是以手机为平台发布的各种广告，具有良好的互动性、可测量性、可追踪性等特征，它可以以短信息、彩信、流媒体、蓝牙、彩铃等方式进行发布。

5.5.2　网络广告发布技巧

一是选择合适的发布媒体。访问量高的大型网站通常效果更佳。

如图 5.41 所示。

	2012年6月		2011年12月		
应用	用户规模（万）	网民使用率	用户规模（万）	网民使用率	半年增长率
即时通信	44514.9	82.8%	41509.8	80.9%	7.2%
搜索引擎	42860.5	79.7%	40740.1	79.4%	5.2%
网络音乐	41060.0	76.4%	38585.1	75.2%	6.4%
网络新闻	39231.7	73.0%	36686.7	71.5%	6.9%
博客/个人空间	35331.3	65.7%	31863.5	62.1%	10.9%
网络视频	34999.5	65.1%	32530.5	63.4%	7.6%
网络游戏	33105.3	61.6%	32427.9	63.2%	2.1%
微博	27364.5	50.9%	24988.0	48.7%	9.5%
电子邮件	25842.8	48.1%	24577.5	47.9%	5.1%
社交网站	25051.0	46.6%	24423.6	47.6%	2.6%
网络购物	20989.2	39.0%	19395.2	37.8%	8.2%
网络文学	19457.4	36.2%	20267.5	39.5%	-4.0%
网上银行	19077.2	35.5%	16624.4	32.4%	14.8%
网上支付	18722.2	34.8%	16675.8	32.5%	12.3%
论坛/BBS	15586.0	29.0%	14469.4	28.2%	7.7%
团购	6181.4	11.5%	6465.1	12.6%	-4.4%
旅行预订	4257.5	7.9%	4207.4	8.2%	1.2%

图 5.41　2011.12—2012.6 中国网民对各类网络应用使用率

二是选择合适的版位。显然，首页的上方网页一打开即可被看到，该位置又称为第一视点(First View)，效果最佳，广告点击率通常可达 3.5%～4%。当然更为理想的情况是在页面最上面和最下面设置相同的广告。

三是适当运用动画、视频等多媒体技术。动态视频会比静止图片更具吸引力，但要注意限制广告文件的大小以便受众浏览。

四是选择合适的发布时段。

总之，厂商在决定发布网络广告之前，必须认真分析自己的整体经营策略、企业文化以及广告需求，将其与企业整体进行融合，真正发挥网络的优势。而同时作为网络广告的发布者和广告主，更是必须在掌握网民的行为习惯之后才能有的放矢地进行广告的投放。如图 5.42 所示为 2011 年第 3 季度到 2012 年第 3 季度中国网络媒体类的广告收入预计。

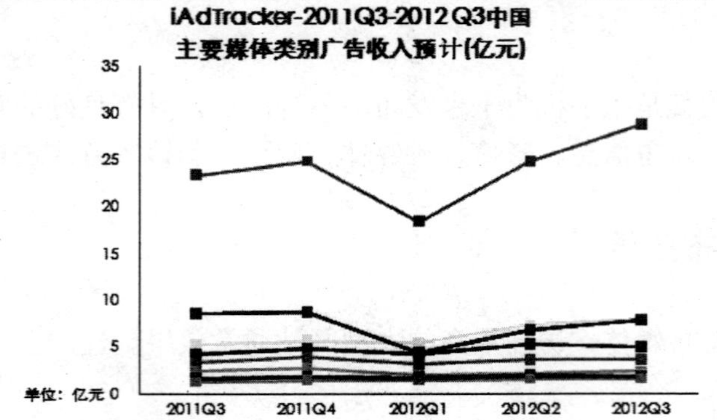

	2011Q3	2011Q4	2012Q1	2012Q2	2012Q3
门户网站	23.4	24.9	18.4	24.8	28.8
视频网站	5.4	5.7	5.5	7.3	7.9
房产网站	8.6	8.8	4.4	6.8	7.8
汽车网站	4.3	5.0	4.3	5.3	5.1
IT类网站	3.4	3.9	3.2	3.6	3.7
社区网站	2.5	2.8	1.9	2.0	2.4
新闻网站	1.6	1.9	1.7	1.9	2.0
客户端	1.7	1.9	1.7	2.0	1.9
财经网站	1.5	1.9	1.6	1.8	1.9
女性网站	1.3	1.5	1.4	1.6	1.5

来源：iAdTracker.2012.9.基于对中国200多家主流网络媒体品牌图形广告投放的日监测数据统计，不含文字链及部分定向类广告，费用为预估值。

图 5.42　2011Q3—2012Q3 中国主要网络媒体类别广告收入预计

5.5.3　网络广告投放预算与费用

网络广告的收费模式有别于传统广告。

目前流行的收费模式包括 CPM、CPA、CPP、CPC、CPR、包月方式、Clickthrough、hits、pageview 等。相比而言，CPM 和包月方式对网站有利，而 CPA、CPP、CPC、CPR 则对广告主有利。

1. 千人印象成本（CPM）

这是一种以广告页面被浏览 1000 次为基准的广告收费模式，即每千人次访问的收费。比如一个广告横幅的单价是 50 元/CPM，广告投入 5000 元，则可以获得 100×1000 次播放机会。

2. 每行动成本（CPA）

按广告投放实际效果来计费，即按回应的有效问卷或订单来计费，而不限广告投放量。只有当网络客户点击旗帜广告，链接广告主网页后，才按单击“次数付给广告站点费用”。

3. 每购买成本（CPP）

根据每个商品的购买成本来决定广告费用。广告主为规避广告费用风险，只有在网络客户点击旗帜广告并进行在线交易后，才按销售笔数付给广告站点费用。

4. 千人单击成本（CPC）

以实际单击的人数为标准来计算费用，它仍然以千次单击为单位。比如一则广告的单价是40/CPC 则表示 400 元可以买到 10×1000 次单击。一般来说，CPC 的费用比 CPM 的费用高得多，但是广告主往往更倾向选 CPC 这种付费方式，因为这种付费真实反映了受众确实看到了广告，并且进入了广告主的站点。

5. 每回应成本（CPR）

以浏览者的每一个回应计费。

6. 包月方式

买断某个时期的广告固定收费。很多中小站点喜欢使用包月制。通常按月收费，不管效果好坏、访问量多少，一律一个价。除了按月，还可以按天、周、季度等时间来收费。

7. 其他计价方式

某些广告主在进行特殊营销专案时，会提出个别议价。

新浪首页			
要闻区左侧三轮播按钮	18万/轮/天		
新闻中心首页			
要闻区右侧两轮播按钮01	13.5万/轮/天	国际新闻右侧两轮播	5万/轮/天
要闻区左侧按钮	1.5万/小时（8:00-11:59）1.2万/小时（12:00-7:59）	国内新闻左侧两轮播按钮	7.5万/轮/天
	30元/CPM	体育新闻左侧两轮播按钮	5.5万/轮/天
汽车首页			
购车版右侧两轮播按钮01	15万/轮/天		
新闻版左侧两轮播按钮01	14万/轮/天	新闻版右侧两轮播按钮01	12万/轮/天
财经/体育/娱乐/女性/科技/博客/高尔夫			
财经首页要闻区左侧两轮播01	7.5万/轮/天	财经首页要闻区左侧两轮播02	5万/轮/天
财经首页要闻区右侧按钮02	8万/天	财经首页要闻区右侧按钮03	5.5万/天
财经首页02通栏下右侧两轮播	2万/轮/天	体育首页要闻区右侧两轮播00	18万/轮/天
体育首页要闻区右侧两轮播01	3万/轮/天		1/2轮播 50元/CPM
体育首页要闻区右侧两轮播02	5.5万/轮/天	体育焦点图下两轮播03	7.5万/轮/天
体育首页通栏02下右侧按钮	6.5万/天	娱乐首页要闻区下两轮播按钮	8万/轮/天
娱乐首页右侧两轮播按钮01	4.5万/轮/天	娱乐01通下右侧按钮00	5万/天
娱乐首页01通栏下左侧两轮播	5.5万/轮/天	娱乐首页01通栏下右侧两轮播	4.5万/轮/天
女性要闻区左侧	10万/天	女性要闻区右侧02	12万/天
女性通栏02上按钮01	3万/天	博客浮动推荐窗口关闭后两轮播	10万/轮/天
科技首页01通栏上按钮01	2万/天	科技首页通栏01下按钮01	0.7万/天
高尔夫首页要闻区右侧按钮01	1.5万/天		
视频/星座/理财/读书/旅游			
播客视频新闻打通正文页右侧两轮播按钮	7万/轮/天	理财首页要闻区左侧按钮01	3.5万/天
星座首页顶通两侧两轮播翻牌	0.75万/轮/天	星座首页要闻区右侧按钮	0.8万/天
旅游首页通栏01上左侧按钮01	0.8万/天	旅游首页通栏01上右侧按钮01	0.6万/天

图 5.43 新浪网络广告 2012Q4—2013Q1 报价单

【教学活动 4】网络广告发布初体验

活动实施：

（1）登录新浪（http://www.sina.com.cn/），单击“广告服务”进入广告互动营销页面，了解新浪广告发布的流程；单击“产品报价”下载报价单，查看新浪广告投放价格。

（2）登录百度（http://www.baidu.com/），单击“加入百度推广”进入百度推广官网，单击“推广费用”查看百度广告费用；单击“开户流程”如何在百度投放广告；单击“虚拟体验中心→百度推广视频”查看推广流程。

（3）登录当地最知名的门户网站，了解该网站广告发布的流程；查看该网站广告投放价格。

活动考核：

以实验报告为依据进行考核。

任务 6　网络广告效果评估

网络广告效果评估，是指网络广告活动实施以后，通过对广告活动过程的分析、评价及效果反馈，以检验广告活动是否取得了预期效果的行为。

网络广告效果评估在很大程度上依靠技术手段，与传统广告评估相比，耗费的人力、物力比较少，相应的广告成本就比较低。网络广告的效果评估虽然具有众多优势，但是目前在评估的具体实施上还存在相当大的难度。

5.6.1　网络广告效果评估指标

目前网络广告效果的评估指标有以下几种，广告主、网络广告代理商和服务商可结合自身广告效果评估的要求，运用这些指标进行效果综合评估。

1. 点击率指标

点击率是指网上广告被点击的次数与被显示次数之比，它一直都是网络广告最直接、最有说服力的评估指标之一。通过点击行为可以了解是哪些准备购买产品的消费者对产品感兴趣及兴趣程度，因为点击广告者很可能是那些受广告影响而形成购买决策的客户，或者，是对广告中的产品或服务感兴趣的潜在客户，也就是说是高潜在价值的客户，如果准确识别出这些客户，并针对他们进行有效的定向广告和推广活动，可以对业务开展有很大的帮助。

2. 业绩增长率指标

对一部分直销型电子商务网站，评估他们所发布的网络广告最直观的指标就是网上销售额的增长情况，因为网站服务器端的跟踪程序可以判断买主是从哪个网站链接而来、购买了什么产品、多少产品等情况，从而，对于广告的效果有了最直接的体会和评估。

3. 回复率指标

网络广告发布期间及之后一段时间内客户表单提交量，公司电子邮件数量的增长，收到询问产品情况或索要资料的电话、信件、传真等增长时，回复率可作为辅助性指标来评估网络广告的效果，但需注意它应该是由于看到网络广告而产生的回复。

4. 转化率指标

“转化”被定义为受网络广告影响而形成的购买、注册或者信息需求。有时，尽管顾客没有点击广告，但仍会受到网络广告的影响而在其后购买商品。

5.6.2　测评数据获取方式

目前获得测评数据的方法主要有以下两种。

1. 访问统计软件 ISP 或 ICP 通过使用访问统计软件

使用一些专门的软件（如 WebTrends、Accesswatch 等），可随时监测广告发布的情况，并能进行分析、生成相应报表，广告主可以随时了解在什么时间、有多少人访问过载有广告的网页，有多少人通过广告直接进入到广告主自己的网址，等等。使用一些专门的软件可随时监测网民对网络广告的反应，并能进行分析、生成相应报表，广告主可以随时了解相关的信息。

目前权威的网络广告监测公司 Double Click 和 Netgraphy 就是用一定的统计软件来获得广告曝光、点击次数以及网民的个人情况的一些数据。

2. 第三方机构

委托独立的第三方机构进行监测来获得评估数据更显得公正，如利用对网民的随机抽样，来评估网上广告行为。国内比较知名的第三方网络广告监测公司是 iresearch 艾瑞咨询集团。

获得效果评估数据。目前网络广告效果评估的标准和体系还很不完善，相信随着各界人士对这个问题的关注程度的提高，不久网络广告的效果评估体系就会确立，而且评估技术和评估方法会有很大的进步，那时网络广告的效果评估将会更加客观、准确。

第6章

网络客服

学习目标

- 理解网络客户关系的定义及内涵
- 了解客户关系管理的作用
- 掌握网络客户服务方法
- 掌握与客户沟通的技巧
- 能自己设计 FAQ

任务1 网络客服体系

【教学活动1】

背景资料：河南许昌奥莱尼亚服装有限公司是一家年产300万套男女商务装的公司。网络的出现促使电子商务为客户提供越来越精准、及时和更廉价的信息，但也意味着客户可以立即对价格进行比较。面对庞大的市场竞争压力，奥莱尼亚服装有限公司为了了解并满足客户需求，培育客户忠诚度，需要使用客户关系管理软件建立完整的客户数据库，并以客户数据库为中心，跟踪客户购买方式，分析发掘本企业的客户忠诚感的决定因素来进一步开展促销等商业活动，以便满足客户的需要。要想成功开拓市场必须发展持久、盈利的客户关系并保持客户的忠诚度，请你协助奥莱尼亚服装有限公司设计一项新的网络客户忠诚策略，并应用相应的客户关系管理软件管理企业的客户。

泰国东方饭店的客户服务

王老板因生意需要经常去泰国，第一次下榻东方饭店就感觉很不错，第二次再入住时，由于某些细节，他对饭店的好感迅速升级。那天早上，他走出房间去餐厅时，楼层服务生恭敬地问道："王先生是要用早餐吗？"王老板很奇怪，反问："你怎么知道我姓王？"服务生说："我们饭店有规定。晚上要背熟所有客人的姓名。"这令王老板大吃一惊，因为他住过世界各地无数高级酒店，但这种情况还是第一次碰到。王老板高兴地乘电梯下到餐厅所在的楼层，刚刚走出电梯门，餐厅的服务生就说："王先生，里面请。"王老板更加疑惑，因为服务生并没有看到他的房卡，就问："你知道我姓王？"服务生答："上面的电话刚刚下来，说您已经下楼了。"如此高的效率让王老板再次大吃一惊。

王老板走进餐厅，服务小姐微笑着问："王先生还要老位子吗？"王老板更吃惊了，心想尽管不是第一次在这里吃饭，但最近的一次也有一年多了，难道这里的服务小姐记忆力这么好？看到他吃惊的样子，服务小姐主动解释说："我刚刚查过计算机记录，去年的6月8日，您在靠近第二个窗口的位子上用过早餐。"王老板听后兴奋地说："老位子！老位子！"小姐接着问："老菜单，一个三明治，一杯咖啡，一个鸡蛋？"王老板已不再惊讶了："老菜单，就要老菜单。"就餐时，餐厅赠送了一碟小菜，由于王老板第一次看到这种小菜，就问："这是什么？"服务生后退两步说："这是我们特有的小菜。"服务生为什么要先后退两步呢？他是怕自己说话时口水不小心落在客人的食物上。这种细致的服务不要说在一般酒店，就是在美国最好的饭店里王老板都没有见过。这一次早餐给王老板留下了终生难忘的印象。

东方饭店在经营上的确没有使什么新招、高招、怪招，他们采取的仍然是惯用的传统办法：提供人性化的优质服务。只不过，在别人仅局限于达到规定的服务水准就停滞不前时，他们却进一步挖掘，抓住大量别人未在意的不起眼的细节，坚持不懈地把人性化服务延伸到方方面面，落实到点点滴滴，不遗余力地推向极致。由此，他们靠比别人更胜一筹的服务，赢得了客户的心，饭店天天客满也就不奇怪了。

【思考】

东方饭店客户服务体现在哪些方面？在电子商务时代，东方饭店应该如何做好网络客户服务？

1. 客户关系管理（CRM）产生背景

一般的客户发展阶段是：潜在客户→新客户→满意的客户→留住的客户→老客户。

2. 客户关系管理（CRM）的理解

CRM（Customer Relationship Management）客户关系管理的概念由美国 Gartner Group 集团率先提出。CRM 就是获取、保持和增加可获利客户的过程。它既是一种国际领先的、以“客户价值”为中心的企业管理理论、商业策略和企业运作实践，也是一种以信息技术为手段、有效提高企业收益、客户满意度、雇员生产力的管理软件。

3. CRM 中的客户服务

（1）客户服务的特点及客户服务新理念。

营销大师科特勒曾对服务下的定义是：“服务是一方为实际上无形的另一方提供的任何行为或工作，它不会导致任何事物的所有权的产生，它的产生可能会或可能不会受到事物的限制。”

客户服务的新变化具体表现在以下几方面：

① 增加顾客的感性认识。

② 突破时空不可分离性。

③ 提供更高层次的服务。

④ 顾客寻求服务的主动性增强。

⑤ 服务成本降低，效益提高。

⑥ 个性化服务成为服务的主要特色。

（2）企业与客户关系。

（3）客户生命周期与客户终身价值。

① 客户生命周期。

客户生命周期是客户关系生命周期的简称，是指客户关系水平随着时间的变化而变化的发展轨迹，它直观地揭示了客户关系发展从一种状态向另一种状态运动的阶段性特征。

考察期——关系的探索和试验阶段。

形成期——关系的快速发展阶段。

稳定期——关系发展的最高阶段。

退化期——关系发展过程中关系水平逆转的阶段。

② 客户终身价值。

客户终身价值（Customer Lifetime Value，CLV）是指企业在与某客户保持客户关系全过程中从该客户处所获得的全部利润价值。

4. 网络客户服务

（1）客户。

对企业而言，客户是对本企业产品和服务有特定需要的群体，是企业生产经营活动得以维持的根本保证。它包括所有本着共同的决策目标参与决策制定并共同承担决策风险的个人和团体，有使用者、影响者、决策者、批准者、购买者和把关者。

（2）网络客户服务。

借助网络企业为客户提供的售前、售中、售后等一系列服务。

（3）客户服务需求层次。

顾客所需服务按顺序划分有四个层次：了解产品和服务信息，遇到问题需要在线帮助，进一步接触企业人员，了解产品的全过程信息。

（4）网络客户服务相关指标：

① 客户满意度。

② 客户忠诚度。

③ 顾客保留度。

电子商务和网络经济的发展，使企业间的竞争进一步加大，商家在产品的质量、品种款式、技术含量等方面的差距逐步缩小，产品本身的竞争优势已经不再对顾客产生决定性的影响。这就需要企业加强外延产品的竞争。顾客服务是外延产品竞争的重要方面。在电子商务时代，良好的网络客户服务能力将大大提升企业的竞争力。无论是网络公关和礼仪，还是顾客服务和管理，最终都要围绕顾客需求，千方百计地为顾客提供满意的服务。企业可根据自身特点，选择适合的 CRM 系统；积极开展个性化服务，提高顾客管理水平；提升顾客的满意度，提高顾客忠诚度，做好顾客服务，促进企业发展。

6.1.1　网络客服的定义

网络客服，是基于互联网的一种客户服务工作，是网络购物发展到一定程度下细分出来的一个工种，跟传统商店售货员的工作类似。

具体地说，网络客服是指在开设网店这种新型商业活动中，充分利用各种通信工具、并以网上及时通信工具（如淘宝旺旺）为主的，为客户提供相关服务的人员。

这种服务形式对网络有较高的依赖性，所提供的服务一般包括：客户答疑、促成订单、店铺推广、完成销售、售后服务等几个大的方面。

6.1.2　网络客服的工种

根据目前淘宝上网络客服的工作种类，可以分为售前客服、售中服务、售后服务、销售客服、技术客服及中评差评客服等。

工作内容：网络客服的工作内容多样，但主要包括引导客户购物，解答客户问题，提供技术支持，消除客户不满情绪等。

工作方式：主要是通过阿里旺旺、QQ、E-mail 等聊天通信工具，在线上和买家实时交流及资料传送。

一般的小规模网店，往往一人身兼数职，对客服并没有进行细分，而较有规模的网店则会实行较细的分工，网络客服的分工达到相当细致的程度，如：

（1）有通过旺旺、电话，解答买家问题的客服。
（2）有专门的导购客服，帮助买家挑选更符合其需求的商品。
（3）有专门的投诉客服，处理客户投诉。
（4）有专门的推广客服，负责网店的营销与推广。
（5）还有专门帮店主打包的客服。

6.1.3 网络客服工作内容

网络客服，在网店的推广、产品的销售以及售后的客户维护方面均起着极其重要的作用，不可忽视。

1. 塑造店铺形象

对于一个网上店铺而言，客户看到的商品都是一张张的图片，既看不到商家本人，也摸不到产品本身，无法了解各种实际情况，因此往往会产生距离感和怀疑感。这个时候，客服就显得尤为重要了。客户通过与客服在网上的交流，可以逐步了解商家的服务和态度以及其他信息，客服的一个笑脸（旺旺表情符号）或者一个亲切的问候，都能在客户心目中逐步树立起店铺的良好形象。

2. 提高成交率

很多客户都会在购买之前针对不太清楚的内容询问商家，或者询问优惠措施等。客服在线能够随时回复客户的疑问，可以让客户及时了解需要的内容，从而立即达成交易。

有的时候，客户不一定对产品本身有什么疑问，仅仅是想确认一下商品是否与事实相符，这个时候一个在线的客服就可以打消客户的很多顾虑，促成交易。

同时，对于一个犹豫不决的客户，一个有着专业知识和良好销售技巧的客服，可以帮助买家选择合适的商品，促成客户的购买行为，从而提高成交率。

有时候客户拍下商品，但是并不一定是着急要的，这个时候在线客服可以及时跟进，通过向买家询问汇款方式等督促买家及时付款。

3. 提高客户回头率

当买家在客服的良好服务下，完成了一次良好的交易后，买家不仅了解了卖家的服务态度，也对卖家的商品、物流等有了切身的体会。当买家需要再次购买同样商品的时候，就会倾向于选择他所熟悉和了解的卖家，从而提高了客户再次购买概率。

4. 更好地服务于客户

如果把网络客服仅仅定位于和客户的网上交流，那么我们说这仅仅是服务客户的第一步。一个有着专业知识和良好沟通技巧的客服，可以给客户提供更多的购物建议，更完善地解答客户的疑问，更快速地对买家售后问题给予反馈，从而更好地服务于客户。

6.1.4　对网络客服的要求

1. 基本要求

（1）基本工作要求：能通过聊天软件、电话等与客户沟通，接受客户的询价，为客户导购。

（2）招聘基本要求：　客服一般不需要太高深的计算机技能，但是需要对计算机有基本的认识，包括熟悉 Windows 系统；会使用 Word 和 Excel；会发送电子邮件；会管理电子文件；熟悉上网搜索和找到需要的资料。至少应该熟练掌握一种输入法，打字速度快，能够盲打输入。反应灵敏，能同时和多人聊天，对客户有耐心。

（3）招聘更高要求：懂得图文编辑、网页制作、能够帮助店主装修、推广网店，甚至参与产品的设计。

2. 具备的基本素质

一个合格的网络客服，应该具备一些基本的素质，如心理素质、品格素质、技能素质以及其他综合素质等。

（1）心理素质。

网络客服应具备良好的心理素质，因为在客户服务的过程中，承受着各种压力、挫折，没有良好的心理素质是不行的。具体如下：

①“处变不惊”的应变力。

② 挫折打击的承受能力。

③ 情绪的自我掌控及调节能力。

④ 满负荷情感付出的支持能力。

⑤ 积极进取、永不言败的良好心态。

（2）品格素质。

① 忍耐与宽容是优秀网络客服人员的一种美德。

② 热爱企业、热爱岗位。一名优秀的网络客服人员应该对其所从事的客户服务岗位充满热爱，忠诚于企业的事业，兢兢业业地做好每件事。

③ 要有谦和的态度：一定要有一个谦和的态度，谦和的服务态度是能够赢得顾客对服务满意度的重要保证。

④ 不轻易承诺：说了就要做到，言必信，行必果。

⑤ 谦虚是做好网络客服工作的要素之一。

⑥ 拥有博爱之心，真诚对待每一个人。

⑦ 要勇于承担责任。

⑧ 要有强烈的集体荣誉感。

⑨ 热情主动的服务态度：客户服务人员还应具备对客户热情主动的服务态度，充满了激情，让每位客户感受到你的服务，在接受你的同时还接受你的产品。

⑩ 要有良好的自控力：自控力就是控制好自己的情绪，客服作为一个服务工作，首先自

己要有一个好的心态来面对工作和客户，客服的心情好了也会带动客户。毕竟网上什么人都有，有好说话的，也有不好说话的，遇到不好说话的，就要控制好自己的情绪，耐心地解答，有技巧地应对。

（3）技能素质。

① 良好的文字语言表达能力。

② 高超的语言沟通技巧和谈判技巧：优秀的客户服务员还应具备高超的语言沟通技巧及谈判技巧，只有具备这样的素质，才能让客户接受你的产品并在与客户的价格交锋中取胜。

③ 丰富的专业知识：对于自己所经营的产品具有一定的专业知识，如果你对自己的产品都不了解，又如何保证第一时间回答顾客的疑问呢。

④ 丰富的行业知识及经验。

⑤ 熟练的专业技能。

⑥ 思维敏捷，具备对客户心理活动的洞察力。

⑦ 敏锐的观察力和洞察力：网络客服人员还应该具备敏锐的观察力和洞察力，只有这样才能清楚地知道客户购买心理的变化。了解了客户的心理，才可以有针对性地对其进行诱导。

⑧ 具备良好的人际关系沟通能力：良好的沟通是促成买家掏钱的重要步骤之一，和买家在销售的整个过程当中保持良好的沟通是保证交易顺利的关键。不管是交易前还是交易后，都要与买家保持良好的沟通，这样不但可以顺利的完成交易，还有可能将新买家吸收为回头客，成为自己的老顾客。

⑨ 具备专业的客户服务电话接听技巧：网络客服不单单是要掌握网络即时通信工具，很多时候电话沟通也是必不可少的。

⑩ 良好的倾听能力。

（4）综合素质。

① 要具有“客户至上”的服务观念。

② 要具有工作的独立处理能力。

③ 要有对各种问题的分析解决能力。

④ 要有人际关系的协调能力。

3. 营销类网络客服应具备的基本能力

营销类网络客服应具备一些基本能力，诸如：文字表达、资料收集、自己动手、代码了解、网页制作、参与交流、思考总结、适应变化、学习、深入了解网民、建立品牌、耐心、敏感、细致、踏实坚韧等。

（1）文字表达能力。

把问题说清楚是作为营销类网络客服的基本能力，如果真正做到把问题说清楚，那已经很了不起了，不信你不妨看看一些网店的宝贝描述、产品说明，仔细分析一下他们有没有把问题说清楚。很多网店对买家希望了解的东西其实都是还没有说清楚的。

（2）资料收集能力。

收集资料主要有两个方面的价值：一是保存重要的历史资料；二是尽量做到某个重要领域资料的齐全。如果能在自己的工作相关领域收集大量有价值的资料，那么对于自己卓有成效的工作将是一笔巨大的财富。

（3）自己动手能力。

要深入网店营销了解其中的各种问题，仅靠一般的体验是远远不够的，还需要自己动手、亲自参与网店营销过程中的各个方面。很多时候，一些问题不是自己动手是很难有深刻体会的，有些问题也只有自己动手去操作才能发现，并且找到解决的办法。网店营销学习过程中自己动手的地方越多，对网店营销的理解就会越深刻。

（4）代码了解能力。

网店营销与网页制作、数据库应用等常用程序密不可分，网店营销人员不一定要成为编程高手，但是对于一些与网店营销直接相关的基本代码，应该有一定的了解，尤其是HTML、ASP、JSP 等。即使不会熟练地用代码编写网页文件，也应该了解其基本含义，并且在对网页代码进行分析时可以发现其中的明显错误，这样才能更好地理解和应用网店营销。

（5）网页制作能力。

网页制作本身涉及很多问题，如图片处理、程序开发等，这些问题不可能都包括在网店营销专门课程中，但是一个网店营销人员对网页设计应该有初步的知识，起码对于网页设计的基本原则和方法有所了解。这些能力在进行网店策划时尤其重要，因为只有了解网页制作中的一些基本问题，才能知道策划的方案是否合理，是否可以实现。

（6）参与交流能力。

从本质上来说，网店营销的最主要任务是利用互联网的手段促成营销信息的有效传播，而交流本身是一种有效的信息传播方式，互联网上提供了很多交流的机会，如论坛、博客、专栏文章、邮件列表等都需要直接参与。

（7）思考总结能力。

网店营销现在还没有形成非常完善的理论和方法体系，同时也不可能保持现有理论和方法的长期不变。目前一个很现实的问题是，网店营销的理论与实践还没有有效结合起来，已经形成基本理论的方面也并未在实践中发挥应有的指导作用。因此在网店营销实际工作中，很多时候需要依靠自己对实践中发现问题的思考和总结。

（8）适应变化能力。

适应变化的能力，也可以称为不断学习的能力。由于互联网环境和技术的发展变化很快，如果几个月不上网，会发现网络有了很大变化。对我们的网店营销学习和应用尤其如此。一本书写出来到读者手中已经两年过去了，从学习到毕业后的实际应用可能又需要两年甚至更长的时间。因此一些具体的应用手段会发生很大变化，但网店营销的一般思想并不会随着环境的变化而发生根本的变化。

（9）学习能力。

没有一个行业比电子商务发展得更快，技术、模式、客户、观念天天在变，要保持学习心态。

（10）深入了解网民。

中国网民阶层众多，得从最低阶层开始了解，且要始终将自己置身于广大网民中间去了解最新动态和热点。

（11）建立品牌能力。

网店的数目很多，要让消费者或客户很容易地找到你，让消费者或客户很快信任你，让顾客对你的产品有信心，需要对自己所做的品牌有很深的了解和积极的推广。

（12）耐心。

客服面对的客户问题是千奇百怪、五花八门的，有时也是很令客服哭笑不得的。但这是没办法的事情，耐心可以赢得更多的客户。

（13）敏感、细致。

溃于蚁穴在电子商务中屡见不鲜，要做到敏感、细心认真地对待每一个错误和漏洞。

（14）踏实坚韧。

网店的成长越来越艰难和漫长，只有踏踏实实、坚强不屈、一步一步向前才能成功。

6.1.5 网络客户的类型

了解网络客户的基本类型，对于提高网络客服的服务质量和服务效率具有极其重大的作用。

1. 按客户性格特征分类及应采取的相应对策

（1）友善型客户。

特质：性格随和，对自己以外的人和事没有过高的要求，具备理解、宽容、真诚、信任等美德，通常是企业的忠诚客户。

策略：提供最好的服务，不因为对方的宽容和理解而放松对自己的要求。

（2）独断型客户。

特质：异常自信，有很强的决断力，感情强烈，不擅长理解别人；对自己的任何付出一定要求回报；不能容忍欺骗、被怀疑、怠慢、不被尊重等行为；对自己的想法和要求一定需要被认可，不容易接受意见和建议；通常是投诉较多的客户。

策略：小心应对，尽可能满足其要求，让其有被尊重的感觉。

（3）分析型客户。

特质：情感细腻，容易被伤害，有很强的逻辑思维能力；懂道理，也讲道理。对公正的处理和合理的解释可以接受，但不愿意接受任何不公正的待遇；善于运用法律手段保护自己，但从不会威胁对方。

策略：真诚对待，做出合理解释，争取对方的理解。

（4）自我型客户。

特质：以自我为中心，缺乏同情心，从不习惯站在他人的立场上考虑问题；绝对不能容忍自己的利益受到任何伤害；有较强的报复心理；性格敏感多疑；时常“以小人之心度君子之腹”。

策略：学会控制自己的情绪，以礼相待，对自己的过失真诚道歉。

2. 按消费者购买行为分类及应采取的相应对策

（1）交际型。

有的客户很喜欢聊天，聊得愉快了就到你的店里购买东西，既成交了也成了朋友，至少很熟悉了。对于这种类型的客户，要热情如火，并把工作的重点放在这种客户上。

（2）购买型。

有的顾客直接买下商品，很快付款，收到商品后也不和你联系，直接给好评，对客服的热情很冷淡。

对于这种类型的客户，不要浪费太多的精力，如果执着地和他（她）保持联系，他（她）可能会认为是一种骚扰。

（3）礼貌型。

可能因为一件商品和客服联系，如果客服热情如火，在聊天过程中运用恰当的技巧，该客户会再购买一些商品。

对于这种客户，能多热情就做到多热情。

（4）讲价型。

讲了还讲，永不知足。

对于这种客户，要咬紧牙关，坚持始终如一，保持微笑。

（5）拍下不买型。

对于这种类型的客户，可以投诉、警告。也可以全当什么都没发生，因各自性格决定采取的方式，不能说哪个好，哪个不好。

3. 按网店购物者常规类型分类及应采取的相应对策

（1）初次上网购物者。

这类购物者在试着领会电子商务的概念，他们的体验可能会从在网上购买小宗的安全种类的物品开始。这类购物者要求界面简单、过程容易。

产品照片对说服这类购买者完成交易有很大帮助。

（2）勉强购物者。

这类购物者对安全和隐私问题感到紧张。因为有恐惧感，他们在开始时只想通过网站做购物研究，而非购买。

对这类购物者，只有明确说明安全和隐私保护政策才能够使其消除疑虑，轻松面对网上购物。

（3）便宜货购物者。

这类购物者广泛使用比较购物工具。这类购物者缺乏品牌忠诚，只要最低的价格。网站上提供的廉价出售商品，对这类购物者最具吸引力。

（4）“手术”购物者。

这类购物者在上网前已经很清楚自己需要什么，并且只购买他们想要的东西。他们的特点是知道自己做购买决定的标准，然后寻找符合这些标准的信息，当他们很自信地找到了正好合适的产品时就开始购买。

快速告知其他购物者的体验和对有丰富知识的操作者提供实时客户服务，会吸引这类购物者。

（5）狂热购物者。

这类购物者把购物当作一种消遣。他们购物频率高，也最富于冒险精神。对这类购物者，迎合他们十分重要。

为了增强娱乐性，网站应为他们多提供观看产品的工具、个人化的产品建议，以及像电子公告板和客户意见反馈页之类的社区服务。

（6）动力购物者。

这类购物者因需求而购物，而不是把购物当作消遣。他们有自己的一套高超的购物策略来找到所需要的东西，不愿意把时间浪费在东走西逛上。

任务 2　网络客服的售前、售中服务

【教学活动 2】

一家网店的客服好比商场的售货员，消费者的买与不买有时就取决于客服是否热情、专业、贴心。许多卖家都深知客服的重要性，却苦于没有良好的范例，完善的体系培训客服，没有好的激励机制提高客服的接单率。光有好态度，反应快，24 小时在线就够了吗？客服不仅仅是接待者的角色，更要体现引导者的角色。

店铺求诊方向：

（1）我们是大码女装，比较有特色的店铺，针对本店的特殊性，客服在接待过程中是否有需要注意的地方？

（2）目前确实觉得客服的服务不够热情，采用怎样的说话技巧才能最大限度地提高接单率呢？

（3）对售前和售后客服该如何培训，包括哪些方面？

对话一：

聊天行数	会话时间	会话发起方	聊天内容
1	16:43:46	客户	你好
2	16:43:46	客服	你好，请问有什么帮您的（表情） 如需咨询尺码，请先告诉我三围哦，要不我也没法回答哈（表情）
3	16:43:58	客户	这个产品（网址）
4	16:44:37	客户	平常穿 33。34 码的这个要穿多大
5	16:44:46	客服	亲 正码
6	16:44:50	客服	跟平时一样
7	16:45:56	客户	给我包邮好吗
8	16:46:19	客服	抱歉 2 件包邮
9	16:46:42	客户	这件能穿我下次还来买的
10	16:46:57	客服	亲 抱歉 真的不恩呢更
11	16:47:00	客服	不能

解析：根据聊天信息，我们可以看到该店铺客服存在的第一个问题：对话、接待客户不够热情，使人感觉冷淡。

如第 2、5、6、8、10 行回复内容，非常不礼貌，换位思考一下，如果自身处于这位客户的位置上会愿意继续聊下去甚至购买该店的商品吗？应当注意用词规范和礼貌待人，至少要问清客户的来意。

技巧提升攻略：当确实不能包邮的时候，客服人员可以多运用一些表情和俏皮话来婉拒客

户，同时把话题转移到产品本身上来，介绍商品优势或者促销活动，推动客户下单。如：亲，真的不是不给你包邮啊，实在是现在竞争激烈，咱们的利润已经很低很低啦，一包邮啥都木有啦。刚才亲看的这款衣服是蛮适合现在的天气哦，轻薄又能保暖，喜欢就果断拿下哦！

对话二：

聊天行数	会话时间	会话发起方	聊天内容
1	22:44:42	客户	您好
2	22:44:42	客服	您好 亲 很高兴为您服务（表情）
3	22:44:42	客服	欢迎光临
4	22:45:02	客服	你好
5	22:46:17	客户	我想买这个（网址）有什么活动么？
6	22:46:37	客服	没有
7	22:46:57	客户	……
8	22:47:15	客户	同城的几天到？
9	22:47:23	客服	一般是第二天
10	22:47:26	客服	明天发货
11	22:47:30	客服	后天到
12	22:49:55	客户	那我买两条 邮费呢？
13	22:50:16	客服	算您一个邮费
14	22:51:29	客户	那一会儿帮我改价哈
15	22:51:56	客服	好
16	22:53:01	客服	不需要改了，系统自动计算好了
17	22:53:10	客户	嗯 看见了
18	22:57:40	客户	麻烦尽快帮我发货哦
19	22:57:43	客服	好的（握手表情）

解析：根据上述聊天信息，可以看到该店铺客服存在的第二个问题：与客户的对话基本“一问一答”，而且话术简单空洞，“冷眼相对”、“爱买不买”的意味浓烈。

首先，客服对待客户的态度冷淡，随意承诺，如第 9、10 行回复所示。一般在客服接待过程中，不推荐为客户计算包裹到达时间，话术需严谨得体，此处最好回复如下：亲，我们是发××快递的，一般是×～×天送达哦，但是最近快递爆仓可能会有延误，请见谅哈。

至于回答冷淡，一问一答的问题，店铺管理者应当注意，以免影响客户的购物心情，如第 6、16 行的回复所示，可以如下回复：

6 行处：亲，由于年关刚过，活动基本都结束啦，这款商品到目前为止仍旧卖得非常好的哦，质量和上身效果都令人满意哦。

16 行处：价格已经帮您改好啦，请您核对下金额、尺码以及收货地址是否正确，有问题及时联系我哦。

技巧提升攻略：让客服学会没事就和客户拉拉家常，但不要频繁，比如：哎呀，今天天气有点凉哦，亲有木有多穿衣啊？主要目的是推荐产品，促使客户购买，让客户降低戒备，用扯话题的形式把产品功能、特点等展现给顾客。

对任何一家网上店铺来说，只有拥有了完善的系统和相应的客户服务支持体制，才能为客户提供优质的服务和产品。在客户服务过程，每一个细节都是至关重要的，这些细节包括你向客户提供信息的方式、与客户的初步接触、处理客户问题的方式、销售技巧（强行推销和关系推销）、订单托收和管理、报价、产品和服务传递、开票和跟踪服务等。就客户而言，他们并不想要了解公司的内部策略、规章制度或者管理程序。他们想要知道的是，他们是否能与你取得联系，能否从你那得到他们想要的信息，从而制定产品购买决策，决定是否购买公司产品或需要公司为其提供服务。而客户一旦决定购买，服务人员应当及时把产品或者服务完美地送到客户手中，如果在服务中出现了纰漏，轻则引起客户不满，重则令公司信誉受损。

首先是对网络客户需求的认知。客户进店以后，除了对具体某个（或某些）商品的需求以外，还有其他一些常被我们忽视的需求，而且满足客户具体商品以外的需求往往并不需要付出更多的成本，但在促成商品成交上却发挥着巨大的作用，那么除了具体商品外，客户还有哪些需求呢，如：

（1）安全及隐私的需求。

（2）有序服务的需求。

（3）及时服务的需求。

（4）被识别或记住的需求。

（5）受欢迎的需求。

（6）感觉舒适的需求。

（7）被理解的需求。

（8）被帮助的需求。

（9）受重视的需求。

（10）被称赞的需求。

（11）受尊重的需求。

（12）被信任的需求。

6.2.1 售前的知识储备

1. 商品知识方面

（1）商品的专业知识。

客服应当对商品的种类、材质、尺寸、用途、注意事项等都有一定的了解，最好还应当了解行业的有关知识。同时对商品的使用方法、洗涤方法、修理方法等也要有一个基础的了解。

（2）商品的周边知识。

不同的商品可能会适合部分人群，比如化妆品，有一个皮肤性质的问题，不同的皮肤性质在选择化妆品上会有很大的差别；再比如内衣，不同的年龄、不同的生活习惯都会有不同的需要；比如玩具，有些玩具不适合太小的婴儿，有些玩具不适合太大的儿童，等等。这些情况都需要有个基本的了解。

此外对同类的其他商品也要有个基本的了解，这样在回复客户关于不同类商品的差异的时候，就可以更好地回复和解答。

2. 网站交易规则方面

（1）一般交易规则。

网络客服应该把自己放在一个商家的角度来了解网店的交易规则，更好地把握自己的交易尺度。有的时候，顾客可能第一次在网上交易，不知道该如何进行，这个时候，除了要指点顾客去查看网店的交易规则，在一些细节上还需要一步步地指导顾客如何操作。

此外，我们还要学会查看交易详情，了解如何付款、修改价格、关闭交易、申请退款等。

（2）支付宝等支付网关的流程和规则。

了解支付宝及其他网关交易的原则和时间规则，可以指导客户通过支付网关完成交易，查看交易的状况，更改现在的交易状况等。

3. 物流及付款知识方面

（1）如何付款。

在我国电子商务发展的过程中，B2C、C2C 电子商务产生了多种支付方式，包括汇款、货到付款、网上支付、电话支付、手机短信支付等方式，并且这些方式同时并存。

网上交易一般以支付宝和银行付款方式交易为主。

银行付款一般建议同银行转账，可以网上银行付款，柜台汇款，工行同城可以通过 ATM 机完成汇款。告知顾客汇款方式的时候，应详细说明是哪种银行卡，还是存折，银行卡和存折的号码，户主的姓名。

客服应该建议顾客尽量采用支付宝等网络付款方式完成交易，如果顾客因为各种原因拒绝使用支付宝交易，我们需要判断顾客确实是不方便还是有其他的考虑，如果顾客有其他的考虑，应该尽可能打消顾客的顾虑，促成支付宝完成交易；如果顾客确实不方便，应该向顾客了解他所熟悉的银行，然后提供给相应准确的银行账户，并提醒顾客付款后及时通知。

（2）物流知识。

① 了解不同的物流及其运作方式。

一般为邮寄：邮寄分为平邮（国内普通包裹）、快邮（国内快递包裹）等。

快递：快递分为航空快递包裹和汽运快递包裹。

货运：货运分汽运和铁路运输等。

最好还应了解国际邮包（包括空运、陆路、水路）。

② 了解不同物流的其他重要信息。

了解不同物流方式的价格：如何计价，以及报价的还价空间还有多大等问题。

了解不同物流方式的速度：各家物流公司的速度也不一样，因此也会影响价格。

了解不同物流方式的联系方式：在手边准备一份各个物流公司的电话，同时了解如何查询各个物流方式的网点情况。

了解不同物流方式应如何办理查询。

了解不同物流方式的包裹撤回、地址更改、状态查询、保价、问题件退回、代收货款、索赔的处理等。

常用网址和信息的掌握：快递公司联系方式、邮政编码、邮费查询、汇款方式、批发方式等。

6.2.2 客户接待与沟通

1. 接待技巧

网络客服除了具备一定的专业知识、周边知识、行业知识以外，还要具备一些工作方面的技巧。

（1）促成交易技巧。

① 利用“怕买不到”的心理。

人们常对越是得不到、买不到的东西，越想得到它、买到它。你可利用这种“怕买不到”的心理，来促成订单。当对方已经有比较明显的购买意向，但还在最后犹豫的时候。可以用以下说法来促成交易：“这款是我们最畅销的了，经常脱销，现在这批又只剩两个了，估计不用一两天又会没了，喜欢的话别错过了哦。”或者：“今天是优惠价的截止日，请把握良机，明天你就买不到这种折扣价了。”

② 利用顾客希望快点拿到商品的心理。

大多数顾客希望在付款后你越快寄出商品越好。所以在顾客已有购买意向，但还在最后犹豫的时候。可以说：“如果真的喜欢的话就赶紧拍下吧，快递公司的人再过 10 分钟就要来了，如果现在支付成功的话，马上就能为你寄出了。”对于可以用网银转账或在线支付的顾客尤为有效。

③ 当顾客一再出现购买信号，却又犹豫不决拿不定主意时，可采用“二选其一”的技巧来促成交易。

譬如，你可以对他说：“请问您需要第 14 款还是第 6 款？”或是说：“请问要平邮给您还是快递给您?”这种“二选其一”的问话技巧，只要准顾客选中一个，其实就是你帮他拿主意，下决心购买了。

④ 帮助准顾客挑选，促成交易。

许多准顾客即使有意购买，也不喜欢迅速签下订单，他总要东挑西拣，在产品颜色、规格、式样上不停地打转。这时候你就要改变策略，暂时不谈订单的问题，转而热情地帮对方挑选颜色、规格、式样等，一旦上述问题解决，你的订单也就落实了。

⑤ 巧妙反问，促成订单。

当顾客问到某种产品，不巧正好没有时，就得运用反问来促成订单。举例来说，顾客问：“这款有金色的吗?”这时，你不可回答没有，而应该反问道：“不好意思我们没有进货，不过我们有黑色、紫色、蓝色的，在这几种颜色里，您比较喜欢哪一种呢?”

⑥ 积极的推荐，促成交易。

当顾客拿不定主意，需要你推荐的时候，你可以尽可能多地推荐符合对方要求的款式，在每个链接后附上推荐的理由。而不要找到一个推荐一个。“这款是刚到的新款，目前市面上还很少见”，“这款是我们最受欢迎的款式之一”，“这款是我们最畅销的了，经常脱销”等，以此来尽量促成交易。

（2）时间控制技巧。

除了回答顾客关于交易上的问题外，还可以适当聊天，这样可以促进双方的交流。但自己要控制好聊天的时间和度。你还有很多正经的工作要做。聊到一定时间后可以以“不好意思，我有点事要走开一会儿”为由结束交谈。

（3）说服客户的技巧。

① 调节气氛，以退为进。

在说服时，你首先应该想方设法地调节谈话的气氛。如果你和颜悦色地用提问的方式代替命令，并给人以维护自尊和荣誉的机会，气氛就是友好而和谐的，说服也就容易成功；反之，在说服时不尊重他人，拿出一副盛气凌人的架势，那么说服多半是要失败的。

② 争取同情，以弱克强。

渴望同情是人的天性，如果你想说服比较强大的对手时，不妨采用这种争取同情的技巧，从而以弱克强，达到目的。

③ 消除防范，以情感化。

一般来说，在你和要说服的对象较量时，彼此都会产生一种防范心理，尤其是在危急关头。这时候，要想使说服成功，你就要注意消除对方的防范心理。如何消除防范心理呢？从潜意识来说，防范心理的产生是一种自卫，也就是当人们把对方当作假想敌时产生的一种自卫心理，那么消除防范心理的最有效方法就是反复给予暗示，表示自己是朋友而不是敌人。这种暗示可以采用种种方法来进行：嘘寒问暖，给予关心，表示愿给予帮助。

④ 投其所好，以心换心。

站在他人的立场上分析问题，能给他人一种为他着想的感觉，这种投其所好的技巧常常具有极强的说服力。要做到这一点，“知己知彼”十分重要。唯先知彼，而后方能从对方立场上考虑问题。

⑤ 寻求一致，以短补长。

习惯于顽固拒绝他人说服的人，经常都处于“不”的心理组织状态之中，所以自然而然地会出现僵硬的表情和姿势。对付这种人，如果一开始就提出问题，绝不能打破他“不”的心理。所以，你得努力寻找与对方一致的地方，先让对方赞同你远离主题的意见，从而使之对你的话感兴趣，而后再想方设法地将你的主意引入话题，而最终求得对方的同意。

2. 沟通技巧

网购因为触摸不到实物，所以给人感觉就比较虚幻，为了促成交易，客服必将扮演重要角色，因此客服沟通交谈技巧的运用对促成订单至关重要。

（1）态度方面。

① 树立端正、积极的态度。

树立端正、积极的态度对网络客服人员来说尤为重要。尤其是当售出的商品有了问题的时候，不管是顾客的错还是快递公司的问题，都应该及时解决，不能回避、推脱。积极主动地与客户进行沟通，尽快了解情况，尽量让顾客觉得他是受尊重、受重视的，并尽快提出解决办法。在除了与顾客之间的金钱交易之外，还应该让顾客感觉到购物的满足和乐趣。

② 要有足够的耐心与热情。

常常会遇到一些顾客，喜欢打破砂锅问到底。这个时候就需要有足够的耐心和热情，细心地回复，从而给顾客一种信任感。绝不可表现出不耐烦，就算对方不买也要说声“欢迎下次光临”。如果你的服务够好，这次不成也许还有下次。砍价的客户也是常常会遇到的，砍价是买家的正常行为，可以理解。在彼此能够接受的范围内可以适当地让一点，如果确实不行也应该婉转地回绝。比如说“真的很抱歉，没能让您满意，我会争取努力改进。”或者引导买家换个角度来看这件商品让她感觉物有所值，就不会太在意价格了。也可以建议顾客先货比三家。总之要让顾客感觉你是热情真诚的。

（2）表情方面。

微笑是对顾客最好的欢迎，微笑是生命的一种呈现，也是工作成功的象征。所以当迎接顾客时，哪怕只是一声轻轻的问候也要送上一个真诚的微笑，虽然说网上与客户交流是看不见对方的，但只要你是微笑的，言语之间是可以感受得到的。此外，多用些旺旺表情，也能收到很好的效果。无论旺旺的哪一种表情都会将自己的情感讯号传达给对方。比如说：“欢迎光临！”、“感谢您的惠顾”等，都应该附送上一个微笑，加与不加给人的感受完全是不同的。不要让冰冷的字体语言遮住你迷人的微笑。

（3）礼貌方面。

俗话说“良言一句三冬暖，恶语伤人六月寒”，一句“欢迎光临”，一句“谢谢惠顾”，短短的几个字，却能够让顾客听起来非常舒服，产生意想不到的效果。

礼貌对客，让顾客真正感受到“上帝”的尊重，顾客来了，先来一句“欢迎光临，请多多关照。”或者：“欢迎光临，请问有什么可以为您效劳的吗”。诚心诚意地“说”出来，会让人有一种十分亲切的感觉。并且可以先培养一下感情，这样顾客心理抵抗力就会减弱或者消失。

有时顾客只是随便到店里看看，我们也要诚心地感谢人家并说声：“感谢光临本店”。对于彬彬有礼、礼貌有加的网络客服，谁都不会把他拒之门外的。诚心致谢是一种心理投资，不需要很大代价，但可以收到非常好的效果。

沟通过程中其实最关键的不是你说的话，而是你如何说话。让我们看下面小细节的例子，来感受一下不同说法的效果：“您”和“MM 您”比较，前者正规客气，后者比较亲切。“不行”和“真的不好意思哦”，“嗯”和“好的没问题：)”都是前者生硬，后者比较有人情味。“不接受见面交易”和“不好意思我平时很忙，可能没有时间和你见面交易，请你理解哦”，相信大家都会认为后一种语气更能让人接受。多采用礼貌的态度、谦和的语气，就能顺利地与客户建立起良好的沟通关系。

（4）语言文字方面。

① 少用“我”字，多使用“您”或者“咱们”这样的字眼：让顾客感觉到客服在全心全意地为他（她）考虑问题。

② 常用规范用语：

“请”是一个非常重要的礼貌用语。

“欢迎光临”、“认识您很高兴”、“希望在这里能找到您满意的 DD”。

“您好”、“请问”、“麻烦”、“请稍等”、“不好意思”、“非常抱歉”、“多谢支持”……

平时要注意提高修炼自己的内功，同样一件事不同的表达方式会传达出不同的意思。很多交易中的误会和纠纷就是因为语言表述不当而引起的。

③ 在客户服务的语言表达中，应尽量避免使用负面语言。

这一点非常关键。客户服务语言中不应有负面语言。什么是负面语言？比如说，我不能、我不会、我不愿意、我不可以等，这些都叫负面语言。

在客户服务的语言中，没有“我不能”：当你说“我不能”的时候，客户的注意力就不会集中在你所能给予的事情上，他会集中在“为什么不能”，“凭什么不能”上。

正确方法：“看看我们能够帮你做什么”，这样就避开了跟客户说“不行”，“不可以”。

在客户服务的语言中，没有“我不会做”：你说“我不会做”，客户会产生负面感觉，认为你在抵抗；而我们希望客户的注意力集中在你讲的话上，而不是注意力的转移。

正确方法：“我们能为你做的是……”

在客户服务的语言中，没有“这不是我应该做的”：客户会认为他没理由提出某种要求，从而不再听你解释。

正确方法：“我很愿意为你做”。

在客户服务的语言中，没有“我想我做不了”：当你说“不”时，与客户的沟通会马上处于一种消极气氛中，为什么要客户把注意力集中在你或你的公司不能做什么，或者不想做什么呢？

正确方法：告诉客户你能做什么，并且非常愿意帮助他们。

在客户服务的语言中，没有“但是”：你受过这样的赞美吗？——“你穿的这件衣服真好看！但是……”，不论你前面讲得多好，如果后面出现了“但是”，就等于将前面对客户所说的话进行否定。

正确方法：只要不说“但是”，说什么都行。

在客户服务的语言中，有一个“因为”：要让客户接受你的建议，应该告诉他理由，不能满足客户的要求时，要告诉他原因。

（5）旺旺方面。

① 旺旺沟通的语气和旺旺表情的活用。

在旺旺上和顾客对话，尽量使用活泼生动的语气，不要让顾客感觉到你在怠慢他。虽然很多顾客会想“哦，她很忙，所以不理我”，但是顾客心理还是觉得被疏忽了。这个时候如果实在很忙，不妨客气地告诉顾客“对不起，我现在比较忙，我可能会回复得慢一点，请理解”，这样，顾客才能理解你并且体谅你。尽量使用完整客气的语句来表达，比如说告诉顾客不讲价，应该尽量避免直截了当地说：“不讲价”，而是礼貌而客气地表达这个意思“对不起，我们店商品不讲价”，可以的话，稍微解释一下原因。

如果遇到没有合适语言来回复顾客留言的时候，或者与其用“呵呵”、“哈哈”等语气词，不妨使用一下旺旺的表情。一个生动的表情能让顾客直接体会到你的心情。

② 旺旺使用技巧。

通过设置快速回复来提前把常用的句子保存起来，这样，在忙乱的时候可以快速地回复顾客。比如欢迎词、不讲价的解释、“请稍等”等，可以节约大量的时间。总结在日常回复中，哪些问题是顾客问得比较多的，把回答内容保存起来，可以达到事半功倍的效果。

通过旺旺的状态设置，可以给店铺做宣传，比如在状态设置中写一些优惠措施、节假日提醒、推荐商品等。

如果暂时不在座位上，可以设置“自动回复”，不至于让顾客觉得自己好像没人搭理。也可以在自动回复中加上一些自己的话语，都能达到不错的效果。

（6）针对性方面。

任何一种沟通技巧，都不能单一拿来应对所有客户，针对不同的客户可以采用不同的沟通技巧。

① 顾客对商品了解程度不同，沟通方式也有所不同。

对商品缺乏认识，不了解——这类顾客对商品知识缺乏，对客服依赖性强。对于这样的顾客需要客服像对待朋友一样去细心解答，多从对方的角度考虑去给他（她）推荐，并且告诉他（她）你推荐这些商品的原因。对于这样的顾客，你的解释越细致，他（她）就会越信赖你。

对商品有些了解，但是一知半解——这类顾客对商品了解一些，比较主观，易冲动，不太容易信赖。面对这样的顾客，这时就要控制情绪，有理有节耐心地回答，向他（她）展示你丰富的专业知识，让他（她）认识到自己的不足，从而增加对你的信赖。

对商品非常了解——这类顾客知识面广，自信心强，问题往往都能问到点子上。面对这样的顾客，要表示出你对他（她）专业知识的欣赏，表达出“好不容易遇到同行了”，用朋友的口气和他（她）探讨专业的知识，给他（她）来自内行的推荐，告诉他（她）“这个才是最好的，你一看就知道了”，让他（她）感觉到自己真的被当成了内行的朋友，而且你尊重他（她）的知识，你给他（她）的推荐肯定是最衷心的、最好的。

② 对价格要求不同的顾客，沟通方式也有所不同。

a．有的顾客很大方，说一不二，看见你说不砍价就不跟你讨价还价：对待这样的顾客要表达你的感谢，并且主动告诉他（她）店铺的优惠措施，会赠送什么样的小礼物，这样，让顾客感觉物超所值。

b．有的顾客会试探性地问问能不能还价：对待这样的顾客要坚定地告诉他（她）不能还价，同时还要态度温和地告诉他（她）这个价格是物有所值的，并且谢谢他（她）的理解和合作。

c．有的顾客就是要讨价还价，不讲价就不高兴：对于这样的顾客，除了要坚定重申原则外，要有理有节地拒绝他（她）的要求，不要被各种威胁和祈求所动摇。适当的时候建议他（她）再看看其他便宜的商品。

③ 对商品要求不同的顾客，沟通方式也有所不同。

a．有的顾客因为买过类似的商品，所以对购买的商品质量有清楚的认识：对于这样的顾客是很好打交道的。

b．有的顾客将信将疑，会问：图片和商品是一样的吗？对于这样的顾客要耐心给他们解释，在肯定商品是实物拍摄的同时，要提醒可能会有色差等，让客户有一定的思想准备，不要把商品想象得太过完美。

c．还有的顾客非常挑剔，在沟通的时候就可以感觉到，他（她）会反复问：有没有瑕疵？有没有色差？有问题怎么办？怎么找你们？等等。这个时候就要意识到这是一个很完美主义的顾客，除了要实事求是地介绍商品，还要实事求是地把一些可能存在的问题都介绍给他（她），告诉他（她）没有东西是十全十美的。如果顾客还坚持要完美的商品，就应该委婉地建议其选择实体店购买需要的商品。

（7）其他方面。

① 坚守诚信。

网络购物虽然方便快捷，但唯一的缺陷就是看不到摸不着。顾客面对网上商品难免会有疑虑和戒心，所以对顾客必须要用一颗诚挚的心，像对待朋友一样对待顾客。包括诚实地解答顾客的疑问，告诉顾客商品的优缺点，向顾客推荐适合他（她）的商品。

坚守诚信还表现在一旦答应顾客的要求，就应该切实履行自己的承诺，哪怕自己吃点亏，也不能出尔反尔。

② 凡事留有余地。

在与顾客交流中，不要用“肯定”、“保证”、“绝对”等字样，这不等于你售出的产品是次品，也不表示你对买家不负责任，而是不让顾客有失望的感觉。因为每个人在购买商品的时候都会有一种期望，如果你保证不了顾客的期望，最后就会变成顾客的失望。比如卖化妆品的，本身每个人的肤质就不同，你敢百分百地保证你售出的产品在几天或一个月内一定能达到顾客想要的效果吗？还有出售出去的货品能保证快递公司不误期吗？不会被丢失吗？不会被损坏吗？为了不让顾客失望，最好不要轻易作保证。如果用，最好用“尽量”、“争取”、“努力”等词语，效果会更好。多给顾客一点真诚，也给自己留有一点余地。

③ 处处为顾客着想，用诚心打动顾客。

让顾客满意，重要一点体现在真正为顾客着想。处处站在对方的立场，想顾客所及，把自己变成一个买家助手。

④ 多虚心请教，多倾听顾客的声音。

当顾客上门的时候，并不能马上判断出顾客的来意与其所需要的物品，所以需要先问清楚顾客的意图，具体需要什么商品，是送人还是自用，如果送人，是送给什么样的人等。了解清楚了顾客的情况，准确地对其进行定位，才能做到只介绍对的不介绍贵的，以客为尊，满足顾客需求。

当顾客表现出犹豫不决或者不明白的时候，先问清楚顾客困惑的内容是什么，是哪个问题不清楚，如果顾客表述也不清楚，可以把自己的理解告诉顾客，问问是不是理解对了，然后针对顾客的疑惑给予解答。

⑤ 做个专业卖家，给顾客准确的推介。

当顾客对你的商品不了解的时候，在咨询过程中，就需要为其解答，帮助顾客找到合适他们的产品。不能顾客一问三不知，这样会让顾客感觉没有信任感，谁也不会在这样的店里买东西的。

⑥ 坦诚介绍商品优点与缺点。

在介绍商品的时候，必须针对产品本身的缺点。虽然商品缺点本来应该尽量避免触及，但如果因此而造成事后客户抱怨，反而会失去信用，得到差评也就在所难免了。在淘宝里也有看到其他卖家因为商品质量问题得到差评，有些是特价商品造成的。所以，在卖这类商品时首先要让顾客了解到商品的缺点，努力让顾客知道商品的其他优点，先说缺点再说优点，这样更容易被客户接受。在介绍商品时切莫夸大其词地来介绍自己的商品，介绍与事实不符，最后失去信用也失去顾客。其实介绍自己产品时，就像媒婆给人做媒。如果你介绍：“这个女孩脾气不错，就是脸蛋差了些”和“这个女孩虽然脸蛋差了些，但是脾气好，善良温柔”虽然表达的意思一样，但听起来感受可不大相同。所以，介绍自己的产品时，可以强调一下："东西虽然是次了些，但是东西功能俱全，或者说，这件商品拥有其他产品没有的特色"等，这样介绍收到的效果是完全不同的。此方法建议用在特价商品上比较好。

⑦ 遇到问题多检讨自己少责怪对方。

遇到问题的时候，先想想自己有什么做得不到位的地方，诚恳地向顾客检讨自己的不足，不要上来先指责顾客。比如有些内容明明写了可是他（她）看不到，这个时候千万不要一味地指责顾客没有好好看商品说明，而是应该反省自己没有及时提醒顾客。

⑧ 换位思考、理解顾客的意愿。

当遇到不理解顾客想法的时候，不妨多问问顾客是怎么想的，然后把自己放在顾客的角度去体会他（她）的心境。

⑨ 表达不同意见时尊重对方立场。

当顾客表达不同的意见时，要力求体谅和理解顾客，表现出"我理解您现在的心情，目前……"或者"我也是这么想的，不过……"来表达，这样顾客能觉得你在体会他（她）的想法，能够站在他（她）的角度思考问题，同样，他（她）也会试图站在你的角度来考虑。

⑩ 保持相同的谈话方式。

对于不同的顾客，应该尽量用和他们相同的谈话方式来交谈。如果对方是个年轻的妈妈给孩子选商品，应该表现站在母亲的立场，考虑孩子的需要，用比较成熟的语气来表述，这样更能得到顾客的信赖。如果你自己表现得更像个孩子，顾客会对你的推荐表示怀疑。

如果你常常使用网络语言，但是在和顾客交流的时候，有时候他（她）对你使用的网络语言不理解，会感觉和你有交流的障碍，有的人也不太喜欢太年轻态的语言。所以建议大家在和顾客交流的时候，尽量不要使用太多的网络语言。

⑪ 经常对顾客表示感谢。

当顾客及时完成付款，或者很痛快地达成交易，都应该衷心地对顾客表示感谢，谢谢他（她）这么配合工作，谢谢他（她）为卖家节约了时间，谢谢他（她）给双方一个愉快的交易过程。

⑫ 坚持自己的原则。

在销售过程中，会经常遇到讨价还价的顾客，这个时候应当坚持自己的原则。

如果作为商家在制定价格的时候已经决定不再议价，那就应该向要求议价的顾客明确表示这个原则。

任务 3 网络客服的售后服务

好的店铺，是绝不会忽视售后服务环节的，因为很多店家都清楚，维护好一个老客户比新开发 10 个新客户都重要，那么如何才能做好售后服务呢？

6.3.1 树立售后服务观念

（1）售后服务是整个物品销售过程的重点之一。

好的售后服务会带给买家非常好的购物体验，可能使这些买家成为店铺的忠实客户，以后经常购买店铺内的物品。

（2）做好售后服务，首先要树立正确的售后服务观念。

服务观念是长期培养的一种个人（或者店铺）的魅力，卖家都应该建立一种“真诚为客户服务”的观念。

（3）服务有时很难做到让所有客户百分之百地满意。

但只要你在“真诚为客户服务”的指导下，问心无愧地做好售后服务，相信一定会得到相应回报的。

（4）卖家应该重视和充分把握与买家交流的每一次机会。

因为每一次交流都是一次难得的建立感情、增进了解、增强信任的机会。买家也会把他们认为很好的卖家推荐给更多的朋友。

6.3.2 有效订单的处理

物品成交后卖家应主动和买家联系，避免成交的买家由于没有及时联系而流失掉。及时联系买家应该做到以下几点：

（1）发送自己制作的成交邮件模板或者旺旺信息。

可以包括：银行账号，应付金额，汇款方式，等等。为了怕收到很多相同金额的汇款，你可以加入编号一栏让买家汇款的时候注明，这样也方便你查寻。

（2）为了避免冲动性购物的买家流失掉，趁热打铁至关重要。

建议物品成交的当天就发出成交邮件。

（3）由于网络有时不稳定，有些买家的邮箱不一定能够收到你的邮件。

因此如果当你的顾客两天内没有回复你的邮件，你可以主动打电话询问是否收到成交邮件或者旺旺留言。

1. 卖家自己设计的邮件模板和旺旺消息

商品成交以后，卖家也可以自己撰写要发送给买家的第一封成交确认邮件和旺旺消息，你可以运用更人性化的语言，加入自己的信息。参考下面的例子。

您好：

感谢您购买了本店铺的物品，希望您能够喜欢，如果有任何问题可以和我联系：旺旺×××××××或者×××@×××.com（卖家电子邮件地址）。如果您是以一口价方式成交物品的，本店铺收取××邮寄费用或者免费包普通邮寄，如果您是以竞标方式成交物品的，请支付××元邮费。如无特别需求，本店铺将会在款到第×天以普通邮寄方式邮寄物品。您成交的这笔物品的费用为：×××元（包括邮寄费用）。

招行信息：×××××××××××××

工行信息：×××××××××××××

……

如您已经汇款完毕，请发送邮件告知我们您的详细信息，我们会款到后马上发货，信息如下：

客户名：

真实姓名：
联系方式：
购买物品链接：
购买物品颜色规格：
收货人地址/邮编/姓名：
汇款银行：
汇款时间：
最后谢谢您购买小店的物品，期待您的下次惠顾！
店家：××××日期：××××/××/××

2. 买家款到详细记录

网上购物的买家来自五湖四海，使用的汇款方式不尽相同，汇款的时间也会有很大的差异，对于卖家来讲，一定要及时记录下买家关于汇款的相关内容。

（1）汇款到达的时间：买家把款汇出后最怕的就是卖家没收到，一旦你收到货款一定要记录下来，并及时告知买家让其放心随后及时安排发货。

（2）买家汇入的银行：你可以总结哪些银行是绝大多数买家经常使用的，从而清楚地认识到是否需要办理所有银行的卡。

（3）买家汇入的金额：记录这个物品是否打了一定的折扣或者就是原价卖出，帮助卖家制定一些打折活动。

（4）撰写提醒邮件：卖家难免会遇到买家出价不买的情况，建议卖家正确行使手中的权利，维护自己的利益。在发生这种情况时，发送一封自己撰写的提醒邮件给买家会达到一定的效果。可以参考下面的例子。

您好：

很抱歉地通知您，截止到目前为止我们还没有收到您关于购买的物品的汇款确认，不知道您是否已经汇款。如果已经汇款希望您给我们确认邮件；如果您因为工作繁忙或者其他原因请在××××年××月××日前汇款。

如果一周以后我们还不能收到您的汇款确认邮件，我们将会提交出价不买，同时您可能会收到淘宝发出的警告，对于出价不买的情况，我们将会一律提出差评。

可能听上去您会觉得比较严厉，但物品是通过网上真实成交的，发生出价不买的情况我们也会严格地按照网上的流程进行投诉，维护我们的权利。

最后还是希望您能够履行自己的责任，相信您会喜欢这件物品的，谢谢！

店主：
日期：

3. 交易结束如实评价

（1）评价是买卖双方对于一笔交易最终的看法，也是以后可能想要购买你物品的潜在买家们作为参考的一个重要因素。

好的信用会让买家放心购买，差的评价往往让买家望而却步。

交易结束要及时作评价，信用至关重要，不论买家还是卖家都很在意自己的信用度，在完成交易后及时做出评价，会让其他买家看到自己信用度的变化。

有些买家不能及时地做出评价，可以友善地提醒买家给你做出如实的评价，因为这些评价将成为其他买家购买你物品前重要的参考。

评价还有一个很重要的解释功能，如果买家对你的物品做出了错误的不公正的评价，你可以在评价下面及时做出正确合理的解释，防止其他买家因为错误的评价而产生错误的理解。

（2）在“我的旺旺”已售出物品中，你可以标注给买家做出信用评价，同时也可以看到买家给你的评价。

4. 不同买家不同备注

（1）卖家有必要好好地总结自己买家群体的特征。

因为只有全面了解买家情况，才能确保你进的货正好是你的买家喜欢的物品，更好地发展业务。

（2）建立买家的资料库，及时记录每个成交交易的买家的各种联系方式。

（3）总结买家的背景至关重要。

在和买家交易过程中，了解买家的职业或者城市等其他的背景，能帮你总结不同的人群所适合的物品。

（4）购买能力很强的买家更要作为你总结的重点。

发展这批群体成为你忠实买家有助于提高你的销量。

5. 发展潜在忠实买家

（1）淘宝给所有卖家一笔宝贵的财富。

那就是当客户成为你的买家以后，淘宝不可能收回这些买家，他们将成为你自己的资产，你维护得好坏将直接影响他们以后会不会继续购买你的物品。

（2）忠实买家所产生的销售额通常能够达到一定比例。

所以对于曾经购买过你的商品的买家除了做好第一次交易，更要做好后续的维护，让他们成为你的忠实顾客。

（3）定期给买家发送有针对性的、买家感兴趣的邮件和旺旺消息。

切忌太频繁，否则很可能被当作垃圾邮件，另外宣传的物品绝对要有吸引力。

（4）把忠实买家设定为你的 VIP 买家群体。

在店铺内制定出相应的优惠政策，比如可以让他们享受新品优惠等。

（5）定期回访顾客，用打电话、旺旺或者发 E-mail 的方式关心客户。

与他们建立起良好的客户关系，同时也可以从他们那里得到很好的意见或建议。

6.3.3 客户投诉的处理

要成功地处理客户投诉，先要找到最合适的方式与客户进行交流。很多客服人员都会有这样的感受，客户在投诉时会表现出情绪激动、愤怒，甚至对你破口大骂。

此时，你要明白，这实际上是一种发泄，把自己的怨气、不满发泄出来，客户忧郁或不快的心情便得到释放和缓解，从而维持了心理平衡。此时，客户最希望得到的是同情、尊重和重视，因此你应立即向其表示道歉，并采取相应的措施。

1. 快速反应

顾客认为商品有问题，一般会比较着急，怕不能得到解决，而且也会不太高兴。这个时候要快速反应，记下他的问题，及时查询问题发生的原因，及时帮助顾客解决问题。有些问题不是能够马上解决的，也要告诉顾客会马上给予解决。

2. 热情对待

如果顾客收到东西后反映有什么问题，要热情地对待，甚至比交易的时候更热情，这样买家就会觉得你这个卖家有诚意，并非刚开始的时候很热情，等钱收到之后呢，就爱理不理。对于爱理不理的卖家，买家就会很失望，即使东西再好，他们也不会再来了。

3. 表示愿意提供帮助

“让我看一下该如何帮助您，我很愿意为您解决问题。”

正如前面所说，当客户正在关注问题的解决时，客服人员应体贴地表示乐于提供帮助，自然会让客户感到安全、有保障，从而进一步消除对立情绪，形成依赖感。

4. 引导客户思绪

有时候会在说道歉时感到不舒服，因为这似乎是在承认自己有错。其实，“对不起”或“很抱歉”并不一定表明你或公司犯了错，而是用于表明你对客户不愉快经历的遗憾与同情。不用担心客户因得到你的认可而越发强硬，认同只会将客户的思绪引向解决方案。同时，也可以运用一些方法来引导客户的思绪，化解客户的愤怒。

（1）“何时”法提问。

一个在火头上的发怒者无法进入“解决问题”的状况，此时要做的首先是逐渐使对方的火气降下来。对于那些难听的抱怨，应当用一些“何时”问题来冲淡其中的负面成分。

客户：“你们根本是瞎胡搞，不负责任才导致了今天的烂摊子!”

客服人员：“您什么时候开始感到我们的服务没能及时替您解决这个问题？”

（2）转移话题。

当对方按照他的思路在不断地发火、指责时，可以抓住一些其中略为有关的内容扭转方向，缓和气氛。

客户：“你们这么搞把我的日子彻底搅了，你们的日子当然好过，可我还上有老下有小啊！”

客服经理：“我理解您，您的孩子多大啦？”

客户：“嗯……6 岁半。”

（3）间隙转折。

暂时停止对话，特别是你也需要找有决定权的人做一些决定或变通：

“稍候，让我来和高层领导请示一下，我们还可以怎样来解决这个问题。”

（4）给定限制。

有时你虽然做了很多尝试，对方依然出言不逊，甚至不尊重你的人格，你可以转而采用较为坚定的态度给对方一定限制：

“汪先生，我非常想帮助您。但您如果一直这样情绪激动，我只能和您另外约时间了。您看呢？”

5. 认真倾听

顾客投诉商品有问题，不要着急去辩解，而是耐心听清楚问题的所在，然后记录下顾客的客户名，购买的商品，这样便于去回忆当时的情形。和顾客一起分析问题出在哪里，才能有针对性地找到解决问题的办法。

在倾听客户投诉的时候，不但要听他表达的内容还要注意对方的语调与音量，这有助于了解客户语言背后的内在情绪。同时，要通过解释与澄清，确保自己真正了解客户的问题。

“王先生，来看一下我的理解是否正确。您是说，您一个月前买了我们的手机，但发现有时会无故死机。您已经到我们的手机维修中心检测过，但测试结果没有任何问题。今天，此现象再次发生，您很不满意，要求我们给您更换产品。”你要向客户澄清：“我理解了您的意思吗？”

认真倾听客户，向客户解释他所表达的意思并请教客户我们的理解是否正确，都是向客户表明了你的真诚和对他的尊重。同时，这也给客户一个重申他没有表达清晰意图的机会。

6. 认同客户的感受

客户在投诉时会表现出烦恼、失望、泄气、愤怒等各种情感，你不应当把这些表现理解成是对你个人的不满。特别是当客户发怒时，你可能会想：“我的态度这么好，凭什么对我发火？”要知道，愤怒的情感通常都会潜意识中通过一个载体来发泄。你一脚踩在石头上，会对石头发火，飞起一脚踢远它，尽管这不是石头的错。因此，客户仅仅是把你当成了发泄对象而已。

客户有情绪是完全有理由的，理应得到极大的重视和最迅速、合理的解决。所以你要让客户知道你非常理解他的心情，关心他的问题：“王先生，对不起，让您感到不愉快了，我非常理解您此时的感受。”

无论客户是否永远是对的，至少在客户的世界里，他（她）的情绪与要求是真实的，客服只有与客户的世界同步，才有可能真正了解他（她）的问题，找到最合适的方式与他交流，从而为成功的投诉处理奠定基础。

7. 安抚和解释

首先要站在顾客的角度想问题，顾客一般不会无理取闹的，他（她）来反映一个问题的话，要先想一下，如果是自己遇到这个问题会怎么做，怎么解决，所以要跟顾客说，“我同意您的看法”，“我也是这么想的”，这样顾客会感觉到你是在为他（她）处理问题，这样也会让顾客对你的信任增多。要和顾客站在同一个角度看待问题，比如说一些“是不是这样子的呢”，“您觉得呢”。还有在沟通的时候称呼也是很重要的，一个客服的话，那么肯定是有一个团队的，所以对自己这边的称呼要以“我们”来称呼，和顾客也可以用“我们”来称呼，“我们分析一下这个问题”，“我们看看……”这样会更亲近一些，对顾客也要以“您”来称呼，显得更有礼貌。

8. 诚恳道歉

不管是因为什么样的原因造成顾客的不满，都要诚恳地向顾客致歉，对因此给顾客造成的不愉快和损失道歉。如果你已经认识到自己的不足，顾客一般也不好意思继续不依不饶。

9. 提出补救措施

对于顾客的不满，要能及时提出补救的方式，并且明确地告诉顾客，让顾客感觉到你在为他考虑，为他弥补，并且你很重视他（她）的感觉。一个及时有效的补救措施，往往能让顾客的不满化成感谢和满意。

针对客户投诉，每个公司都应有各种预案或解决方案。客服人员在提供解决方案时要注意以下几点：

为客户提供选择。通常问题的解决方案都不是唯一的，给客户提供选择会让客户感到受尊重，同时，客户选择的解决方案在实施的时候也会得到来自客户方更多的认可和配合。

诚实地向客户承诺。因为有些问题比较复杂或特殊，客服人员不确信该如何为客户解决。如果你不确信，不要向客户做任何承诺，诚实地告诉客户，你会尽力寻找解决的方法，但需要一点时间，然后约定给客户回话的时间。你一定要确保准时给客户回话，即使到时你仍不能解决问题，也要向客户说明问题的进展情况，并再次约定答复时间。你的诚实会更容易得到客户的尊重。

适当地给客户一些补偿。为弥补公司操作中的一些失误，可以在解决问题之外，给客户一些额外补偿。很多企业都会给客服人员一定的授权，以灵活处理此类问题。但要注意的是，将问题解决后，一定要改进工作，以避免今后发生类似的问题。有些处理投诉的部门，一有投诉首先想到用小恩小惠息事宁人，或一定要靠投诉才给客户应得的利益，这样不能从根本上减少此类问题的发生。

10. 通知顾客并及时跟进

给顾客采取什么样的补救措施，现在进行到哪一步，都应该告诉给顾客，让他了解你的工作，了解你为他付出的努力。顾客当发现商品出现问题后，首先担心能不能得到解决，其次担心需要多长时间才能解决，当顾客发现补救措施及时有效，而且商家也很重视的时候，就会感到放心。

6.3.4 客户评价管理

信用是网店的立足之本，但是影响信用的重要因素就是客户评价。每一个电子商务网站都会有评价体系，目的是给客户提供一个保障，因为这个评价直接与网店等级挂钩，等级越高信誉度就越好，所以任何客户浏览网店看中商品后，为了减小购物风险，必然要关注卖家的信用状况，选择好评率高的商家。因此线上客户评价日渐成为网店信誉度和美誉度的重要依据。

在网店经营中，每完成一笔交易后，双方均有权对对方交易的情况做一个评价，这个评价也称为信用评价。评价分为“好评”、“中评”、“差评”三类，每种评价对应一个积分。“好评”加一分、“中评”零分、“差评”扣一分。所以网店在卖出商品后，要得到一个好评才会有加分升等级的机会，等级越高，信誉度也就越高，那么客户也会变得多起来。

常见客户评价的类型大致分为三类，客户自发型评价、引导客户评价和强制客户评价。

（1）客户自发型评价。

通常情况下如果客户购买的商品，在质量、价格和客户服务上比较满意的情况下，是会主动给卖家一个好评的，比如实物和网上照片不一样，所以很多顾客就会给中评或差评。但是如果店家的服务态度还不错，商品质量还可以的话，顾客也会主动给个好评，这种自发的评价，是不会受到卖家的影响，也是比较真实的一种评价类型。

（2）引导客户评价。

优秀的客服人员会是一个好的说客，一个成功客服的关键也在于引导客户做出好的评价。首先客服人员需要向客户提问，让自己有机会了解客户的购买原因，然后才能了解客户对自己店铺商品的满意度。最后与客户迅速建立信任。与客户建立朋友关系，认真倾听并了解客户需求，要让客户明白，你是真的在关心他（她），为他（她）的利益着想。交易达成后，在评价的时候，可以适当引导客户做出好评，这样客户也会更加信任和听取你的意见，给予你好评。

（3）强制客户评价。

除了以上两种情况外，还有一种是强制性的评价。一方面是来自网站的强制；另一方面是来自店主的强制。

网站评价的管理有这样一种规则，买家在交易成功后 15 天内，没有对商品和店铺进行评价的，系统自动默认为好评。

还有一种是来自店主的强制。看到很多店铺的首页都会写上，购买本店商品必须好评，否则不做这次交易也行。或者在交易完成后，看到买家给了中评或差评后，会主动联系买家，直到客户给出好评为止。

6.3.5 网络客户服务工具

在网络营销中，FAQ（Frequently Asked Questions）被认为是一种常用的在线顾客服务手段，一个好的 FAQ 系统，应该至少可以回答用户 80%的一般问题，以及常见问题。这样不仅方便了用户，也大大减轻了网站工作人员的压力，节省了大量的顾客服务成本，并且增加了顾客的满意度。因此，一个优秀的网站，应该重视 FAQ 的设计。

在很多网站上都可以看到 FAQ，列出了一些用户常见的问题，是一种在线帮助形式。在利用一些网站的功能或者服务时往往会遇到一些看似很简单，但不经过说明可能很难搞清楚的问题，有时甚至会因为这些细节问题的影响而失去用户，其实在很多情况下，只要经过简单的解释就可以解决这些问题，这就是 FAQ 的价值。

FAQ 是客户常见的问题，设计的问题和解答都必须是客户经常问到和遇到的。为保证 FAQ 的有效性，首先要经常更新问题，回答客户提出的一些热点问题；其次是问题要短小精悍，对于提问频率高的常见的简单问题，不宜用很长的文本文件，这样会浪费客户在线时间。而对于一些重要问题应在保证精准的前提下尽可能简短。为保证方便客户使用，首先 FAQ 应该提供搜索功能，客户通过输入关键字可以直接找到有关问题；其次是问题较多时，可以采用分层目录式的结构组织问题的解答，但目录层次不能太多，最好不要超过四层；再次是将客户最经常提问的问题放到前面，对于其他问题可以按照一定规律排列，常用方法是按字典顺序排列；最后，对于一些复杂问题，可以在问题之间设计连接，便于方便地找到相关问题的答案。

1. FAQ 的设计和使用

（1）FAQ 设计：

① 注意 FAQ 页面设计。

② 注意检索功能的设计。

③ 注意分类管理目录结构。

④ 注意 FAQ 的内容来源。

⑤ 保证 FAQ 简单易用。

⑥ 保证 FAQ 的有效性。

（2）FAQ 的搜索：

① 搜索功能应与站点规模相适应。

② 搜索工具的设计应从顾客的角度出发。

③ 信息量的适度问题。

2. 电子邮件在网络客户服务中的应用

（1）顾客电子邮件的管理。

① 电子邮件管理的目标。

② 邮件的收阅与答复：确保邮件传送；向顾客提供方便；采用自动应答器，实现自动答复。

③ 主动为顾客服务。

④ 电子邮件营销服务中关于垃圾邮件的处理。

（2）电子邮件礼仪。

3. 网络虚拟社区的运用

（1）网络虚拟社区的含义。

网络虚拟社区是指由单位或个人在互联网上组成的群体，他们是由于共同的兴趣和爱好、互相交流而在互联网上形成的一个互惠互利的群体。P.库伯斯（Pricewaterhouse Coopers）提出，网络社区应以“会员之间的归属感”为中心，并由以下几大要素来强化：对品牌的认同；对其他会员具有强烈的志同道合的感觉；可以借网站产生会员之间彼此的互动；对该网络社区的发展有参与的机会；会员之间能借该网络社区产生并拥有共同利益。

（2）网络社区的顾客效应。

一是增加了对企业产品的理解和认识；二是社区成员从他们的相互关心和照顾中还会产生一种身份意识。

（3）网络社区的创立与运用策略：

① 确定社区诉求点。

② 提供起始页面和工具。

③ 吸引成员。

④ 参与和维护。

4. 呼叫中心

（1）什么是呼叫中心？

呼叫中心（Call Center）是指以电话接入为主的呼叫响应中心，它为客户提供各种电话响应服务。

（2）呼叫中心的发展历程：

① 第一代呼叫中心系统。

② 第二代呼叫中心系统。

③ 第三代呼叫中心系统。

（3）呼叫中心的作用：

① 突破了地域的限制。

② 突破了时间的限制。

③ 提高客户服务质量。

④ 节约开支。

⑤ 留住客户。

⑥ 带来新的商业机遇。

（4）呼叫中心的应用：

① 呼叫中心与800业务相结合。

② 呼叫中心与Internet的结合。

【教学活动3】

FAQ设计

目的：掌握企业如何设计FAQ，在设计FAQ时的注意事项；比较分析不同企业、不同行业的FAQ。

指导：查询自己熟悉的企业的网站，分析FAQ、网络社区、客户体验设计等，比较网络客户服务异同。结合身边的企业，给该企业设计FAQ页面，并将自己的意见和建议反馈给他们。

第 7 章

网络营销策划与实践

学习目标

本章介绍了战略研究对于企业开展网络营销的重要意义，在此基础上对网络营销的战略进行了分析和研究，对网络市场细分、网络目标市场的选择，以及网络市场定位进行了系统研究。对网络营销的产品及服务策略、网络营销的定价策略、网络营销的分销策略、网络营销的促销策略，以及网络营销的客户关系管理进行了全面、系统的分析和研究，提出了适合企业开展网络营销活动的具体的营销策略。

- 了解网络营销战略
- 了解并熟悉网络市场细分与网络目标市场的选择
- 了解如何对网络营销产品服务策略、定价、分销、促销及客户关系管理进行分析，并提出适合企业开展网络营销活动的具体的营销策略。

任务 1　了解网络营销战略

7.1.1　网络营销战略简介

网络营销战略（Internet Marketing Strategy）是指企业在现代网络营销观念下，为实现其经营目标，对一定时期内网络营销发展的总体设想和规划。以国际互联网络为基础，利用数字化的信息和网络媒体的交互性来辅助营销目标实现的一种新型的市场营销方式。简单地说，网络营销就是以互联网为主要手段进行的，为达到一定营销目的的营销活动。

网络营销战略规划：网络营销使企业从有形市场转向信息化市场，使企业的目标市场、顾客关系、企业组织、竞争形态及营销手段等发生了改变。企业既面临着新的挑战，也存在着无限的市场机会。企业必须确立相应的网络营销战略，提供比竞争者更有价值的产品、更有效率的服务，扩大市场营销规模，实现企业的经营目标。

网络营销与传统营销的根本区别在于，网络本身的特性和网络顾客需要的个性化。因此，网络营销必须以新的营销理念为指导，在传统营销战略理念的基础上，从网络特征和消费者需求变化的角度实现战略观念的创新。当然，网络营销战略观念不是对传统营销战略观念的否定，而是在现代市场营销理论范畴内的进一步深化和发展。

网络营销战略规划内容：

（1）要求决策者把企业的网上投资业务当作一个投资组合来管理，在企业资源一定的条件下结合离线营销进行配置。

（2）决策者应通过考虑市场增长率和企业网上的定位及组合，尽可能准确地估测每项网上业务的未来利润潜量。

（3）强调网上战略规划是一种战略。决策者必须明确企业在本行业的地位、目标、资源、机会中哪些因素举足轻重，从而对每一项网上业务制定一个“战略方案”。

7.1.2　网络营销战略的选择

企业要引入网络营销，首先要清楚网络营销通过何种机制达到何种目的，然后根据自己的特点及目标顾客的需求特性，选择合理的网络营销战略。目前，人们已归纳了几种有效的网络营销战略。

1. 一个带来五个

现代营销学认为保留一个老顾客的价值相当于争取五个新的顾客。而网络双向互动、信息量大、可选择地阅读、成本低、联系方便等特点决定了它是一种优越于其他媒体的顾客服务工具。通过网络营销可以更好地服务于顾客，从而增强与顾客的关系，增加顾客忠诚度，留住顾客，提高公司的销售量。

【资料】 贝塔斯曼书友会

世界著名的媒体集团“贝塔斯曼”在上海的总部，以“贝塔斯曼书友会”的形式开展网络营销和传统营销并行的营销活动。在开始的阶段，“贝塔斯曼书友会”将工作放在发展新会员上，有一定的效果。但是后来发现不断增加的新会员并没有给公司增加相应的销售额，而老顾客的减少却使销售量有较大幅度的降低。针对这种情况，“贝塔斯曼书友会”在留住顾客、增加销售量上做文章，策划了许多相关的营销活动，取得了比较理想的效果。如图 7.1 所示为贝塔斯曼中文网站首页，如图 7.2 所示为贝塔斯曼活动介绍。

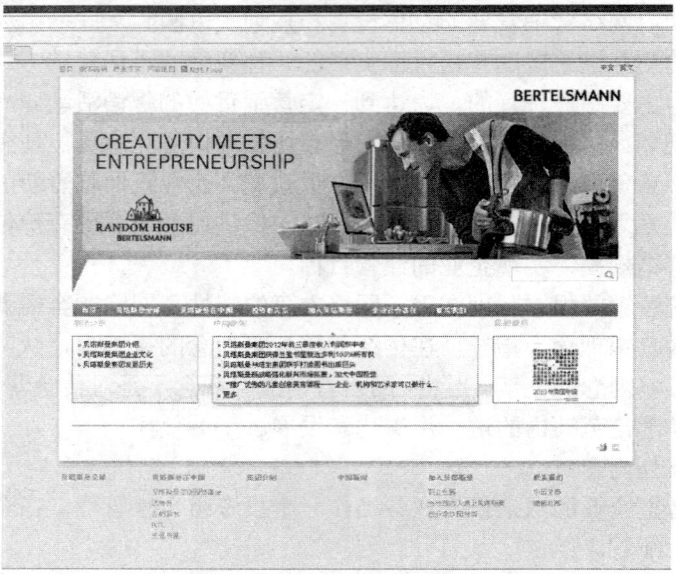

图 7.1 贝塔斯曼中文网站首页

图 7.2 贝塔斯曼活动介绍

【资料】 “天鹅”公司的调查

“天鹅”公司通过大量的市场调研，得出一组营销数据：1∶25∶8∶1。即 1 个顾客使用小天鹅产品并得到了满意的服务，他（她）会影响其周围 25 位顾客，因为与企业的广告或宣传相比，使用者的亲身感受最客观、最公正。同时，其中 8 个人会产生购买欲望，1 个新顾客会产生购买行为。这就是顾客的市场辐射效应。通过满意的售后服务，建立企业与顾客之间的密切关系，从而留住、巩固老顾客，吸引更多的新顾客，实现通过网上服务达到增加销售的目标。

2. 提供产品信息、刺激消费

提供有用信息来刺激消费特别适用于通过零售渠道销售的企业。这种战略可通过网络向顾客连续地提供有用的信息，包括新产品信息、产品的新用途等，而且可根据情况适时地变化，保持网上站点的新鲜感和吸引力。这些有用的新信息能刺激顾客的消费欲望，从而增加购买量。

3. 简化销售渠道、减少管理费用

使用网络进行销售对企业最直接的效益来源于其直复营销功能：即通过简化销售渠道、降低销售成本，最终达到减少管理费用的目的。本模式适用于将网络用作直复营销工具的企业。

利用网络实施直复营销，对顾客而言必须方便购买，使顾客减少购物的时间、精力和体力上的支出与消耗。对企业而言，达到实现简化销售渠道、降低销售成本、减少管理费用的目的。网上销售书籍、鲜花和礼品等网上商店是这种模式的最好应用。但是有些网上书店，客户购书的手续过于烦琐，影响了其网上销售业务。“当当网上书店”做得较好，对上网购书的顾客提供了多种快速且方便的途径，吸引了很多顾客。

4. 让顾客参与、提高客户的忠诚度

新闻业已有一些网站成功运用此模式的例子。例如，报纸和杂志出版商通过其网页来促进顾客的参与。其网页设置了顾客能根据自己的兴趣形成一些有共同话题的“网络社区”，同时也提供了比传统的“给编辑的信”参与程度高得多的读者与编辑交流的机会。这样做的结果有效地提高了客户的忠诚度。

同样，电影、电视片制作商的网站也用此模式提高产品的流行程度。他们通过建立网页向观众提供流行片的一些所谓“内幕”，如剧情的构思，角色的背景，演员、导演、制片人的背景资料、兴趣爱好等。这些信息对影迷们是很有吸引力的。因为这样能使他们获得一种内行鉴赏家的感觉。这种感觉会驱使他们反复地观看某部流行片，评头论足，乐此不疲。同时，他们还会与朋友们讨论这部片子，甚至还会劝说朋友去观看。

5. 提高品牌知名度、获取更高利润

将品牌作为管理重点的企业可通过网页的设计来增强整个企业的品牌形象。许多著名品牌都采用网络作为增强品牌形象的工具。

企业可以通过网页的设计，突出品牌宣传，树立整体的企业品牌形象，建立顾客忠诚度，实现市场渗透，最终达到提高市场占有率的目的。例如可口可乐公司，不是以网络作为直复营

销的工具，而是以网络作为增强品牌形象的工具。

如图 7.3～图 7.6 所示。

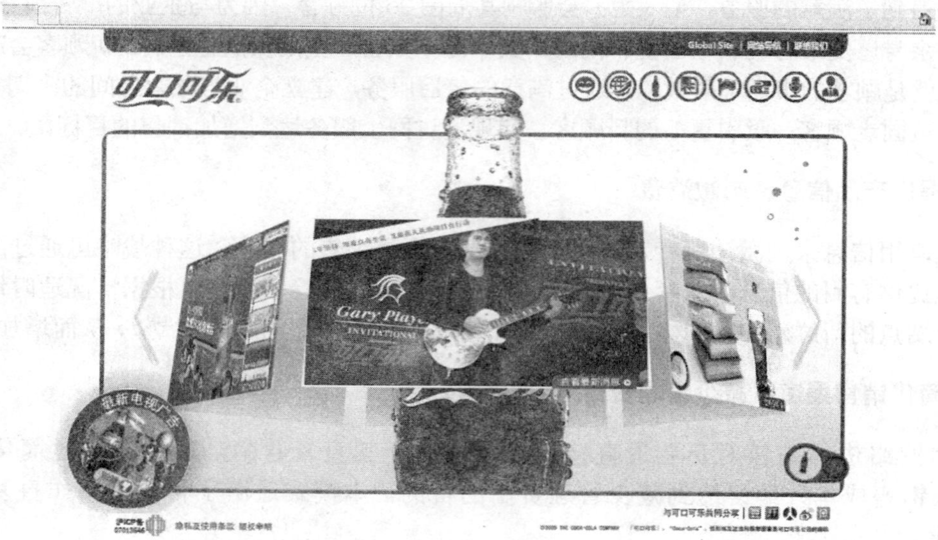

图 7.3　可口可乐中文网站首页

图 7.4　联想中文网站首页

图 7.5 耐克网站首页

图 7.6 李宁网站首页

6. 数据库营销

网络是建立强大、精确的营销数据库的理想工具。因为网络具有即时、互动的特性，所以可以对营销数据库实现动态的修改和添加。拥有一个即时追踪市场状况的营销数据库，是企业管理阶层做出动态、理性决策的基础。传统营销学中一些仅停留在理论上的梦想，通过网络建立的营销数据库可以实现。例如，对目标市场进行精确的细分，对商品价格的及时调整等。数据库营销模式是传统营销模式的现代化，具有科学性和预测性的优势。

7.1.3 战略实施与控制分析

公司实施网络营销必须考虑公司的目标、公司的规模、顾客的数量和购买频率、产品的类型、产品的周期以及竞争地位等；还要考虑公司是否能支持技术投资，决策时技术发展状况和应用情况等。网络营销战略的制定要经历三个阶段：一是确定目标优势，分析实施网络营销能否促进本企业的市场增长，通过改进实施策略实现收入增长和降低营销成本；二是分析计算收益时要考虑战略性需求和未来收益；三是综合评价网络营销战略。公司在决定采取网络营销战略后，要组织战略的规划和执行，网络营销是通过新技术来改造和改进目前的营销渠道和方法的，其涉及公司的组织、文化和管理各个方面。如果不进行有效规划和执行，该战略可能只是一种附加的营销方法，不能体现战略的竞争优势。策略规划分为目标规划，即在确定使用该战略的同时，识别与之相联系的营销渠道和组织，提出改进的目标和方法；技术规划，即网络营销很重要的一点是要有强大的技术投入和支持，因此资金投入和系统购买安装，以及人员培训都应统筹安排；组织规划，即实现数据库营销后，公司的组织需要进行调整以配合该策略的实施，如增加技术支持部门、数据采集处理部门，同时调整原有的推销部门等；管理规划，即组织变化后必然要求管理的变化，公司的管理必须适应网络营销需要。网络营销在规划执行后：一是应注意控制，以评估是否充分发挥该战略竞争优势，评估是否有改进的余地；二是要对执行规划时的问题及时识别并加以改进；三是对技术的评估和采用。

7.1.4　竞争战略的分析

网络营销的企业必须加强自身能力，改变企业与其他竞争者之间的竞争对比力量。巩固公司现有竞争优势：利用网络营销的公司可以对顾客的当前要求和潜在需求有较深了解，对公司的潜在顾客的需求也有一定了解，制定的营销策略和营销计划具有一定的针对性和科学性，便于实施和控制，顺利完成营销目标。公司在数据库帮助下，营销策略具有很强的针对性，在营销费用减少的同时还提高了销售收入。加强与顾客的沟通：网络营销以顾客为中心，其中数据库中存储了大量当前顾客和潜在顾客的相关数据资料。公司可以根据顾客需求提供特定的产品和服务，具有很强的针对性和时效性，可大大地满足顾客需求。通过互联网和大型数据库，公司可以以低廉成本为顾客提供个性化服务。为入侵者设置障碍：设计和建立一个有效和完善的网络营销系统是一个长期的系统性工程，需要大量人力物力和财力。一旦某个公司已经实现有效的网络营销，竞争者就很难进入该公司的目标市场。因为竞争者要用相当多的成本建立一个类似的数据库，而且几乎是不可能的。网络营销系统是公司的难以模仿的竞争能力和可以获取收益的无形资产。提高新产品开发和服务能力：公司开展网络营销，可以从与顾客的交互过程中了解顾客需求，甚至由顾客直接提出需求，因此很容易确定顾客需求的特征、功能、应用、特点和收益。通过网络数据库营销直接与顾客进行交互式沟通，更容易产生新的产品概念。对于现有产品，通过网络营销容易取得顾客对产品的评价和意见，从而准确决定产品所需要改进的地方和换代产品的主要特征。稳定与供应商的关系：供应商是向公司及其竞争者提供产品和服务的公司和个人。公司在选择供应商时，一方面要考虑生产的需要；另一方面要考虑时间上的需要，即计划供应量要根据市场需求，将满足要求的供应品在恰当时机送到指定地点进行生产，以最大限度地节约成本和控制质量。公司如果实行网络营销，就可以对市场销售进行预测，确定合理的计划供应量，保证满足公司的目标市场需求；另一方面，公司可以了解竞争者的供应量，制订合理的采购计划，在供应紧缺时能预先订购，确保竞争优势。

7.1.5　网络营销战略方法

知识经济下互联网营销组合方式多种多样，每一种组合都针对产品价格、渠道、促销中的一方或多种协调应用，起到最大限度地发挥互联网平台上的营销战略作用。

（1）搜索引擎登录，竞价排名：目前Google、百度等搜索引擎都是采取“主动式”搜索模式，对产品名称、商标名称关键字的搜索具有一定效果，能够通过关键字快速界定产品的性质、范围，快速服务于目标客户群。因此，“搜索引擎登录，竞价排名”的网络营销方式基本处于产品推广状态。

（2）信使广告、电子邮件广告：均为“一对一”的广告形式，可以针对产品或客户群差别进行差别化推广。

（3）网络banner等广告：在大型网站发布此类广告，可以提高知名度，扩大认知领域，宣传树立形象，发展潜在客户的作用。

（4）论坛广告：近年来，论坛社区的异军突起，令论坛广告成为极具商业价值的网络营销模式。通常，一条论坛广告的主题会有100～200名客户浏览，更有10%左右的客户会主动点击浏览全文。由于论坛广告采用的是“一对多”的营销模式，发布效率远远高于传统形式，如果广告内容处理巧妙，采用“软文”形式，一般不会被版主删除，可以长期保留，在数周、甚至数月内稳定地吸引客户，这点，是其他网络营销模式无法实现的。

（5）网络分众广告：由全国300多家顶尖网站共同推出的，智能化匹配、一揽子投放的下一代网络分众广告。其继承了传统互联网广告的优势，并加入了智能化特性，代表着下一代互联网的发展方向，代表为“窄告”的新型网络广告形式。

（6）网络会员制营销：这是互联网上一种特有的网络营销模式，有多种不同的具体表现形式和名称，国内一些网站所采用的各种“网站联盟”都是基于网络会员制营销原理而实现的。网络会员制营销（或者简称为网络联盟，有些文章则译为“联属网络营销”，来源于英文“Affiliate Programs”）这种形式之所以在电子商务领域获得了很大成功，其重要原因在于符合电子商务中的一般优势，如资源共享、高效率、客户拥有更大的选择便利等。主要功能：按效果付费，节约广告主的广告费用。为广告主投放和管理网络广告提供了极大的便利。扩展了网络广告的投放范围，同时提高了网络广告投放的定位程度。大大扩展了商家的网上销售渠道。为加盟会员网站创造了流量转化为收益的机会。丰富了加盟会员网站的内容和功能。利用了病毒性营销的思想，联盟会员主动进行推广。

7.1.6　网络营销市场定位及目标市场选择

目标市场：就是企业要进入某个市场细分领域。也可以说是企业根据自己的产品或服务选择的顾客群。

市场定位：是对未来的潜在顾客消费趋势、收入状况和心理承受能力所做的深入分析。

网络营销的目标市场定位是双向的，一方面，营销者必须了解上网客户的各种情况；另一方面，营销者也必须了解自己的产品是否适应网络营销。

企业进行市场定位一般应包括三个步骤。

第一步：调查研究影响定位的因素。

（1）竞争者的定位状况。要了解竞争者正在提供何种产品，在顾客心目中的形象如何，并估测其产品成本和经营情况。

（2）目标顾客对产品的评价标准。要了解购买者对其所要购买的产品的最大偏好和愿望，以及他们对产品优劣的评价标准是什么，以作为定位决策的依据。

（3）目标市场潜在的竞争优势。企业要确认目标市场的潜在竞争优势是什么，然后才能准确地选择竞争优势。

第二步：选择竞争优势和定位战略。

企业通过与竞争者在产品、促销、成本、服务等方面的对比分析，了解自己的长处和缺点，从而认定自己的竞争优势，进行恰当的市场定位。

第三步：准确地传播企业的定位观念。

企业在作出市场定位决策后，还必须大力开展广告宣传，把企业的定位观念准确地传播给潜在购买者。

可供选择的市场定位战略如下：

（1）“针锋相对式”定位。把产品定在与竞争者相似的位置上，同竞争者争夺同一细分市场。实行这种定位战略的企业，必须具备以下条件：①能比竞争者生产出更好的产品；②该市场容量足够吸纳这两个竞争者的产品；③比竞争者有更多的资源和实力。

（2）“填空补缺式”定位。寻找新的尚未被占领、但为许多消费者所重视的位置，即填补市场上的空位。这种定位战略有两种情况：一是这部分潜在市场即营销机会没有被发现，在这种情况下，企业容易取得成功；二是许多企业发现了这部分潜在市场，但无力去占领，这就需要有足够的实力才能取得成功。

（3）“另辟蹊径式”定位。当企业意识到自己无力与同行业强大的竞争者相抗衡从而获得绝对优势地位时，可根据自己的条件取得相对优势，即突出宣传自己与众不同的特色，在某些有价值的产品属性上取得领先地位。

1. 目标市场营销

企业通过市场细分选择了自己的目标市场，专门研究其需求特点并针对其特点提供适当的产品或服务，制定一系列的营销措施和策略，实施有效的市场营销组合。为有效地实现目标市场营销，企业必须相应地采取三个重要的步骤。

第一步：市场细分。

第二步：选择目标市场。

第三步：市场定位。

三种目标市场营销战略的优缺点如下：

（1）无选择（差异）性市场营销。企业面对整个市场，只提供一种产品，采用一套市场营销方案吸引所有的顾客。其只注意需求的共性。

优点：生产经营品种少、批量大，节省成本的费用，提高利润率。

缺点：忽视了需求的差异性，较小市场部分需求得不到满足。

(2) 选择（差异）性市场营销。企业针对每个细分市场的需求特点，分别为之设计不同的产品，采取不同的市场营销方案，满足各个细分市场上不同的需要。

优点：适应了各种不同的需求，能扩大销售，提高市场占有率。

缺点：因差异性营销会增加设计、制造、管理、仓储和促销等方面的成本，会造成市场营销成本的上升。

(3) 集中性市场营销。企业选择一个或少数几个子市场作为目标市场，制定一套营销方案，集中力量为之服务，争取在这些目标市场上占有大量份额。

优点：由于目标集中能更深入地了解市场需要，使产品更加适销对路，有利于树立和强化企业形象及产品形象，在目标市场上建立巩固的地位；同时由于实行专业化经营，可节省生产成本和营销费用，增加盈利。

缺点：目标过于集中，把企业的命运押在一个小范围的市场上，有较大风险。

影响目标市场营销战略选择的因素有以下几种：

(1) 企业的实力。包括企业的设备、技术、资金等资源状况和营销能力等。

(2) 产品差异性的大小。指产品在性能、特点等方面的差异性的大小。

(3) 市场差异性的大小。

(4) 产品生命周期的阶段。

(5) 竞争者的战略。

2. 网络营销的对象定位

(1) 男性消费者和女性消费者市场。

据调查，男性消费者在网络上一般会关注汽车、房屋等大件产品，是网络营销应主要关注的对象；而另一个非常重要的群体——女性消费者，已经成为支撑网络购物增长的重要力量。

“荷包掌握在她手中”，这个源于20世纪60年代发达国家的家庭经济模式已经延续到了如今的中国，并且大有要发展为社会经济新模式的趋势。究其原因主要在于，随着经济地位的上升，女性消费空间快速拓展。女性实际上掌握了三个消费空间，第一个是自我空间，即买我所爱；第二是家庭决策空间，女性在很多家庭决策面前会积极发表意见，从而影响家庭的消费决策；第三个空间是消费执行空间，女性在很多家庭消费中往往承担着“采购者”的角色，实际承担着执行消费决策的任务。

一项调查显示，已有超过六成的都市女性尝试过网上购物，特别是在C2C网上交易最主要的服装、化妆品买卖中，女性买家和卖家的数量远胜于男性。在网上购物日益盛行的今天，传统产业和IT产业的珠联璧合成为必然的趋势。对互联网上的众多商家来说，如何讨好女性消费者，将是他们大展拳脚的机遇。相关统计显示，目前我国女性每年化妆品消费额达80亿元。正是看到了其中巨大的商机，卖女性化妆品成为了许多网店的首选。网友“小魔女”最近在淘宝上开了一家卖化妆品的店铺，“‘女人我最大’里明星推荐的化妆品和减肥瘦身产品，都是MM们疯狂购买的热品，因为销量实在是太好了，所以常常脱销、断货。”

(2) 中青年消费者市场。

中青年消费者，尤其是青年消费者在上网者中占有绝对的比重。这批人一般都崇尚创新、自由，很容易被新事物所影响，而且接受新观念、新知识快。他们也很愿意在网络上购物，因此青年人所喜欢的计算机、CD 唱片、游戏软件、体育用品等都是网上的畅销商品。这类市场目前是网络市场最拥挤的地方，也是商家最看好的一个市场。

（3）具有较高文化水准的职业层市场。

Internet 要求其使用者熟悉计算机及网络操作能力。因此，文化水准较高的人士，如教师、学生、科技人员和政府官员的上网比例较高。另外，从职业和个人兴趣方面来看，上网者多为相关计算机职业者或爱好者，他们因工作或兴趣的需要而接触到网络，正是由于这些原因，计算机软/硬件的销售十分看好，网上书店的生意也非常红火。计算机软件销售商 Sausage Software，从事 Web 页面制作软件的销售，其目标市场明确界定为编辑和出版商。著名的亚马逊网上书店的成功更是这方面的典型实例。

（4）中等收入阶层市场。

上网客户大都属于中等收入水平，否则难以维系上网费用。近年来，随着 Internet 的普及，上网费用有所降低，但对低收入阶层来说，网上消费仍然有一段距离。

（5）不愿意面对售货员的顾客市场。

有一部分顾客不喜欢面对面地从售货员那里买东西，他们不习惯售货员的过分热情。有的是因为不想逛街，认为那是浪费时间等。

3. 网络营销的商品定位

网络营销的商品定位问题实际上就是什么样的商品适合于网络营销？认真研究商品的属性，科学筛选适合网络营销的商品，是企业网络营销成功的重要因素。

适合于网上营销的商品按照形态的不同，可以分为实体商品、软体商品和在线服务，三者在营销方式和营销品种上有很大的差别，下面进行详细的介绍。

① 实体商品的选择。与传统的销售方式相比，网络销售以网络上的相互对话为买卖双方交流的主要方式，消费者或客户通过卖方的主页考查其商品，通过填写一定的表格表达自己对相关商品的品种、质量、价格、数量的选择；而卖方则将面对面的交货改为邮寄商品或送货上门。

实体商品的种类：图书与影像制品；日杂百货；特色礼品；玩具；电子产品；首饰；服装；等等。

选择的营销方式：在线浏览、购物选择、送货上门。

② 软体商品的选择：咨询的提供和软件的销售。

咨询的提供主要包括电子报纸、电子杂志、音乐、电影、电视剧等。

选择的营销方式：资讯提供；软件销售（电子游戏、套装软件）。

③ 在线服务的选择：情报服务（比如股市行情分析、金融信息咨询、医药咨询、法律查询等）；互动式服务（网络交友、计算机游戏、远程医疗、法律援助等）；网络预约服务（预订机票、车票、旅游预约服务等）。

4. 消费者的网上购买过程

网上消费者的购买过程就是网上购买行为形成和实现的过程。与传统购物不同，这是一个较复杂的过程。

与消费者的传统购买行为相类似，网上消费者的购买行为早在实际购买之前就已经开始，并且延长到实际购买后的一段时间，有时甚至是一个较长的时期。从酝酿购买开始到购买后的一段时间，其购买过程大致可分为 5 个阶段：诱发需求、收集信息、比较选择、购买决策和购后评价。

（1）诱发需求。

购买过程的起点是诱发需求，这种需求是在内外因素的刺激下产生的。传统的购物过程中，诱发需求的因素是多方面的：有来自人体内部所形成的生理刺激，如冷暖饥渴；也有来自外部环境所形成的心理刺激等。

但对于网络营销来说，诱发需求的动因只能局限于视觉和听觉。文字的表述、图片的设计、声音的配置成为诱发网上消费者购买的直接动因。从这方面讲，网络营销对消费者的吸引具有相当的难度。这就要求从事网络营销的经营者注意了解与自己产品有关的实际需求和潜在需求，了解在不同时间段消费者产生这些需求的程度，了解这些需求是由哪些刺激因素诱发的，进而采取相应的促销手段去吸引更多的消费者浏览网页，诱导他们的需求欲望。

（2）收集信息。

当需求被唤起之后，每个消费者都希望自己的需求能得到满足。所以，收集信息，了解行情，成为消费者购买过程的第二个环节。这个环节的作用就是汇集商品的有关资料，为下一步的比较选择奠定基础。

消费者对信息的收集主要来自个人渠道、商业渠道和公共渠道。在传统的购买过程中，消费者对于信息的收集大都出于被动进行的状况，如亲朋好友或同事提供的购买信息和体会；厂商的展览推销、上门推销、中介推销、各类广告宣传等。在网上购买过程中，商品信息的收集主要是通过 Internet 进行。与传统购买时不同，网上购买信息的收集具有较大的主动性。一方面，网上消费者可根据已了解的信息，通过 Internet 跟踪查询；另一方面，消费者又不断地在网上浏览，寻找新的购买机会。由于消费层次的不同，上网消费者大都具有敏锐的购买意识，始终领导着消费潮流。

（3）比较选择。

比较选择是购买过程中必不可少的环节。消费者对各条渠道汇集而来的资料进行比较、分析、研究，了解各种商品的特点及性能，从中选择最为满意的一种。一般来说，消费者的综合评价主要考虑商品的功能、质量、可靠性、样式、价格和售后服务等。通常，一般消费品和低值易耗品较易选择，而对耐用消费品的选择则比较慎重。

网上购物不直接接触实物，因此网上消费者对商品的比较主要依赖于厂商对产品的描述，包括文字的表述和图片的描述。经销商对自己的产品描述得不充分，就不能吸引众多的顾客；反之，如果过分夸张地描述，甚至带有虚假的成分，则可能永久地失去顾客。对于这种分寸的把握，是每个从事网络营销的厂商都必须认真考虑的。

（4）购买决策。

网上消费者在完成对商品的比较选择后，便进入到购买决策阶段。网上购买决策是指网上消费者在购买动机的支配下，从两件或两件以上的商品中选择一件满意商品的过程。购买决策是网上消费者购买活动中最主要的组成部分，其基本上反映了网上消费者的购买行为。

与传统的购买方式相比，网上购买者的购买决策有许多独特之处。首先，网上购买者理智动机所占比重较大，而感情动机的比重较小，这是因为消费者在网上寻找商品的过程本身就是一个思考的过程。他（她）有足够的时间仔细分析商品的性能、质量、价格和外观，从容地做出自己的选择。其次，网上购买受外界影响较小。购买者常常是独自坐在计算机前上网浏览、选择，与外界接触较少，决策范围有一定的局限性，大部分的购买决策是自己做出的或是与家人商量后做出的。因此，网上购物的决策行为较之传统的购买决策要快得多。

网上消费者在决定购买某种商品时，一般必须具备三个条件：第一，对厂商有信任感；第二，对支付有安全感；第三，对产品有好感。所以，树立企业形象，改进货款支付办法或商品邮寄办法，全面提高产品质量，是每个参与网络营销的厂商必须重点抓好的三项工作。

（5）购后评价。

消费者购买商品后，往往通过使用，对自己的购买行为进行检验和反省，重新考虑这种购买是否正确，效用是否满意，服务是否周到等问题。这种购后评价往往决定了消费者今后的购买动向。

商品的价格、质量和服务与消费者的预料相匹配，消费者会感到心理上的满足，否则，就会产生厌烦心理。购后评价为消费者发泄内心的不满提供了一条非常好的渠道，同时也为厂商改进工作收集了大量第一手资料。

为了提高企业的竞争力，最大限度地占领市场，企业必须虚心倾听顾客反馈的意见和建议。Internet为网络营销者收集消费者购后评价意见和建议提供了得天独厚的条件，企业从网上收集到这些评价后，通过计算机的分析、归纳，可以迅速找出工作中的缺陷和不足，及时改进自己的产品和服务。

【教学活动1】

盛大网络目标市场案例分析

1999年11月，陈天桥和4个爱好网络游戏的朋友，以50万元的资金创立了上海盛大网络发展有限公司，以社区游戏为主业。当时盛大公司只有 50 个员工，设有动画、产品、平面媒体和游戏4个事业部。仅仅用了4年时间，盛大凭借1.7亿客户而成为全球最大的网络游戏企业，2003 年收入约 8 亿元。陈天桥因此成为中国最年轻的富豪，财富已扩张到胡润统计的 40 亿元，位列2003年的首富榜第10位。到2009年1月31日，盛大拥有的累计注册客户数超过8亿。2012年入选第四届中国“文化企业30强”。

根据国际数据公司权威发布的2013年游戏收入预测表明，盛大是当时中国最大的网络游戏运营商。盛大提供一系列网络游戏供客户在线娱乐，这些游戏包括自主研发和代理运营的产品，其中由盛大运营的《传奇2》在IDC进行的客户调查中被评为当年中国最受欢迎的网络游戏，另外盛大推出了自主研发的第一款网络游戏《传奇世界》也大获成功。盛大已经成为中国领先的网络游戏开发商、运营商和发行商，致力于打造中国乃至全球领先的网络游戏平台。

中国目前拥有近4.2亿互联网客户，其中大约67%为宽带客户。个人计算机和宽带接入的快速普及使中国的网络游戏和其他互联网服务一直呈现出爆炸式的增长，目前，中国已经成为世界第一大游戏市场。以网民人均消费支出比例计算，中国目前已经是世界最大的网络游戏市场了。随着中国网络游戏市场的迅速成熟，预计中国的网络游戏市场还会进一步扩大，其增长势头将与经济的增长速度相当。

网络游戏将成千上万的游戏玩家连接在一起，在网上构筑起互动而现实的娱乐世界。在这个世界，又有棋牌类桌面游戏、社区游戏、角色扮演类游戏（MMORPG：Massive Multiplayer Online Role Playing Game）三种。

网络游戏的玩家大部分是高中生和大学生，因为游戏玩起来可以天马行空，像《传奇》、《魔兽世界》这样的角色扮演游戏，自己和角色融为一体，角色的升级和成长如同自己本领的提高。这与日常严格的学校教育、父母的严厉管制完全不同，就像一个喜爱游戏的学生所说，那里有绝对的自由。

初期，盛大以社区游戏为主，建立了一个虚拟社区——归谷（HomeValley），并由此获得中华网300万美元的风险投资。那时获得风投还是不难的，因为1999年仍处于互联网热潮期。但2000年底，互联网的冬天就到了。互联网公司一个个地死去，盛大也进入困难时期。2001年，韩国游戏协会进入中国，首先找到中国的动画协会，动画协会推荐到盛大访问，说盛大喜欢做网络与动画结合的内容。韩国Actoz公司的老板揣着一款网络游戏《传奇》，找到了陈天桥。陈天桥由此交上了好运。因为《传奇》，盛大从社区游戏转向MMORPG：2001年，盛大以30万美元的价格购下《传奇》在中国的独家代理权，开始网络游戏的运营业务。

当时，中国电子游戏业存在极高的政策风险，且盗版软件猖狂。故此，中华网反对盛大走MMORPG，陈天桥不为所动，遂与中华网结怨。与中华网分手后，盛大进入发展的加速期。资料显示，2001年，盛大网络的运营收入为1.6亿元。到2002年，根据IDG的统计数据，盛大网络的市场份额已达68%：2002年网络游戏的市场收入为9.1亿元，盛大的市场收入为6.188亿元——每日进账170万元！

《传奇》使盛大日进斗金。因为《传奇》，盛大代理产品的累计注册客户超过1.7亿人次，同时在线人数超过100万人，拥有分布在全国24个省50多个中心城市的800余组超过9000台服务器，各类销售终端已超过40万家，市场份额超过50%，是全球最大的网络游戏企业，被称为“中国网络游戏之王”（CNN）。2004年5月13日，盛大的网络在美国纳斯达克股票市场成功挂牌。除了利益和战略上的巨大收获，盛大的成功上市对国内整个网络游戏产业的影响也是空前的。它不但证明中国的网游产业已得到国际资本的认可，同时加快了整个民族产业自主开发游戏、进军国际市场的进程。

通过回顾盛大网游的发展过程，可以发现它在目标市场选择上的独到之处。在中国网络发展的高峰期、在中国网络游戏发展的高峰期，盛大选择了年轻群体作为他的主攻目标市场，量身定做推出了《传奇》等系列网游，并最终取得巨大成功。

活动实施：

认真浏览淘宝、京东等主流电子商务购物平台，从客户群、消费习惯、主打产品、服务模式等方面对比分析两家以上电子商务平台网站在市场定位上的策略选择。如果有一家以保健、绿色、有机食品为主打产品的农产品公司要进行电子商务营销，如何进行其营销战略选择，网络市场如何定位，网络客户群又如何定位？

任务 2 网络营销定价与分销策略

7.2.1 网络营销定价概述

网络营销定价是指给网上营销的产品和服务制定价格。

网络营销价格是指企业在网络营销过程中买卖双方成交的价格。网络营销价格的形成过程较为复杂，受到诸多因素的影响和制约，如传统营销因素和网络自身对价格的影响因素。

1. 网络营销定价的影响因素

一般来说，影响企业网络营销定价的因素主要有以下几个方面：

（1）成本因素。

成本是网络营销定价的最低界限，对企业网络营销价格有很大的影响。产品成本是由产品在生产过程和流通过程中耗费的物质资料和支付的劳动报酬所形成的，其一般由固定成本和变动成本两部分组成。

（2）供求关系。

供求关系是影响企业网络营销定价的基本因素之一。一般而言，当商品供小于求时，企业产品的营销价格可能会高一些；反之，则可能低一些。在供求基本一致时，企业的销售价格将采用买卖双方都能接受的“均衡价格”。此外，在供求关系中，企业产品营销价格还受到供求弹性的影响。一般来说，需求价格弹性较大的商品，可采取薄利多销策略；而需求价格弹性较小的商品，可采取适当高价策略。

（3）竞争因素。

竞争因素对价格的影响，主要考虑商品的供求关系及变化趋势，竞争对手的商品定价目标和定价策略，以及变化趋势。竞争是影响企业产品定价的重要因素之一，在实际营销过程中，以竞争对手为主的定价方法主要有三种：低于竞争对手的价格、与竞争对手同价和高于竞争对手的价格。

（4）其他因素。

除上述三个主要因素以外，市场营销的其他组合因素，如产品、营销渠道、促销手段、消费者心理、企业本身规模、财务状况和国家政策等，会对企业的网络营销价格产生不同程度的影响。

2. 网络营销定价特点

开放快捷的因特网使企业、消费者和中介商对产品的价格信息都有比较充分的了解，因此网络营销定价与传统营销有很大的不同。网络营销定价的特点如下。

（1）低价位化。

第一，因特网成为企业和消费者交换信息的渠道，一方面可以减少印刷费用和邮递成本，免交店面租金，节约水电费与人工成本；另一方面可以减少由于多次迂回交换造成的损耗。第二，网络营销能使企业绕过许多中间环节和消费者直接接触，进而使企业产品开发和营销成本大大降低。第三，消费者可以通过开放互动的因特网掌握产品的各种价格信息，并对其进行充分的比较和选择，迫使开展网络营销的企业以尽可能低的价格出售产品，增大了消费者的让渡价值。

（2）全球定价化。

网络营销市场面对的是开放的和全球化的市场，世界各地的消费者可以直接通过网站进行交易，而不用考虑网站所属的国家或地区。企业的目标市场从过去受地理位置限制的局部市场，一下拓展到范围广泛的全球性市场，这使得网络营销产品定价时必须考虑目标市场范围的变化带来的影响因素。企业不能以统一市场策略来面对差异性极大的全球性市场，而是必须采用全球化和本地化相结合的原则进行。

（3）价格水平趋于一致化。

因特网市场是一个开放的、透明的市场，在这个市场中，消费者可以及时获得同类产品或相关产品的价格信息，对价格及产品进行充分的比较，迫使企业努力减少因国家、地区等因素的不同而产生的价格差异，进而使价格趋于一致。

（4）弹性化。

方便快捷的因特网能够使消费者及时获取各种产品的多个甚至全部厂家的价格信息，真正做到货比多家，这就决定了网上销售的价格弹性很大。因此，企业在制定网上销售价格时，应当科学量化每个环节的价格构成，制定出较为合理的价格策略。另外，随着消费者不断趋于理性化，企业在网络营销定价时要综合考虑各种因素，如消费者的价值观、偏好等。

（5）顾客主导化。

传统市场中，产品的价格是以生产成本为基准，加上一定的利润率，就成为市场价格。在互联网市场中，消费者能及时获取产品及其价格的各种信息，通过综合这些信息决定是否接受企业报价并达成交易。所以，在定价时，企业必须考虑消费者的心理特点和价格预期，以消费者为中心，根据生产成本和消费者心理价位综合定价，以赢得消费者的接受和认可，产生购买欲望，实现双赢。

7.2.2 网络营销的渠道与管理

网络营销是网络经济时代的一种崭新的营销理念和营销模式，是指借助于互联网络、计算机通信技术和数字交互式媒体来实现营销目标的一种营销方式。中国作为仅次于美国的第二大互联网市场，庞大的网民群体，形成了巨大的网络消费群体和网络营销空间。网络营销渠道就是商品和服务从生产者向消费者转移过程的具体通道或路径，完善的网上销售渠道有订货、结算和配送三大功能。网络营销渠道是利用互联网提供可利用的产品和服务，以便使用计算机或其他能够使用技术手段的目标市场通过电子手段进行和完成交易活动。与传统营销渠道一样，以互联网作为支撑的网络营销渠道具备传统营销渠道的功能。

1. 网络营销渠道的特点

在传统营销渠道中，中介商是其重要的组成部分。中介商之所以在营销渠道中占有重要地位，是因为利用中介商能够在广泛提供产品和进入目标市场方面发挥最高的效率。营销中介商凭借其业务往来关系、经验、专业化和规模经营，提供给公司的利润通常高于自营商店所能获取的利润。但互联网的发展和商业应用，使得传统营销中介商凭借地缘原因获取的优势被互联网的虚拟性所取代，同时互联网高效率的信息交换，改变着过去传统营销渠道的诸多环节，将错综复杂的关系简化为单一关系。互联网的发展改变了营销渠道的结构。

利用互联网的信息交互特点，网上直销市场得到大力发展。因此，网络营销渠道可以分为两大类：一类是通过互联网实现的从生产者到消费（使用）者的网络直接营销渠道（简称网上直销），这时传统中介商的职能发生了改变，由过去的环节的中间力量变成为直销渠道提供服务的中介机构，如提供货物运输配送服务的专业配送公司，提供货款网上结算服务的网上银行，以及提供产品信息发布和网站建设的 ISP 和电子商务服务商。网上直销渠道的建立，使得生产者和最终消费者直接连接和沟通。

另一类，是通过融入互联网技术后的中介商机构提供网络间接营销渠道。传统中介商由于融合了互联网技术，大大提高了中介商的交易效率、专门化程度和规模经济效益。同时，新兴的中介商也对传统中介商产生了冲击，如美国零售业巨头 Wal-Mart 为抵抗互联网对其零售市场的侵蚀，在互联网上开设网上商店。基于互联网的新型网络间接营销渠道与传统间接分销渠道有着很大不同，传统间接分销渠道可能有多个中间环节，如一级批发商、二级批发商、零售商，而网络间接营销渠道只需要一个中间环节。

2. 网络营销渠道分类

（1）网上直销。

网上直销与传统直接分销渠道一样，都是没有营销中介商。网上直销渠道一样也要具有营销渠道中的订货功能、支付功能和配送功能。网上直销与传统直接分销渠道不一样的是，生产企业可以通过建设网络营销站点，让顾客可以直接从网站进行订货。通过与一些电子商务服务机构如网上银行合作，在网站直接提供支付结算功能，简化了过去资金流转的问题。对于配送方面，网上直销渠道可以利用互联网技术来构造有效的物流系统，也可以通过互联网与一些专业物流公司进行合作，建立有效的物流体系。

（2）网络时代的新型中介商。

由于网络的信息资源丰富、信息处理速度快，基于网络的服务可以便于搜索产品，但在产品（信息、软件产品除外）实体分销方面却难以胜任。目前出现许多基于网络的提供信息服务中介商，可称之为电子中介商。

3. 网络营销渠道的功能

（1）订货系统。

其为消费者提供产品信息，同时方便厂家获取消费者的需求信息，以求达到供求平衡。一个完善的订货系统，可以最大限度地降低库存，减少销售费用。

（2）结算系统。

消费者在购买产品后，可以有多种方式方便地进行付款。

（3）配送系统。

一般来说，产品分为有形产品和无形产品，对于无形产品如服务、软件、音乐等产品可以直接通过网上进行配送，对于有形产品的配送，要涉及运输和仓储问题。国外已经形成了专业的配送公司，如著名的美国联邦快递公司，其业务覆盖全球，实现全球快速的专递服务，以至于从事网上直销的 Dell 公司将美国货物的配送业务都交给其完成。

4. 网络营销渠道建设

由于网上销售对象不同，因此网上销售渠道也有很大区别。一般来说，网上销售主要有两种方式，一种是 B2B，即企业对企业的模式，这种模式每次交易量很大、交易次数较少，并且购买方比较集中，因此网上销售渠道的建设关键是建设好订货系统，方便购买企业进行选择；由于企业一般信用较好，通过网上结算实现付款比较简单；另一方面，由于量大次数少，因此配送时可以进行专门运送，既可以保证速度也可以保证质量，减少中间环节造成的损失。第二种方式是 B2C，即企业对消费者模式，这种模式的每次交易量小、交易次数多，而且购买者非常分散，因此网上渠道建设的关键是结算系统和配送系统，这也是目前网上购物必须面对的门槛。由于国内的消费者信用机制还没有建立起来，加之缺少专业配送系统，因此开展网上购物活动时，特别是面对大众购物时必须解决好这两个环节才有可能获得成功。

在选择网络销售渠道时还要注意产品的特性，有些产品易于数字化，可以直接通过互联网传输；而对大多数有形产品，还必须依靠传统配送渠道来实现货物的空间移动，对于部分产品依赖的渠道，可以通过对互联网进行改造，以最大限度地提高渠道的效率，减少渠道运营中的人为失误和时间耽误造成的损失。

在具体建设网络营销渠道时，还要考虑到以下几个方面。

首先，从消费者角度设计渠道。只有采用消费者比较放心、容易接受的方式才有可能吸引消费者使用网上购物，以克服网上购物的“虚”的感觉。如在中国，目前采用货到付款方式比较受认可。

其次，设计订货系统时，要简单明了，不要让消费者填写太多信息，而应该采用现在流行的“购物车”方式模拟超市，让消费者一边看物品比较选择，一边进行选购。在购物结束后，一次性进行结算。另外，订货系统还应该提供商品搜索和分类查找功能，以便消费者在最短时间内找到需要的商品，同时还应对商品提供消费者想了解的信息，如性能、外形、品牌等重要信息。

再次，在选择结算方式时，应考虑到目前实际发展的状况，应尽量提供多种方式方便消费者选择，同时还要考虑网上结算的安全性，对于不安全的直接结算方式，应换成间接的安全方式，如 8848 网站将其信用卡号和账号公开，消费者可以自己通过信用卡终端自行转账，避免了网上输入账号和密码被丢失的风险。

最后，建立完善的配送系统。消费者只有看到购买的商品到家后，才真正感到踏实，因此建立快速有效的配送服务系统是非常重要的。在现阶段，我国配送体系还不成熟，在进行网上销售时要考虑到该产品是否适合目前的配送体系，正因如此，目前网上销售的商品大多是价值较少的不易损坏的商品，如图书、小件电子类产品等。

7.2.3 网络营销分销渠道策略

分销渠道是指产品由生产领域向消费领域转移过程中所经过的所有环节和中介机构。合理的分销渠道，一方面可以最有效地把产品及时提供给消费者，满足客户的需要；另一方面也有利于扩大销售，加速物资和资金的流转速度，降低营销费用。

网络虚拟市场作为一种新型的市场形式，同样存在一个分销渠道的选择问题。对于从事网络营销的企业来说，熟悉网络分销渠道的结果，分析、研究不同网络分销渠道的特点，合理地选择网络分销渠道，不仅有利于企业的产品顺利完成从生产领域到消费领域的转移，促进产品销售，而且有利于企业获得整体网络营销上的成功。

相对于传统的营销渠道，网络营销渠道也可分为直接分销渠道和间接分销渠道，但其结构要简单得多。

1. 直接渠道

在网络营销的直接渠道中，生产商直接和消费者进行交易，不存在任何中间环节，这里的消费者可以是指个人消费者，也可以是进行生产性消费或者集团性消费的企业和商家。

生产厂家通过网络直接分销渠道直接销售产品，没有任何形式的网络中介商介入其中的销售方式为网络直销。网络直销有许多优点，如：企业可以直接从市场上收集到真实的第一手资料，合理地安排生产；企业能够以较低的价格销售自己的产品，消费者也能够买到大大低于现货市场价格的产品；营销人员可以利用网络工具，如电子邮件、公告牌等，随时根据客户的愿望和需要开展各种形式的促销活动，迅速扩大产品的市场占有率；企业能够通过网络及时了解到客户对产品的意见和建议，并针对这些意见和建议提供技术服务，解决疑难问题，提高产品质量，改善经营管理。

但是，不可否认，网络直销也存在其自身的缺点。具体包括：过多过滥的企业网站，使客户处于无所适从的尴尬境地。面对大量分散的企业域名，网络访问者很难有耐心一个个去访问企业主页，特别是对于一些不知名的中小企业，大部分网络访问者不愿意在此浪费时间。据了解，在我国目前建立的数千个企业网站中，除个别行业和部分特殊企业外，大部分网站访问者寥寥无几，营销收效不大。

网络直销对生产性企业的要求是很高的：

第一，企业的实力比较雄厚。因为网络直销需要有一个功能完善的电子商务站点来支撑，而建设一个功能完善的电子商务站点的费用很高，而且维护费用也非常高，这是一般的小型企业难以承担的，所以网络直销模式适合大型的生产性企业。

第二，改变企业的业务流程，实现顾客导向的柔性化生产。企业提供的网络直销服务，一般可以分为三个发展阶段：第一阶段是企业将已经设计生产出来的产品在网上进行展示，允许顾客随时随量进行订购，这只要求企业生产系统的生产能力比较充足即可；第二阶段是企业不但展示已经设计生产出来的产品，还允许顾客对产品某些配置和某些功能进行调整，以满足顾客对产品的个性化需求，这就要求企业的生产系统必须是标准化的和柔性化的；第三阶段就是允许顾客在企业设计系统引导下，自己设计出满足自己需求的产品，这要求企业的生产系统必须高度柔性化和智能化。目前，最常见的网络直销方式是第一阶段的模式，少数企业如 Dell 公司实现了网络直销的第二阶段。企业若要达到网络直销的第三阶段还有很大的困难，因为其需要很多智能化技术的配合，同时企业的后勤系统必须紧密配合柔性化生产过程中的原料需求和人员配备需求，此外，售后服务也要整合到网上去，否则难以完全满足客户的全部需求。

第三，改变企业的组织结构，实现扁平化的组织管理。企业采取网络直销模式，意味着企业对市场的反应应是极度灵敏的，这要求信息能以最快的速度在企业的各个管理层次和各个部门间传递和交流，以保证企业内部各项业务工作流程的有机集成和整合。为此，企业必须改变传统的金字塔型的组织管理结构，代之以团队协作为主要特征的扁平化的组织管理模式。

2. 有中介商介入的间接渠道

为了克服网络直销的缺点，网络中介机构应运而生。这类机构的基本功能是连接网络上推销商品或服务的卖方和在网络上寻找商品和服务的买方，成为连接买卖双方的枢纽，使得网络间接销售具有可能性。

根据中介商的不同，网络营销的间接渠道分为两种：一种是以商品或服务经销商为中介的网络营销间接渠道，中介商起着将产品由生产领域向消费领域转移的作用；另一种是以网络信息中介商为中介的网络营销间接渠道，中介商本身不经营任何商品和服务，仅仅凭借其掌握的大量相关信息沟通买方和卖方之间的交易，而最终交易的完成和商品的实体流转还是供应方和需求方之间的事。

网络中介机构的存在简化了市场交易过程。利用网络中介商的目的就在于他们能够更加有效地推动商品广泛地进入目标市场。从整个社会的角度来看，网络中介商凭借自己的各种联系、经验、专业知识、活动规模，以及掌握的大量信息，在把商品由生产者推向消费者方面将比生产企业自己推销关系更简化，也更加经济。

利用网络间接销售渠道销售商品和服务，必须谨慎地选择网络中介商，这是事关网络营销效果大局的关键一环。在互联网飞速发展的今天，网上每天都在诞生着新的中介商，这些中介商的功能作用、服务特色、服务质量差别非常大，因此，在筛选网络中介商时，要考虑功能、成本、信用、覆盖、特色和连续性六大因素。

（1）功能。网络中介商所能够提供的功能服务，是选择网络中介商时所要考虑的最重要因素。网络中介商必须具备如下功能：一是信息收集功能，要有收集和传播网络营销环境中有关潜在与现行顾客、竞争对手和其他参与者的营销信息的能力；二是网络促销功能，要具有强有力的网络促销方式的开发能力，同时还具有迅速传播促销信息的能力；三是网络谈判功能，能够在网络上谈判撮合买卖双方的意愿，使买卖双方就价格、数量等条件达成协议并顺利实现商品劳务所有权的转移；四是网络订货功能，能够根据网络消费者的需求反向向商品和劳务的供应商管理者提出订货要求；五是网络融资功能，有能力融资，以负担从事网络分销工作所需费用；六是网络付款功能，能够完成在网络上向买方收款、向卖方付款，当然，在这中间离不开与银行或其他金融机构的联系。

（2）成本。这里的成本是指使用网络中介商时的支出。这种支出分为两类：一类是在中介商网络服务站建立主页时的费用；另一类是维持正常运行时的成本。在两类成本中，维持成本是主要的、经常的，成本的大小与所选择的网络中介商有关，因为不同的中介商对成本的支出有较大的差别。

（3）信用。这里的信用是指网络中介商所具有的信用度的大小。目前我国还没有权威性的认证机构对网络中介商进行认证，因此在选择中介商时应注意它们的信用程度。

（4）覆盖。覆盖是指网络宣传所能够波及的地区和人数，即网络站点能够影响的市场区域。对于企业来讲，站点覆盖面并非越广越好，还要看市场覆盖面是否合理、有效，最终能否给企业带来经济效益。

（5）特色。每一个网络站点都受到中介商总体规模、财力、文化素质的影响，在设计、更新过程中表现出各自不同的特色，因而具有不同的访问群。企业应当研究这些访问群（即顾客群）的特点、购买习惯和购买频率，进而选择不同的电子商务交易中介商。

（6）连续性。网络发展的实践证明，网络站点的寿命有长有短。一个企业要想使网络营销持续稳定地运行，就必须选择具有连续性的网络站点，在客户或消费者中建立品牌信誉、服务信誉。为此，企业应采取措施密切与中介商的关系，防止中介商将别的公司的产品放在经营的主要位置。

3. 直接渠道与间接渠道相结合

企业在进行网络分销决策时，既可以使用网络直接分销渠道，也可以使用网络间接分销渠道，还可以同时使用网络直接分销渠道和网络间接分销渠道。

企业在 Internet 上建立网站，一方面为自己打开了一个对外开放的窗口；另一方面也建立了自己的网络直销渠道。只要企业能够坚持对网站进行必要的投入，把网站建设维护好，随着时间的推移，企业的老客户会逐渐认识并利用它，新客户也会不断加盟。而且，一旦企业的网页与信息服务商链接，其宣传作用便不可估量，这种优势是任何传统的广告宣传都不能比拟的。

而且，对于中小企业来讲，网上建站更具有优势。因为，一方面，在网络上所有企业都是平等的，只要网页制作精美，信息经常更换，一定会有越来越多的顾客光顾；另一方面，自己建立网站推销商品的过程非常简单。最简单的网上销售形式是在企业网络的产品页面上附有订单，浏览者对产品比较满意，可直接在页面上下订单，然后付款、交货，完成整个销售过程。

企业在自己建立网站推销商品和服务的同时，也可以积极利用网络间接渠道销售自己的产品和服务。通过网络中介商的信息服务、广告服务和撮合服务优势，扩大企业的影响，开拓企业产品的销售领域，降低销售成本。因此，对于从事网络营销活动的企业来说，必须熟悉和研究国内外电子商务交易中介商的类型、业务性质、功能、特点及其他有关情况，以便能够正确地选择中介商，顺利地完成商品从生产到消费的整个转移过程。

【教学活动 2】

瑞星杀毒软件的价格策略

1997 年 4 月，瑞星杀毒软件在零售市场的占有率不到 1%，是众多反病毒厂商市场份额最低的一个。但到了 1999 年 7 月，瑞星杀毒软件月销量已突破 10 万套，全国销量第一。使瑞星如此迅猛发展的营销策略中，价格策略是关键的一招。

1998 年 3 月，瑞星提供给大分销商的批发价是 20 元，规定市场零售价为 230 元，中间的差价全部返还给分销商用作广告促销。相比之下，此时的全国杀毒软件市场占有率第一的江民杀毒软件 KV300 零售价 260 多元，批发价 90 元。瑞星给了分销商强劲的支持，消息公布的一周之内，瑞星 8.0 就被分销商抢购了 1 万套。当时瑞星也只准备了 1 万套的货，想不到产品在一周内就被抢购一空。因为根本没有准备，缺货两周。瑞星不得不重新调整计划，组织生产。缺货本是坏事，但反而给瑞星日后的涨价埋下了伏笔。

这时，一个绝佳的市场卖点出现，计算机的 Windows 宏病毒泛滥，瑞星抓住机会大肆宣传瑞星软件的查杀宏病毒效果。市场看俏，瑞星酝酿涨价。但是，瑞星没有马上把批发价由原来的 20 元涨到 48 元，而是放话给各中介商，“瑞星下周涨到 48 元，这周还是 20 元，要不要？”此话一出，分销商们蜂拥而至，6 月再出现新一轮的抢购潮，一个星期内又销售了 1 万套。3 个月内，瑞星向零售市场发售了 5 万套瑞星 8.0。1997 年时大部分软件经销商不知道瑞星有杀毒软件，就是这短短的 3 个月使瑞星杀毒软件几乎尽人皆知。

当瑞星要把价位从 20 元提升到 48 元，分销商们吃进一大批货之后，瑞星把批发价真正地涨到了 48 元，虽然此后两三个星期的销量不太理想，但瑞星的涨价策略已获得巨大成功。尝到甜头的瑞星从 48 元涨到 68 元时仍然采用预先告知方式，进一步扩大了市场份额。涨到 68 元时，瑞星软件的零售市场份额最高已达到 20％多。但江民公司是 70％，仍然一家独大。瑞星的势能并没有完全显现。

1998 年 8 月，瑞星率先发现了一种新病毒——CIH 病毒，其对计算机能造成巨大的破坏。瑞星职员通过挑灯夜战，立即推出了“瑞星 9.0 版”，是国外第一套能完全查杀 CIH 病毒的软件，该软件还具有可修复被 CIH 病毒破坏的硬盘的功能。新版上市，瑞星仍采用一贯的方式，首先向各经销商放出话来：“下周要从 68 元涨到 88 元，要不要进货？！”就在那一周内瑞星成功出货达 9 万套。

出货价从 20 元一路涨到 88 元，市场份额同步扩大，在中关村软件业中，“瑞星模式”独一无二，也再难复制。瑞星的每一次提价，准确地说，应是“预先告知”式的提价，不仅销量没有下降，反而剧增；通过每一次提价不断地扩大市场占有率，乃至国内杀毒软件的霸主地位；其品牌价值也在每一次提价中得以提升。

其实瑞星杀毒软件的每一次提价，所销售的产品已不再是原价时的旧产品，而是加入了强劲查杀新病毒功能的新产品，所以每一次的提价都是有理由的，让消费者口服心服地掏腰包购买。

【分析】

瑞星杀毒软件从在零售市场的不到 1％占有率到今天的霸主地位，是打价格战的结果。其在制定价格时充分考虑了新技术含量、卖点、提价结果等因素，特别是其独特的“预先告知”式的提价，不但没有影响销量，反而使其不断地扩大了市场占有率。

【教学活动 3】

京东商城与苏宁易购的对比分析

京东商城简介：在中国 B2C 市场中，京东商城是最具影响力和最受瞩目的专业 3C 网购商务平台，经过这几年的快速发展，京东商城已经成长为电子商务领域最受消费者欢迎的电子商务网站。自 2005 年开始进驻电子商务领域以来，京东商城一直保持着飞快的发展速度，连续六年增长率超过180%，京东商城目前拥有遍及全国各地1000万注册客户，1000余家供应商，在线销售家电、数码通信、计算机、家居百货、服装服饰、母婴、图书、食品等11大类数万个品牌40余万种优质商品，日订单处理量超过10万单。

苏宁易购简介：苏宁易购，于2009年8月18日上线试运营，是苏宁电器旗下新一代B2C网上购物平台，现已覆盖传统家电、3C电器、日用百货等品类。2011年，苏宁易购将强化虚拟网络与实体店面的同步发展，不断提升网络市场份额。未来三年，苏宁易购将依托强大的物流、售后服务及信息化支持，继续保持快速的发展步伐；苏宁易购计划到2020年实现3000亿元的销售规模，成为中国最大的B2C平台之一。

4. 经营模式对比分析

京东商城采用的是完全的B2C的经营模式，坚持以纯电子商务的运营模式，缩减中间环节，打造纯电子商务平台。

苏宁易购则是以线下交易为依托，虚拟网络与门店实体经济结合，资源共享，经营独立，顺应电子商务发展潮流，进驻和开拓B2C市场，从而扩大市场份额，实现规模效应。

5. 采购模式对比分析

京东商城的家电进货渠道主要分两种，一种是从各个家电品牌的经销商、代理商处进货，国内的最大的IT神州数码，与京东商城结成长期合作伙伴关系，使京东商城的发展进入了一个新的纪元，意味着京东商城的采购渠道更加专业、正规、集成，对于京东商城的长远发展起了良好的促进作用，是采购渠道集成化的开端；另一种是直接从厂家进货，在企业前几年的发展中，与厂家直接形成合作关系、在京东商城销售的品牌中只占了较小一部分，但随着京东商城近几年的快速崛起，与之直接合作的商家数量也在上升。

苏宁易购由于有苏宁电器这个传统零售业巨头作为线下的支持，其家电产品的供货和采购平台有更强大的供应链系统支持，苏宁多年累积下来的与国内外各家家电厂商的长期合作关系、优良的信誉和苏宁在渠道中的稳定地位和话语权，都为苏宁易购提供了良好的供应链系统。与京东商城等纯B2C平台相比，苏宁易购是站在巨人的肩膀上起步的，在产品品牌、产品种类、产品价格方面都具有先天的优势地位。

6. 物流模式对比分析

京东商城的物流主要有两种：自建和外包，两种物流方式同时进行。京东商城分别在华北、华东、华南、西南建立了四大物流中心，覆盖面已经基本涵盖了全国重要区域的各大城市，京沪粤三地的仓储中心已扩容至11万平方米，在天津、济南、武汉、苏州、杭州等40余座城市建立了物流配送站。2009年，京东商城斥资2000万元，自建了物流体系和快递公司，2010年二期融资7500万美元、三期融资1.5亿美元，其绝大部分都被用于自身物流系统的构建中。与此同时，在全国59个城市建立了分公司，全面提升了物流品质和配送效率。2010年4月，京东商城首先提出了“211现时达”承诺，即当日上午11点前提交的现货订单，当日送达；夜里11点前提交的订单，第二天上午送达（14点之前）。目前已有14个京东商城自营配送的城市如北京、上海、广州、成都等实现了211承诺，但是完整的物流体系的构建需要大量的后续投资，京东的物流现在覆盖面还不够广，建设还在继续进行之中。

苏宁易购物流配送体系主要分为两部分，小件商品主要是苏宁易购自己的配送体系，大件商品则是利用苏宁电器原有的配送体系。如接到家电这样的大件商品的订单，系统会自动将订单分配至收货地区的苏宁电器线下的库存系统中，如果库存有商品，系统会为其制定物流配送中心进行配送服务，对于大家电这类商品，不论是货源供应、货物仓储还是物流配送，线上线下均不设立优先级，意味着线上线下是平等的。大家电交易过程中的物流环节完全依托于苏宁电器多年经营积累下的配送体系，因此苏宁易购的物流配送是有先天优势的，苏宁电器门店不但可以实体体验和提货，同时参与配送，在全国各地的门店分布就意味着在全国各地已有自身的仓储和物流体系，这是其他纯电商平台短期无法超越的。

7. 综合对比

对比内容如表 7.1 所示。

表 7.1 苏宁易购与京东商城平台检测表

类　别	测评内容	顾客满意度
物流配送	京东商城：华北、华东、华南、西南建立了四大物流中心，40 余座城市建立了物流配送站	★★★
	苏宁易购：千家连锁门店、100 个物流中心；全国 300 余座城市物流配送网络	★★★★★
支付方式	京东商城：货到付款、在线支付（财付通、快钱、环迅支付、手机支付）、银行转账、邮局汇款、公司转账、分期付款	★★★★★
	苏宁易购：网银支付、货到付款、分期付款、银联在线支付	★★★★
呼叫中心	京东商城：全国 400 客服电话、在线留言共 150 个呼叫席位	★★★
	苏宁易购：在线客服、论坛实时留言、提供全国 24 小时销售热线、全国 24 小时服务热线共 1000 个呼叫席位	★★★★
服务特色	京东商城：商品拍卖、DIY 装机、延保服务、上门服务、上门装机	★★★★
	苏宁易购：易付宝、V-world 会员俱乐部、IT 帮客、以旧换新、集团采购、家电下乡	★★★★★

从表 7.1 可以看出，京东商城和苏宁易购的购物平台各有优势，京东商城在服务特色和物流配送的整体实力要弱于苏宁易购。

经营中优劣势分析和出现的问题：根据中国电子商务研究中心提供的消费者对网上商城的投诉数据，制作了一张对京东商城和苏宁易购的投诉类型分布的数据分布图，可以看出对两家电商企业的投诉类型，如图 7.7 和图 7.8 所示。

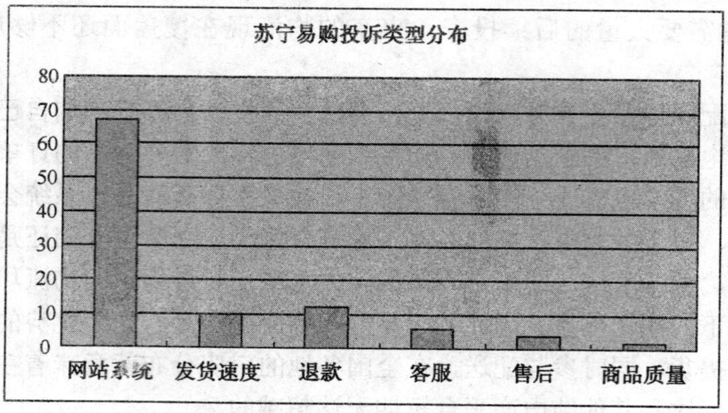

图 7.7 苏宁易购投诉类型分布

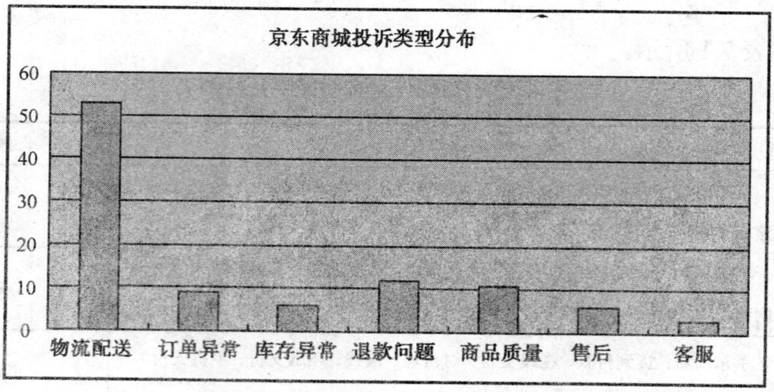

图 7.8 京东商城投诉类型分布

通过对图 7.7 和图 7.8 的分析可以看出，客户对京东商城的投诉主要集中在物流配送上，所占比例高达 53%，而苏宁易购所得到的投诉主要集中在网站的系统问题上，所占比例到了 67%。由此可以分析出两个电商平台的优劣势：京东商城的强项是网站系统和客户体验，弱项是物流体系；苏宁易购的强项是物流体系，弱项是网站维护和购物体验。这是由两个企业先天条件决定的，京东商城以电子商务平台出身，其强项就在于网站的建设和维护，而依托于线下苏宁电器的苏宁易购，在物流体系方面有着先天的优势，却由于电子商务的经验缺乏，暂时落后在了网站顾客体验上。

活动实施：

1．网上销售的商品价格体验

（1）分别举出几种网上销售的商品价格，并说明是哪种定价策略。

（2）登录中拍网（www.a123.com.cn），搜索近日在线拍卖信息，并观看在线拍卖会。

（3）登录卓越网（www.joyo.com），了解其有哪些定价策略。请搜索某一品牌与规格的产品，了解其价格，然后再分别登录 6688 网上商城（www.6688.com）、SOSO 网上购物搜索引擎网站（www.soso.com）、中搜购物（shopping.zhongsou.com），搜索同一品牌与规格型号产品，比较各网上商店定价的高低，在表 7.2 中填写。

表 7.2　产品信息比较表

产品名称与规格		
网　　站	价　　格	定 价 策 略
卓越网（www.joyo.com）		
6688 网上商城（www.6688.com）		
SOSO 网上购物（www.soso.com）		
中搜购物（shopping.zhongsou.com）		

（4）登录 8848 购物搜索引擎（www.8848.com）、查价网（www.chajia.com）、特价王（www.tejiawang.com），直接比较同一商品、同一时间，不同网站的价格。

2．以下是网络营销定价分析的模板，请以某种你熟悉的产品或企业为例，尝试进行价格分析。请填写表格或回答问题。

（1）开展网络营销的成本分析。

确定以下计划的每个因素所需花费的成本，如表 7.3 所示。

表 7.3　网络营销成本分析表

成本项目描述	成本（金额）
产品制造商 市场调研 竞争性的情报 包装 中介商 分销网络 在线促销 离线促销 促销工具设计 生产促销工具成本 媒体成本 销售队伍的提成 主站点名称的注册 站点开发设计 站点上挂 站点目录创建 其他	
合计	

（2）价格比较。

与你的竞争对手相比，如果有很大的价格差距，你将怎样宣传你的差异化优势？

① 选出你会给在线消费者提供的折扣方式____。

A．订购量　　B．返现金　　C．增加功能　　D．促销积分

E．其他（　　）

② 选出你对离线消费者提供的折扣方式____。

A．订购量　　B．返现金　　C．增加功能　　D．促销积分

E．其他（　　）

（3）运费支付中。

① 客户付运费吗____。

A．是　　B．否

② 所有客户付一样的运费吗____。

A．是　　B．否

③ 客户付运费是基于距离远近吗____。

A．是　　B．否

理由：

（4）特别定价策略中：

① 选出你将使用的特别定价策略____。

A．单独定价　　B．灵活定价　　C．服务定价　　D．排列定价

E．领先定价　　F．随机定价　　G．捆绑定价　　H．两分定价

② 如果采用捆绑定价，列出被捆绑的产品，填入表 7.4 中。

表 7.4　产品捆绑定价表

捆绑组合	产品 1	产品 2	产品 3
组合 1			
组合 2			
组合 3			

（5）在通货膨胀时期的价格策略：

（6）在经济处于衰退期时的定价策略：

任务 3　网络营销促销策略和网络顾客服务

7.3.1　网络营销促销策略介绍

新型网络营销促销策略有以下几种方式。

1. 网上折价促销

折价也称打折、折扣，是目前网上最常用的一种促销方式。因为目前网民在网上购物的热情远低于商场超市等传统购物场所，因此网上商品的价格一般都要比传统方式销售时要低，以

吸引人们购买。由于网上销售商品不能给人全面、直观的印象，也不可试用、触摸等原因，再加上配送成本和付款方式的复杂性，造成网上购物和订货的积极性下降。而幅度比较大的折扣可以促使消费者进行网上购物的尝试并做出购买决定。目前大部分网上销售商品都有不同程度的价格折扣。

2. 网上赠品促销

赠品促销目前在网上的应用不算太多，一般情况下，在新产品推出试用、产品更新、对抗竞争品牌、开辟新市场情况下利用赠品促销可以达到比较好的促销效果。赠品促销的优点：可以提升品牌和网站的知名度；鼓励人们经常访问网站以获得更多的优惠信息；能根据消费者索取赠品的热情程度而总结分析营销效果和产品本身的反映情况等。

3. 网上抽奖促销

抽奖促销是网上应用较广泛的促销形式之一，是大部分网站乐意采用的促销方式。抽奖促销是以一个人或数人获得超出参加活动成本的奖品为手段进行商品或服务的促销，网上抽奖活动主要附加于调查、产品销售、扩大客户群、庆典、推广某项活动等。消费者或访问者通过填写问卷、注册、购买产品或参加网上活动等方式获得抽奖机会。

4. 积分促销

积分促销在网络上的应用比起传统营销方式要简单和易操作。网上积分活动很容易通过编程和数据库等来实现，并且结果可信度很高，操作起来相对较为简便。积分促销一般设置价值较高的奖品，消费者通过多次购买或多次参加某项活动来增加积分以获得奖品。积分促销可以增加上网者访问网站和参加某项活动的次数；可以增加上网者对网站的忠诚度；可以提高活动的知名度等。

5. 搜索引擎营销

简单来说，搜索引擎营销就是基于搜索引擎平台的网络营销，利用人们对搜索引擎的依赖和使用习惯，在人们检索信息的时候尽可能将营销信息传递给目标客户。竞价排名搜索引擎优化是主要的搜索引擎营销方式。

7.3.2　网络顾客服务管理

无论对于任何企业，顾客服务都是至关重要的，互联网提供了更加方便和高效的顾客服务手段，尽管网上顾客服务的满意程度也逐步提高，但是网络营销中的顾客服务在许多方面仍有待于加强。评价一个网站在线顾客服务水平，可以从提供顾客服务方式是否多样、在线帮助是否全面、回复顾客咨询的时间和准确度等指标来判断。顾客服务是网络营销的基本职能之一，但往往被一些营销人员所忽视，这也是影响网络营销效果的重要原因。

1. 在线顾客服务的现状

不同行业对于顾客服务水平的要求有所差别，相对于其他领域来说，网上零售业对于在线顾客服务的要求更高，顾客服务曾经是电子商务行业最主要问题之一，主要表现在网上订货比较复杂、在线帮助不够完善、不能及时回复客户咨询等。因此，网上零售行业的顾客服务水平具有一定的代表性。

研究表明，目前的在线顾客水平已经有所提高，网上购物的成功率也比两年前有了很大的提高，但很多方面仍然不尽如人意，有时甚至成为影响电子商务和网络营销发展的重要因素。客服务水平离顾客的期望仍然相差甚远。而这种状况在传统企业网站中尤其明显。

Jupiter 的研究表明，顾客对服务及时性的要求越来越高，期望的回复时间从两年前的 24 小时减少到去年的 12 小时，现在，大多数顾客希望在 6 个小时内获得关于顾客服务的询问，甚至为数不少的顾客在寻求获得即时满意的服务。但实际上只有 38%的企业可以做到这一点，33%的公司会在几天甚至更长的时间后回复客户的电子邮件，有些公司甚至根本不给予回复。

如果以是否在 6 个小时内回复顾客的邮件作为评价标准，Jupiter 的调查结果发现，在 E-mail 顾客服务管理方面表现较好的是 B2C 网上零售商，有一半以上的网上零售商可以满足客户的期望，其次是金融服务业网站，达到 46%，旅游服务网站的效率比较低，只有 12%，而传统企业网站几乎没有一家可以在顾客期望的时间内给予回复。

由于很多网站不及时回复客户的 E-mail 咨询甚至根本不予回复，不仅对公司产生负面影响，同时对 E-mail 顾客服务本身也造成伤害，结果使得顾客对通过电子邮件请求服务的信心大减。一些公司不及时回复顾客询问的现象说明其 E-mail 顾客服务管理水平低下，造成这种状况的主要原因在于两个方面：一方面是处理电子邮件效率不高，比通过电话提供服务要花更多的时间；另一方面是顾客服务人员水平比较低下，对顾客的一些问题无法在规定的时间内给出满意的答复。

当客户的问题得不到满意的答复怎么办？他也许会继续发邮件，也许会打电话询问，还有可能在 BBS 上发帖子表示不满，很多网站似乎对此无动于衷，以为客户的牢骚不会受到多少人的关注，伤害不了网站的形象，也不会对业务造成严重的不良影响。可是，那些网站可能忽略了另一重要事实，即对服务不满或者发现其他问题的客户也许不少，但真正向网站反映的并不多，一个客户所反映的问题可能代表着上百个顾客的情况。

2. 在线顾客服务的主要方式

如果稍微留意一下就会发现，微软各版本 Windows 操作系统，以及应用软件都少不了一个“帮助”菜单，其中详细列举了一些常见问题及解答，为客户带来了极大的方便。在线帮助的形式更加灵活，不仅限于常见问题解答这种形式，既可以是网站主要版块的内容介绍，或者网站中一些服务的使用方式，也可以是关于客户浏览网站中的一些技巧等。常用的网上顾客服务手段有 FAQ、论坛、电子邮件、在线表单、即时信息、聊天室等。

（1）FAQ（常见问题解答）

如同 Windows 操作系统的帮助一样，常见问题解答也是网上顾客服务的一种重要方式，是一般网站都不可缺少的内容，一个设计完善的 FAQ 系统应该可以解答顾客 80%的问题。实际上，很多网站对 FAQ 重视不够，一些网站仅仅是流于形式，不仅内容贫乏，甚至答非所问，这样不仅解决不了顾客关心的问题，而且在一定程度上也损害到网站的形象。

（2）电子邮件。

作为一种主要的在线交流手段，电子邮件在顾客服务中的地位非常重要，担负着主要的顾客服务功能，不仅表现在一对一的顾客咨询，更多情况下是作为长期维持顾客关系的工具，如各种邮件列表等。随着顾客对服务的要求越来越高，回复顾客 E-mail 咨询的时间已经成为衡量一个公司的整体顾客服务水平的重要指标。

（3）在线表单。

很多情况下在线表单的作用与 E-mail 类似，顾客通过浏览器界面填写咨询内容，提交到网站，由相应的顾客服务人员处理，由于可以事先设定一些格式化的内容，如顾客姓名、单位、地址、问题类别等，通过在线表单提交的信息比一般的电子邮件更容易处理。但由于在线表单限制了客户的个性化需求，可能会对在线表单产生不信任感，另外，顾客填写的联系 E-mail 也有错误的可能，这样将无法通过 E-mail 回复顾客的问题，因此在一定程度上会降低顾客服务效果。

（4）即时信息（IM）。

越来越多的客户希望得到即时顾客服务，因此以聊天工具（包括各种聊天工具如 QQ、MSN、旺旺等）为代表的即时信息已经成为有效的在线顾客服务方式。但由于这种方式对顾客服务人员要求很高，占用人工也比较多，顾客服务成本会增高，因此还没有被广泛采用，但这种即时服务已经成为一种不可忽视而且是最受欢迎的在线顾客服务手段。

尽管在线服务手段很多，并且还在不断发展中，但在强调在线顾客服务的同时，不应忽视传统工具的作用，比如电话和普通邮件，在增进顾客关系和实现顾客服务方面有时效果更加显著。选择顾客服务手段最重要的不是区分网上还是网下，而是综合考虑效率和顾客满意，最理想的方式是根据顾客需求特点，采取网上网下顾客服务手段相结合。优秀的在线服务可以节省大量的服务成本，同时增加了顾客满意度，一个网站应该采用哪些在线服务方式取决于网站的具体情况，只要能最大限度地满足顾客的需要，在线服务就是成功的。

【教学活动 4】

网络营销与网络顾客服务经典案例

案例一：利客维数据恢复网络营销

利客维数据恢复中心是专业从事数据恢复的高科技企业，擅长数据库恢复、硬盘数据恢复、硬盘维修、RAID 数据恢复等服务，公司在数据恢复技术和服务水准方面均达到国际化标准。数据恢复行业的搜索客户具有这样的特点：

（1）依赖于网络，遇到计算机或硬盘故障，普遍都在网上寻求解决的良方。

（2）客户搜索的关键词离散。

（3）具有地域性。

针对以上特点，利客维数据恢复中心网站运营人员做了充分的关键词调研和策划，鉴于数据恢复行业竞争激烈，考虑到行业的地域性，所以对关键词进行了组合和修饰。目前，“佛山数据恢复”，“佛山 RAID 修复”，“佛山硬盘数据恢复”均在搜索引擎首页，这些关键词覆盖了行业的潜在客户群。但是这些关键词带来的访问量有限，因此，又加强了通用关键词推广，目前“RAID 修复”、“阵列修复”、“UNIX 数据恢复”、“Linux 数据恢复”、“硬盘数据恢复”均在搜索引擎显著位置。其次，一些长尾关键词，例如：“数据恢复价格”、“分区表原理”、“硬盘维护”等也能带来一定访问量。

网站内容建设上，因为搜索客户对数据恢复行业检索的关键词比较离散，所以要继续加大力度做长尾关键词，覆盖搜索客户群。

通过这些网络营销手段，目前该中心的网络搜索和访问量稳步上升，客户群体覆盖面不断扩大。

案例二：深圳电信效益型网络营销

企业上网首先要做的就是网络营销，然后可以通过在线客服来实现上网的最终目的，在网络营销手段层出不穷的今天，如何留住网站访问者，发掘潜在客户，成为实现网络营销的最终目的。在线客服系统的建设，应引起广大企业的关注。

深圳电信是中国电信系统内的优秀单位，其网上客服中心网站作为深圳电信业务服务平台，也具有行业领先性。为了进一步提升 SZ10000 网站的客户满意度和网站使用率，深圳电信需要从一个第三方的客观角度、客户的角度找出影响客户使用网站的不方便因素，全面提升网站的客户满意度，增加网上渠道业务量的目标。

深圳电信同时通过网站平台开展了大规模的“我为电信献良策”有奖调查活动，由于电信客户对 SZ10000 网站的较高忠诚度，活动每周都收到大量反馈意见，显示网站建设及运营的细节问题对于客户带来的各种困扰。在对客户体验问题进行深度挖掘并给出解决方案的同时，针对深圳电信业务的网站特点总结了一份“网站易用性建设规范”，作为其长期参考的管理文件。

这一网络营销策略活动之所以能取得成功，是源自客户对其网上客服中心的认可和信任。该在线客服中心网站成功地实现了留住网站访问者、发掘潜在客户、维护现有客户的功能。

活动实施：

登录主流网络平台，如移动、联通、淘宝、QQ 等在线客服，查看其在线顾客服务方式，逐一体验并记录到表 7.5 中。

表 7.5　在线体验表

网　址	网 站 名	体验在线客服情况记录	你的评价

参 考 文 献

［1］ 杨坚争，李大鹏，周扬．网络广告学［M］．北京：电子工业出版社，2007．

［2］ 杨英梅，宁萍，马智萍，王蕊．网络广告设计［M］．北京：机械工业出版社，2011．

［3］ 杨宏伟，张兰芳，罗艳，樊昭然．网络广告与设计行动式学习教程［M］．北京：中国水利水电出版社，2010．

［4］ 张竹，朱立杰．网络广告视觉设计研究［J］．新闻传播．2012（03）．

［5］ 中国艾瑞网．1995-2011 年美国网络广告市场数据研究报告［EB/OL］．http://www.iresearch.cn．

［6］ 淘宝联盟网站．创建图文模板［EB/OL］．http://banner.alimama.com/help/start．

反侵权盗版声明